Das große

Kneipp Kurbuch

Heilen mit Wasser
und Kräutern

Julia Voglgsang

Das große

Kneipp Kurbuch

Heilen mit Wasser
und Kräutern

MOEWIG

Printed in Germany
ISBN 3-8118-1431-1

Gedruckt auf alterungsbeständigem Papier mit chlorfrei gebleichtem Zellstoff

Inhalt

Vorwort

Heute suchen immer mehr Menschen nach sanften, natürlichen Wegen, gesund zu werden und zu bleiben. Sie fragen nach Alternativen zur gängigen Schulmedizin. Unter allen Methoden der Naturheilkunde hat sich die Kneippsche Wasserbehandlung besonders bewährt, denn mit ihr konnte zahllosen, teils schwerkranken Menschen geholfen werden. Deshalb erleben die Methoden Sebastian Kneipps zu Recht eine Renaissance. Eine Kneipp-Kur läßt sich nicht nur in einem der vielen Kneipp-Kurorte durchführen; auch zu Hause kann jeder selbst erfolgreich »kneippen«: In diesem Buch werden die Kneippschen Anwendungen genau beschrieben und mit vielen Abbildungen verdeutlicht. Weil die ebenso klare wie lebendige Sprache Kneipps uns genauso fasziniert wie seine Zeitgenossen, wurde bei der Abfassung dieses Buches darauf geachtet, möglichst oft Kneipp selbst zu Wort kommen zu lassen. Wo immer es sinnvoll war, wurde natürlich der aktuelle medizinische Kenntnisstand berücksichtigt. Die wörtlichen Zitate aus Kneipps Werken sind eingerückt und fett gedruckt. Zur besseren Übersicht wurde meist darauf verzichtet, jedesmal die genaue Fundstelle anzugeben. Alle verwendeten Texte stammen jedoch aus den auf Seite 347 genannten Werken Kneipps.

Eine der wichtigsten Lehren des »Wasserdoktors« lautet, daß jeder für seine Gesundheit selbst verantwortlich ist:

Gesund bleiben und lange leben will jedermann, aber die wenigsten tun etwas dafür. Wenn die Menschen nur halb soviel Sorgfalt darauf verwenden würden, gesund zu bleiben und verständig zu leben, wie sie heute darauf verwenden, um krank zu werden – die Hälfte ihrer Krankheiten bliebe ihnen erspart.

Mich hat nicht der Beruf oder die Vorliebe für das Medizinieren dazu gebracht, die heilsamen Wirkungen des Wassers zu erproben, sondern die bittere Not. Not lehrt beten und seinen Verstand gebrauchen! Nach dem Urteile zweier vorzüglicher Ärzte war ich im Jahre 1847 am Rande des Grabes; beide hielten mich für verloren; durch die Hilfe des Wassers allein lebe ich heute noch und bin munter und guter Dinge. Allerdings hat Letzteres nicht das Wasser allein zuwege gebracht; ich habe meinen vorzüglichen Gesundheitszustand gewiß auch meiner einfachen, von der Gewohnheit gar vieler Menschen allerdings etwas abweichenden Lebensweise zu verdanken. (Aus dem Vorwort von »So sollt ihr leben!«)

Auch wenn man den Namen Sebastian Kneipp meist mit den Wasseranwendungen in Verbindung bringt, besteht die Lehre Kneipps nicht nur aus der Wasserheilkunde, wissenschaftlich »Hydrotherapie« genannt.

Die fünf Therapien der Kneipp-Behandlung:

1. *Hydrotherapie* (Wasserheilkunde): Sie ist das Kernstück der Kneippschen Lehre und beruht auf der Anwendung und der Wirkung des Wassers zur Heilung von Krankheiten.
2. *Phytotherapie* (Pflanzenheilkunde): Sie stellt auf der Grundlage verschiedener Heilpflanzen eine sanfte Alternative bzw. eine natürliche Ergänzung zur allgemeinen Behandlung mit Arzneien dar.

3. *Bewegungstherapie:* Sie praktiziert alle Möglichkeiten der aktiven und passiven Bewegung sowie der Abhärtung.
4. *Ernährungstherapie:* Sie weist den Weg zu einer gesunden und ausgewogenen Ernährung, durch die der Körper optimal versorgt und Krankheiten vorgebeugt wird.
5. *Ordnungstherapie:* Sie basiert auf einer übergeordneten Lehre, mit der Psychosomatik vergleichbar, die sich mit dem natürlichen Lebensrhythmus im Einklang mit der Seele befaßt.

Kneipp vertrat die Lehre von einer umfassenden, einer ganzheitlichen Behandlung. Es soll deshalb nicht nur auf körperliche Beschwerden eingegangen, sondern auch der geistige und seelische Zustand jeweils mit einbezogen werden.

Sebastian Kneipp – Leben und Werk

Außergewöhnlich ist der Lebensweg Kneipps: Trotz angegriffener Gesundheit wurde er mit eisernem Willen und unermüdlichem Fleiß nicht nur sein eigener Helfer, sondern darüber hinaus zum selbstlosen Helfer der Menschheit, indem er neuartige Wege in der Heilkunst beschritt.

Bewegend und aufschlußreich ist der Lebenslauf dieses berühmten Mannes; die wesentlichen Stationen seines Lebens und Wirkens seien hier aufgezeigt.

Am 17. Mai 1821 wurde er als einziger Sohn armer Webersleute im schwäbischen Stephansried bei Ottobeuren (im Allgäu) geboren. Mit 11 Jahren mußte auch er seinen Teil zum Überleben der Familie beitragen, indem er am Webstuhl im feuchten Keller des Elternhauses arbeitete. Doch Kneipp hatte ganz andere Pläne, wie er in seiner Lebensaufzeichnung »Mein Leben« schreibt:

> **In mir war kein Drang für die Weberei, sondern das Verlangen, »geistlich« zu werden, und wenn ich meinen Eltern mitteilte, ich möchte studieren, und sie bat, man möge mich studieren lassen, so war gewöhnlich die Antwort: »Wir haben kein Geld, und wollte dich unser Herrgott zum Studenten, so hätte er uns auch Geld gegeben.«**

Nach dem frühzeitigen Tod seiner Mutter verliert Sebastian Kneipp auch noch seine gesamten hart verdienten Ersparnisse, als das Elternhaus bei einem Brand zu Schaden kommt. Mit dem aussichtslos erscheinenden Wunsch, Pfarrer zu werden, beschließt er 1842, von zu Hause wegzugehen.

In Kaplan Matthias Merkle von Grönenbach findet er seinen Gönner, der ihm zu einer Stelle als Knecht verhilft und ihn auf den Besuch des Gymnasiums vorbereitet. Bereits als 23jähriger muß Kneipp die Folgen seiner anstrengenden und kargen Kindheit büßen:

> **War ich früher an viel schwere körperliche Arbeit gewöhnt, hatte ich auch die beste, einfachste, starke Landkost, Winter und Sommer viel Bewegung und freie Luft, so fühlte ich jetzt eine zunehmende Schlaffheit in meinem ganzen Körper. Gerade so merkte ich auch, daß die Geisteskräfte überladen wurden, und so fühlte ich mich von Woche zu Woche müder und abgeschlagener; es schwanden Appetit und Schlaf, und ich kam soweit, daß ich in der dritten Gymnasialklasse die Hälfte der Zeit im Bett zubringen mußte.**

Obwohl bereits beide Lungenflügel schwer angegriffen sind, besteht er dennoch 1848 in Dillingen erfolgreich das Abitur.

Im München nimmt er das Studium der Philosophie auf. Doch die Verhältnisse, unter denen Kneipp studiert, sind äußerst karg und entbehrungsreich. Über das Geld, das ihm für Essen zur Verfügung steht, bemerkt er folgendes:

> **Meine Tagesnahrung war: morgens nichts; mittags brauchte ich 4 Kreuzer, entweder um 3 Kreuzer saure Lunge oder Kuttelflecken oder um eine ähnliche Kost, welche nicht über 3 Kreuzer kostete, und um 1 Kreuzer Brot. Am Abend kaufte ich um 2 Kreuzer Suppe und um 1 Kreuzer Brot.**

Bei dieser ärmlichen Lebensweise wird Kneipps Gesundheitszustand immer bedenklicher:

> **Ich selbst hatte längst alle Hoffnung aufgegeben und sah mit stiller Ergebung meinem Ende entgegen.**

In der Hofbibliothek stößt er auf ein Buch von Doktor J. S. Hahn aus Schweidnitz: »Unterricht von Kraft und Wirkung des frischen Wassers in die Leiber der Menschheit, besonders der Kranken«:

> **Der Zufall spielte mir ein unscheinbares Büchlein in die Hand; ich öffnete es; es handelte von der Wasserheilkunde. Ich blätterte hin und blätterte her; da stand Unglaubliches. Am Ende, so blitzte ein Gedanke in mir auf, findest du gar deinen selbsteigenen Zustand! Ich blätterte weiter. Richtig, das paßte, das stimmte, das war fast bis aufs Haar getroffen. Welche Freude, welcher Trost! Neue Hoffnungen elektrisierten den welken Leib und den noch welkeren Geist. Das Büchlein wurde zuerst der Strohhalm, an den ich mich klammerte; nach kurzer Zeit war es der Stab, auf welchen sich der Kranke stützte.** (Aus »Meine Wasserkur«)

Nach Dillingen zurückgekehrt, beginnt Kneipp sofort den Versuch der Selbsthilfe:

> **So ging ich dann in der Woche dreimal (im Winter) in die Donau hinaus (die Kälte mochte sein, wie sie wollte) und habe Halbbäder genommen von 3–4 Sekunden bei 10–15° Kälte. Müde ging ich hinaus, neu aufgefrischt und gestärkt ging ich jedesmal heim, und ich gewann die Überzeugung, wenn es für mich – nachdem alles Angewendete nichts geholfen – ein Heilmittel gibt, so wird es das Wasser sein.**

Schon bald erholt sich seine Gesundheit:

> **Mein Geist wurde denkfähiger, es besserte sich mein Appetit, und ich konnte schon regelmäßig Vorlesungen anhören.**

Schließlich gesundet Kneipp und erhält 1850 einen Freiplatz im Georgianum in München. Dort gelingt es ihm dann auch, zwei seiner Mitstudenten, die ebenfalls schwer krank sind, mit seinen Wasseranwendungen zu heilen. Über die Wirkung, die er bei einem der Studenten mit kalten Güssen aus einer Gießkanne erzielte – die »Behandlung« erfolgte heimlich nachts im Garten –, schreibt er:

> **Sein Aussehen wurde von Woche zu Woche besser, sein heftiger Husten verschwand, seine Kräfte vermehrten sich, der gute Herr bekam Feuer und Blut und wurde zur allgemeinen Freude gesund.**

Kneipp erhält 1852 im Augsburger Dom die Priesterweihe und beschließt, sich von nun an ausschließlich dem Priesteramt zu widmen und nicht mehr der Heilung von Krankheiten. Doch im Jahr 1854 kommt es nach dem Ausbruch der Cholera zu ersten Todesfällen:

> **Zum Krankenbette kommen, die Kranken jammern hören und nicht helfen sollen – so habe ich die guten Vorsätze von Zeit zu Zeit gebrochen.**

Kneipp heilt hoffnungslos Kranke mit seinen Wasseranwendungen. Doch seine selbstlose Hilfe hat Folgen:

> **Ich wurde vor Gericht geladen, weil ich verklagt worden war, daß ich die Leute kuriere und den Ärzten das Brot entziehe. Der Beamte sagte mir, ich solle davon abstehen, mit Wasser zu kurieren. Hierauf gab ich zur Antwort: Soll man die Hilflosen ohne Hilfe, und die man noch gut und leicht retten könnte, sterben lassen? Darauf erwiderte er, es sei nicht mein Fach, die Leute zu kurieren, ich solle es den Fachmännern überlassen. Der Beamte riet mir, mit Wasser nichts mehr zu tun, und gerade dieser würde es am notwendigsten gebrauchen können; denn in Bälde wird ihn der Schlag treffen; es sind schon viele zuverlässige Vorboten da. Nach 14 Tagen hat denn auch wirklich ein Schlaganfall ihn getroffen, und er starb nach kurzer Zeit.**

1855 kommt Kneipp als Beichtvater ins Kloster der Dominikanerinnen nach Bad Wörishofen. Auch hier nimmt er sich der Armen, die kein Geld für teure Medizin haben, an und heilt chronisch Kranke, die von den Ärzten bereits aufgegeben wurden, mit Wickeln, Güssen und Waschungen.

> **Von Woche zu Woche vermehrte sich die Zahl der Kranken, und nicht selten kann man sich überzeugen von namenlosem Elend, an das man nie gedacht hätte.**

1881 wird Kneipp Pfarrer von Bad Wörishofen. Sein Amt bringt ihn nun immer öfter mit Armen und Kranken in Berührung. Die Folgen bleiben nicht aus:

> **Geradeso wie die Zahl der persönlich Kommenden, vermehrte sich auch die Zahl der Briefe. Kamen früher täglich 12 bis 20, so steigert sich jetzt die Zahl auf 60, 100 und auch schon 140 in einem Tage.**

Doch erneut handelt er sich Ärger mit den Ämtern ein und muß sich vor Gericht verantworten:

> **Wenn ich auch öfter angeklagt worden bin, so konnte ich nie gestraft werden, deshalb, weil ich nur Hausmittel, ganz schuldlose Kräuter und das Wasser angewendet habe. Medikamente, die in der Arznei gebräuchlich sind, habe ich nie gebraucht. [...] Es herrscht da und dort heute noch Vorliebe für die alten Mittel, und sollten sie auch auf den einen oder andern Zustand nicht besondere Wirkung haben, so hat man wenigstens keinen Schaden für seine Natur gehabt. Und so kann ich sagen, daß ich in der großen Reihe von Jahren vielen Tausenden die einfachsten Mittel geraten habe, und mußte oft staunen ob den herrlichen Wirkungen. Und wenn manche Leute eine zu große Scheu vor dem Wasser hatten, und wenn ihnen die Anwendungen nicht leicht oder gar nicht begreiflich gemacht werden konnten, habe ich ihnen bloß Kräuter gegeben oder andere einfache Hausmittel geraten. Die**

Kräuter und Hausmittel stören nicht im geringsten die Wirkung des Wassers, im Gegenteil – wo auf diese zweifache Weise eingewirkt wird, sind die Kräuter und das Wasser regelmäßig von doppeltem Erfolg.

Auf Drängen seiner Freunde und der zahlreichen Kranken und Geheilten schreibt Kneipp 1886 seine Erfahrungen in dem Buch »Meine Wasserkur« nieder. Im Vorwort der ersten Auflage bemerkt er folgendes:

An dieser Stelle kann ich versichern, daß trotz meines vielfach sehr schroffen und abstoßenden Benehmens das größte Gebäude nicht ausgereicht hätte, all die Kranken und Leidenden, welche ohne Übertreibung nach Tausenden und Zehntausenden zählen, aufzunehmen; daß ich ferner mit Leichtigkeit reich, sehr reich sein könnte, wenn ich nur einen Teil des mir angebotenen Heillohnes hätte annehmen wollen.

In seinem Werk erläutert er die vielseitigen, unerschöpflichen Möglichkeiten, Wasser zur Erhaltung der Gesundheit und zur Heilung von Krankheiten zu nutzen. Dabei hat er im Laufe der Zeit seine Anwendungen und die Technik immer weiter erprobt und auch verfeinert.

»Meine Wasserkur«, welche ich später in 38 Jahren an einer recht großen Anzahl von Kranken in allen möglichen Weisen angewendet habe, macht ein ordentliches Buch aus, für welches ich das Brauchbare für einzelne Krankheiten gewählt habe.

Ich bin schon recht oft gefragt worden, wie ich zur Wasserkur in der jetzigen Weise gekommen sei... Da kann ich ruhig jedem die Antwort geben: Das meiste habe ich gelernt aus der Schule der Erfahrung...

Der Schatz der Erfahrungen, die Kneipp in seinem bewegten Leben gesammelt hat, ist groß. Das hatte zur Folge, daß er nach dem Verfassen seiner »Wasserkur« erneut gedrängt wird, seine Heilmethoden und Ratschläge niederzuschreiben. Im Vorwort zu seinem zweiten Buch »So sollt ihr leben«, das 1889 erscheint, liest man:

> **Was aber mir zur Gesundheit verholfen hat, als ich ein Kandidat des Todes war, das dürfte doch wohl auch andere zu heilen geeignet sein. Dieses war einzig und allein das Wasser. [...] Neben den fortgesetzten Wasseranwendungen war es, wie gesagt, die Art und Weise, wie ich mich nähre, wie ich wohne, schlafe und mich kleide, was mir meine vortreffliche Gesundheit bereits durch mehr als 40 Jahre erhalten hat. Darum drängten mich meine Freunde, welche die Herausgabe meiner »Wasserkur« veranlaßten, aufs neue, daß ich doch auch meine Erfahrungen in Betreff einer vernünftigen und dem menschlichen Körper durchaus angemessenen und zuträglichen Lebensweise schriftlich niederlegen möge. [...] Übelwollende Kritik meines Buches fürchte ich nicht, ja ich beachte sie nicht einmal, möge sie auch noch so sehr mit dem Mantel der sogenannten Wissenschaftlichkeit sich umhüllen. Wenn ein Arzt über mein erstes Buch sich ausgesprochen: »Das Buch wäre schon recht, wenn es nur nicht von einem Pfaffen wäre«, so kennzeichnet eine solch Äußerung den geistigen Standpunkt dieses privilegierten Menschenretters ausreichend. [...] Ich verzichte auf jeden Ruhm und jede Ehre. [...] Für mich selbst will ich nichts weiter, als daß die durch mich Geheilten und die, welche durch meine beiden Bücher bewogen worden sind, mehr der Gesundheit gemäß zu leben und dadurch ihr Lebensglück und die Zeit ihres Verdienstes auf Erden zu verlängern, meiner zuweilen im Gebete gedenken.**

Aus diesen Worten geht ohne jeglichen Zweifel hervor, daß Kneipp seine Heilmethoden nicht um materieller oder persönlicher Vorteile willen ausgeübt und weiterempfohlen hat, sondern aus rein idealistischen Gründen: Er war zutiefst überzeugt von der großen Heilkraft des Wassers.

1889 wird Bad Wörishofen zu einem Badeort. Das Badehaus südlich des Klosters wird eröffnet, bereits zwei Jahre später ist das Priesterkurhaus (Sebastianeum) erbaut, der Kneipp-Verein mit seinem Mitteilungsorgan »Kneippblätter« gegründet und Kneipps »Ratgeber für Gesunde und Kranke« in der ersten Auflage erschienen. Die Entwicklung, die vorangeht und aus dem Ort eine Kurstätte macht, beschreibt Kneipp:

> **Ohne daß ich es wollte, und ohne daß von Wörishofen aus Reklame gemacht wurde, kamen dennoch die Kranken so zahlreich hierher, daß man in Wörishofen nicht mehr wußte, was man beginnen sollte. Zur Verabreichung der Anwendungen benützte ich anfangs meine Waschküche. Als diese nicht mehr ausreichte, wurden oberhalb des Dorfes zwei Badehäuser gebaut, eines für Männer, eines für Frauen. Im Männerbade wurden die Güsse durch den Bader Joh. Kustermann gegeben, für das andere Bad hatte ich meine Nichten Rosina und Theresia abgerichtet. Als auch diese zwei Gießstätten zu klein wurden, entschlossen sich zwei Bürger des Ortes, mir entgegenzukommen. Jeder von diesen beiden baute ein hübsches Haus mit Badegelegenheit für Männer und Frauen. Später baute ich selbst ein Haus, welches hauptsächlich für Priester bestimmt war; die von Priestern nicht benötigten Räumlichkeiten sollten auch für Laien zur Verfügung stehe.**

Vor allem der Bau eines Kinderasyls liegt dem engagierten Pfarrer sehr am Herzen:

> **Am auffallendsten war mitunter die Wirkung des Wassers bei unglücklichen Kindern, von denen viele mit Maschinen, halblahm, halbblind, halbtaub, bresthaft vom Kopf**

bis zum Fuße hierherkommen. Da nun für solche Kinder nirgends ein Institut existiert, wollte ich für sie ein eigenes Haus bauen, in welchem ihnen durch Ordensschwestern eine gehörige Pflege und eine Wasserbehandlung zuteil werden sollten. Mein Gedanke kam zur Ausführung, und es wurde das sogenannte Kinderasyl erbaut; dasselbe ist so groß, daß 200 und noch mehr Kinder aufgenommen werden können. Bisher kamen aber so viele Kinder, daß das Haus nie alle fassen konnte und immer ein Teil im Dorfe untergebracht werden mußte.

1892 fängt Kneipp an, regelmäßig Vorträge über seine Heilmethoden zu halten und auf Reisen zu verbreiten. Der Sohn armer, einfacher Webersleute wird eine über die Grenzen des Landes hinaus bekannte Persönlichkeit und erhält 1894 eine Audienz bei Papst Leo XIII. Im selben Jahr wird zudem nicht nur der internationale Verein der Kneipp-Ärzte gegründet, sondern auch Kneipps Werk »Mein Testament für Gesunde und Kranke«, eine Art Neuauflage seiner »Wasserkur«, veröffentlicht, in dem er viele Wasseranwendungen nochmals überarbeitet und abgemildert hat. Im Vorwort schreibt er:

Ich kann mich recht gut mit einem Lehrbuben vergleichen, der zum Meister geht und lernt; mein Lehrmeister war ein kleines Büchlein. Ich verfolgte meine Erfahrungen Stufe für Stufe, um Einsicht in die Heilkraft des Wassers und der Kräuter zu gewinnen und um dieselben für den menschlichen Organismus in passender Form anzuwenden. Kein Schneider wird den ersten Rock, den er macht, ganz passend anfertigen können; nach und nach erst gewinnt man Übung und Erfahrung. [...] So ging es auch mir mit der Hydrotherapie.

Im Alter von 76 Jahren stirbt Sebastian Kneipp am 17. Juni 1897 in Bad Wörishofen.

Die Heilkraft des Wassers

Welche Bedeutung Kneipp dem Wasser beimißt, läßt sich am besten anhand seiner eigenen Worte ermessen. Deshalb sind hier längere Auszüge aus seinen Werken angeführt.

Das Wasser weckt, wenn es im Frühling und Sommer zur Erde niederfällt, überall Leben und Gedeihen, regt in der Pflanzenwelt alle Organe zu neuem Leben, zu erhöhter Tätigkeit an. Es erfrischt und belebt auch die Körperteile, welche alle zivilisierten Menschen täglich zu reinigen gewohnt sind. Sollte das nicht alles ein Fingerzeig für den Menschen sein, daß das Wasser ebenso geeignet sein dürfte, die krankhaften Stoffe aus dem menschlichen Körper auszuleiten und auszuwaschen, den Körper in seiner Gesamtheit zu erfrischen, zu beleben und zu stärken, den Gesunden wie den Kranken? – Doch auch hier geht es wie in gar vielen Dingen. Das Einfache, das Naturgemäße, das Vernünftige wird aufgegeben und die Heilung da gesucht, wo sie nicht zu finden ist: in dem Unnatürlichen, ja Widernatürlichen. [...] Gehe man doch bei den Vorfahren in die Schule! Diese haben seit Jahrhunderten das Wasser benützt nicht bloß zur Reinigung des Körpers, sondern auch zur Erhaltung der Gesundheit, indem sie durch Anwendung von Bädern und Kaltwaschungen schon den Körper der Kinder widerstandsfähiger machten gegen alle

möglichen schädlichen Einflüsse des Klimas und der Witterung. Ja wir dürfen noch weiter zurückgehen. Haben nicht die Römer selbst auf ihren Kriegszügen überall da, wo sie feste Lager bezogen, sofort Bäder eingerichtet, in denen sie, nachdem der Körper durch Natur oder durch Kunst zur Transpiration gekommen war, diesen mit frischem Wasser begossen? Diese Alten, von denen wir noch vieles lernen können, haben die Wasseranwendungen so hoch geschätzt, daß man in Rom das Sprichwort hatte: »Gesegnet sei, der das Bad erfand.« Das hohe Alter unserer Altvorderen, ihre oft riesige Körperkraft verdankten sie neben ihrer einfachen Lebensweise vorwiegend der vernünftigen Anwendung des Wassers. Dies schreibt Kneipp in der Einleitung seines Buches »So sollt ihr leben!«.

Wer immer die Wirkungen des Wassers versteht und in seiner überaus mannigfaltigen Art anzuwenden weiß, besitzt ein Heilmittel, welches von keinem anderen wie immer genannten Mittel übertroffen werden kann. [...] Den Tintenfleck auf der Hand wäscht das Wasser schnell ab, die blutende Wunde reinigt es aus. Wenn du im Sommer nach angestrengtem Tagewerk dir mit frischem Wasser den verkrusteten Schweiß von der Stirne wäschst, so lebst du neu auf: Es kühlt, kräftigt und tut wohl. Auflösen, ausleiten, kräftigen, diese drei Eigenschaften des Wassers genügen uns, und wir stellen die Behauptung auf: Das Wasser, speziell unsere Wasserkur, heilt alle überhaupt heilbaren Krankheiten; denn ihre verschiedenen Wasseranwendungen zielen darauf ab, die Wurzeln der Krankheit auszuheben.

Kneipp sieht die Ursache aller Krankheiten in der Störung des Blutes; seien es ein fehlerhafter Blutumlauf oder dem Blut beigemischte fremdartige Bestandteile – dadurch entstehen die Krankheitsstoffe. Seine Wasseranwendungen verfolgen daher einen dreifachen Zweck: das Auflösen sowie das Ausscheiden der Krankheitsstoffe und die anschließende Kräftigung des Organismus.

> **Im allgemeinen kann gesagt werden, daß der erste Dienst des Lösens von allen Dämpfen und den warmen Kräutervollbädern besorgt wird; der zweite Dienst des Ausscheidens von sämtlichen Wickelungen, zum Teil von den Gießungen und den Auflagen; der dritte Dienst der Kräftigung von allen kalten Bädern, allen Gießungen, zum Teil von den Waschungen, endlich von dem gesamten Material der Abhärtung.**
>
> **Einen Kranken gesund machen heißt, alle Krankheitsstoffe in seinem Körper auflösen und ausleiten und seine Natur von allen schädlichen und ihr Verderben bringenden Stoffen befreien. Gerade das Wasser ist so recht geeignet, in verschiedener Weise auf den Körper einzuwirken.**

Kneipp schreibt weiter:

> **Dreißig Jahre lang habe ich sondiert und jede einzelne Anwendung an mir selbst probiert.**
> **Die große Zahl der Leidenden, die noch größere Verschiedenheit ihrer Leiden spornten an, die Wassererfahrung zu bereichern, die Wasserheilmethode zu vervollkommnen.**

Kneipp betont stets den Gedanken eines sanften, natürlichen Verfahrens:

> **Alles Forcierte, alles Gewaltsame kann ich nicht billigen, ganz gleich, ob von außen nach innen oder direkt nach innen gewirkt werde. Mein Urteil lautet und wird immer lauten: Die gelindeste Anwendung ist die beste, ob es sich nun um die Wasserheilmittel oder ob es sich um Medizinen handle, und wer mit einer Anwendung seinen Zweck erreicht, soll ja keine zweite gebrauchen. Wir müssen der Natur, dem kranken oder geschwächten Organismus, sachte an die Hand gehen, nicht streng und stür-**

misch; wir müssen den kranken Körper sozusagen milde und leicht an der Hand führen, ihm bisweilen helfend und stützend unter die Arme greifen, aber ihn nicht allzusehr drängen, [...] sondern nur mitwirken, daß der Körper mit seiner Arbeit fertig werde, und sofort von dieser gelinden Mitwirkung abstehen, sobald der Körper allein sich weiterzuhelfen weiß.

Der Ärger, den sich Kneipp immer wieder mit Ärzten und Apothekern einhandelte, beruht auf seiner strikten Ablehnung aller nicht natürlichen Heilmittel:

Ist das Wasser ein Heilmittel, das alle Krankheiten angreift, so ist es auch ein Mittel, daß die Krankheiten ausgeheilt werden, und sicher kann noch der letzte Rest einer Krankheit durch Wasser beseitigt werden. Medizinen, gar scharfe Medizinen mit der Wasserkur verbinden geht nicht leicht oder gar nicht. So hat ein Kranker, der durch Jahre hinweg viele Abführmittel gebrauchte, die Wasserkur angewendet und nebenbei Schweizerpillen genommen; er wurde von seiner Krankheit geheilt, aber der harte Stuhlgang blieb ihm nach der Heilung wie zuvor. Hätte er bloß einen Löffel Wasser stündlich gebraucht, so wäre auch dieses Übel vollständig geheilt worden. Als Beweis für die Vorzüge meiner Methode kann ich gewissenhaft bestätigen, daß Unzählige geheilt worden sind und daß ich nie ein Mittel gebraucht habe, das in die Arznei aufgenommen ist, stets nur das Wasser und die einfachen Kräuter, die in meinen Büchern beschrieben sind. Wenn meine Anleitung nicht eingehalten wird, kann auch nicht der rechte Erfolg erwartet werden. Lernen die Allopathen [Bezeichnung für die Schulmediziner, Anmerk. d. Verfs.] **durch Jahre hindurch ihre Wissenschaft und bleiben dann doch so häufig stecken, so sollen sie wenn auch nur die Hälfte Zeit zum Studium der Hydropathie verwenden, und sie werden zur Überzeugung kommen, daß das Wasser sehr**

viel heilt. Ich habe auch nicht alle geheilt, die Hilfe bei mir suchten; dies zu glauben wäre ein Unding; dann müßte ja der Tod abgesetzt werden. Ich hatte es ja viele Jahre hindurch nur mit sogenannten Unheilbaren zu tun.
Je einfacher und leichter die Anwendungen sind, um so mehr gewöhnt man sich an deren Wirkung. Man kann wirklich sagen, daß es fast keine Krankheit geben wird, in der nicht Wasser, verständig angewendet, eine günstige Wirkung hat.

Zur besseren Verdeutlichung seiner Worte fügt Kneipp immer wieder anschauliche Beispiele aus der Praxis an:

Ich traf einst einen mir gut bekannten Gärtner in Augsburg. Der war voll Jammer und klagte mir, man wolle ihm zwei Finger an der rechten Hand abschneiden, und in zwei Tagen schon solle die Operation vorgenommen werden. Während dieser Gärtner bis in die sechziger Jahre hinein wohlbeleibt, kerngesund und kräftig war, sah er jetzt recht verkümmert und krank aus; er hatte an Körpergewicht verloren, sein ganzes Aussehen war recht leidend, und durch die Krankheit und viele Schmerzen hatte er allen guten Humor verloren. Die Hand sah freilich schauderhaft aus; man konnte kaum noch unterscheiden, ob das Ganze eine einzige bösartige Geschwulst sei oder ob überhaupt noch Finger vorhanden waren. Weil der gute Mann gar so jammerte und das Abschneiden der Finger gar so sehr fürchtete, gab ich ihm den Rat, er solle noch einen letzten Versuch mit Wasseranwendungen auf den ganzen Körper und zugleich auf die Hand machen. Dazu war er natürlich auch bereit. Die Einwirkungen des Wassers auf den ganzen Körper und die Finger nahmen ihm die großen Schmerzen, und die ganze Hand wurde weniger schmerzhaft. Jede Anwendung brachte ihm bedeutende Besserung, so daß er die vortreffliche Wirkung der Wasseranwendungen auf den Körper und auf die Hand in

kurzer Zeit recht gut fühlte. Er erklärte, daß er sich die Finger nicht abnehmen lasse, fuhr aber gleichzeitig mit den Wasseranwendungen fort und wurde wieder soweit hergestellt, daß man an den Fingern nur mehr kleine Narben sah; die Hand selbst wurde so brauchbar wie früher. Die Anwendungen auf den ganzen Körper unterstützten denselben in seinen Bestrebungen, die Krankheitsstoffe auszustoßen und zu entfernen; ebenso wurde auch entsprechend auf den Arm auflösend, ausleitend und heilend eingewirkt. So wurde fortgefahren, bis der ganze Körper gesund war. Das heiße ich Heilen!
Wie an diesem Beispiele gezeigt wurde, so muß bei allen Krankheiten verfahren werden. Auf den ganzen Körper muß man einwirken, dann wird auch die kranke Stelle geheilt werden. (Aus »Mein Testament«)

Doch aus dem Gesagten wird klar ersichtlich sein, daß nicht bloß die Kranken, sondern auch die Gesunden das Wasser zur Erhaltung und Stärkung der Körperkräfte gebrauchen sollen. Diese glauben gewöhnlich, sie brauchten, eben weil sie gesund seien, nichts zu tun. Ich habe schon oft den Versuch gemacht, Bekannte, wenn sie ein krankhaftes Aussehen hatten oder von Vorboten der herannahenden Krankheit erzählten, aufzumuntern, durch das Wasser dem Übel vorzubeugen, aber nur selten ist es mir gelungen, sie dazu zu bringen.
Unsere Wasseranwendungen sind so mannigfaltig, und jede einzelne Anwendung hat wieder so viele Grade oder Stufen, daß der Gesundeste wie der Schwerkranke das für ihn und seinen Zustand Passende finden kann. Nur darum handelt es sich, die Anwendung gut auszuwählen.

Wichtige praktische Hinweise

Für alle Wasseranwendungen gelten einige wichtige allgemeine Grundregeln. Um eine gewünschte Heilwirkung zu erreichen, müssen diese Regeln unbedingt beachtet werden.

An dieser Stelle mögen noch folgende allgemeine Bemerkungen Platz finden, welche sämtliche Wasseranwendungen angehen.
Keine wie immer genannte Anwendung kann schaden, wenn sie in der vorschriftsmäßigen Weise genommen wird. Die meisten Anwendungen geschehen mit kaltem Wasser. In allen Fällen, in denen nicht extra warmes Wasser verordnet ist, gilt der Ausdruck »Wasser« stets nur von kaltem Wasser. Dabei folge ich dem Erfahrungsgrundsatz: Je kälter, desto besser. Man werfe mir nicht Schroffheit vor; denn man bedenke die überaus kurze Dauer meiner Kaltwasseranwendungen.

Aber:

Niemand wage es, bei Kältegefühl, Frösteln usw. irgendeine kalte Anwendung vorzunehmen, wenn dieses an der betreffenden Stelle nicht extra erlaubt ist!

Die Anwendungen sollen möglichst schnell (jedoch ohne Angst und Hast) vorgenommen werden; auch beim Aus-

und Ankleiden sollen durchaus keine Verzögerungen eintreten. So oft bei einer Anwendung steht: »Zehn Sekunden«, soll damit kürzeste Zeitdauer ausgedrückt werden. Nach keiner kalten Anwendung wird (außer dem Kopf und den Händen) der Körper je abgetrocknet. Den nassen Körper bedeckt man sofort mit trockenen Kleidungsstücken. Denn das Abtrocknen ist ein Reiben und erzeugt, da es unmöglich an allen Stellen auf ganz gleichmäßige Weise geschehen kann, ungleichgradige Hautwärme, was bei Gesunden wenig, bei Kranken oft sehr viel zu bedeuten hat. Das Nichtabtrocknen verhilft zu der geordnetsten, gleichmäßigsten und schnellsten Naturwärme.
Dagegen verordne ich streng, daß der Angekleidete nach jeder Wasseranwendung sich [falls nicht Bettruhe vorgeschrieben ist, Anmerk. d. Verfs.] Bewegung mache (Arbeit oder Spazierengehen), welche so lange dauere, bis alle Teile des Körpers vollkommen trocken und normal warm sind. Als Regel kann gelten, daß die Minimalzeit der Bewegung nach einer Anwendung stets eine Viertelstunde betragen soll.

Die Anwendungen am Abend, in der Zeit vor dem Schlafengehen, behagen den meisten Menschen nicht, sie werden dadurch aufgeregt, gleichsam aus dem beginnenden Schlafe gerüttelt. Andere dagegen wiegt eine gelinde Abendanwendung in sanften Schlaf. Ich empfehle solche Anwendung im Allgemeinen nicht, rate indessen jedem, er möge hier nach seinem Gutdünken, seinen Erfahrungen handeln.

Vom Gebrauch des Wassers ist kein Alter ausgeschlossen. Wie schon das kleine Kind dasselbe mit Nutzen gebraucht, so kann es der Mensch auch im Alter noch mit Vorteil anwenden. Wäscht dieser ja auch seine Hände und sein Gesicht noch und wird dadurch aufgefrischt und gekräftigt, warum sollte eine ähnliche Wohltat nicht auch dem übrigen Körper durch das Wasser zuteil werden können? Ich kenne einen Herrn von 90 Jahren, der ganz gesund an Geist und Körper ist. Derselbe wäscht jeden Tag den Körper mit kaltem Wasser. – Es können also auch im hohen Alter noch Abhärtungen vorgenommen werden. Ganzwaschungen und selbst Halbbäder von 5–6 Sekunden werden auch den Hochbetagten noch gut bekommen.

Die wichtige Arbeit, den Körper abzuhärten oder, was gleichbedeutend ist, ihn gegen Krankheiten zu schützen, widerstandsfähig zu machen, kann nie früh genug begonnen werden. Fang gleich heute noch an, aber fang an mit leichteren, nicht mit den schwereren Übungen! Du könntest leicht den Mut verlieren! Nur nicht unvermittelt, plötzlich, mit den strengsten Mitteln etwas forcieren, erzwingen wollen! Das ist zum mindesten Unverstand.

Bei diesem Kapitel möchte ich jedoch ernstlich warnen vor allem Übereifer. Während die einen das Wasser wie den Luzifer fürchten, so gibt es andererseits auch solche, denen dasselbe so wohl behagt, daß sie nie genug bekommen können. Das ist besonders der Fall, wenn sie den Wasseranwendungen ihre Heilung und Gesundheit verdanken. Man soll auch hierbei Maß und Ziel halten. Man übertreibe nicht mit Wasseranwendungen, [...] damit man nicht seine Naturwärme schwächt und so einem für die Natur schädlichen Feind Eingang verschafft, nämlich der Kälte.

Ich schließe diesen allgemeinen Teil mit dem Wunsche, daß durch die Wasserübungen recht viele Gesunde noch mehr erstarken und recht viele Kranke genesen mögen.

1. Teil

Wasser-anwendungen

Waschungen

Unter allen Wasseranwendungen stellen die Waschungen die mildeste Form dar. Sie sind ebenso nützlich zur allgemeinen Abhärtung, zur Krankheitsvorsorge wie auch bei Krankheiten. Es handelt sich darum, daß der ganze Körper naß wird und daß in die Poren in gelinder Form Wasser eingedrückt werde.

Diese einfache Art der Wasseranwendung empfiehlt Kneipp besonders zur Behandlung von Kindern, von schwachen, alten oder sehr kranken Menschen. Die Waschungen teilen sich in Ganzwaschungen und in Teilwaschungen.

Technik

Bei jeder Waschung liegt die Hauptsache darin, daß der ganze Körper oder der einzelne zu waschende Teil gleichmäßig naß werde [»gleichmäßig naß«: Es wird ein dünner Wasserfilm auf den warmen Körper aufgetragen, Anmerk. d. Verfs.]. **Ein und dieselbe Stelle soll drei- bis viermal überfahren werden. Das Tuch soll ziemlich stark naß sein, doch nicht vor Wasser triefen, damit es leicht in die Poren eingerieben werden kann. Das Waschen selber kann auch mit einem großen Schwamm vorgenommen werden; ich halte aber auch ein größeres Handtuch für geradeso zweckmäßig. Wenn zuweilen von kräftiger Abwaschung gesprochen wird, so verstehe**

ich darunter stets eine schnelle Handlung, bei der man nicht zögert und zaudert.

Diejenige Ganz- oder Teilwaschung wird die beste sein, die am gleichmäßigsten geschieht und am kürzesten dauert. Alles muß in einer, längstens in zwei Minuten fertig sein. Jede Waschung, die darüber währt, kann von Übel sein. Zudem hüte man sich, die Waschung an einem Orte vorzunehmen, an dem der Körper der freien Luft ausgesetzt ist. Das hieße, sich absichtlich verderben zu wollen.

Noch einmal ist darauf hinzuweisen:

Wessen Körper kalt ist, wen fröstelt oder friert, der nehme nie eine Waschung, vor allem nie eine Ganzwaschung, vor! Die ohnedies geringe Naturwärme würde so noch bedeutend geschwächt und nur schwer und lange nicht ersetzt werden. Fieber, Katarrh u.a. müßten die unausbleiblichen Folgen sein.

Ein wichtiger Punkt bei den Waschungen ist der, daß man den Körper nach einer Anwendung nicht abtrocknet. Kneipp begründet dies, indem er sagt, daß sich das Wasser, das in den Poren aufgenommen ist, recht schnell erwärmt und die Hautwärme damit rasch steigt. Die Folge ist, daß das Wasser auf dem Körper verdunstet, die warme Ausdünstung von den Kleidern aufgenommen wird und sich eine angenehme Temperatur entwickelt.

Ist der ganze Körper gewaschen, dann soll der Leib so schnell wie möglich wieder bekleidet werden. Geschieht die Waschung vom Bett aus, so soll man möglichst rasch wieder ins Bett zurück. Geht der Gewaschene nicht wieder ins Bett, dann soll er sich schnellstens anziehen und dann wenigstens einige Bewegung machen, bis er die volle Wärme wieder hat.

WIRKUNG

Die Waschungen bewirken allererst eine Erhöhung der Naturwärme; es entsteht recht bald nach der Waschung auf der ganze Hautfläche eine erhöhte Wärme, die auch tiefer in den Körper eindringt. Sie zieht von innen nach außen an und leitet von innen aus.

Waschungen wirken auf den Blutkreislauf und die Wärmeregulation (z.B. wichtig bei rheumatischen Erkrankungen) anregend, fördern den Stoffwechsel und härten ab. Eine kalte Waschung wirkt daher nicht nur ableitend bei heißer, fiebriger Haut, sondern auch stimulierend auf schlecht durchblutete Hautbezirke.

Die Ganzwaschung

Die Ganzwaschung erstreckt sich [...] auf den ganzen Körper (den Kopf ausgenommen), welcher von oben bis unten in einem Zuge gewaschen wird. Eine Waschung am ganzen Körper kann jeder gerade so leicht ertragen, wie er es erträgt, daß er sein Gesicht täglich mit kaltem Wasser wäscht und davon weder krank wird noch stirbt.

TECHNIK

Ein grobes Handtuch wird in kaltes Wasser getaucht und ausgewrungen. Man wäscht den Arm des Patienten, indem man am rechten Handrücken beginnt und einige Male mit dem Tuch bis zur Schulter hinauf- und wieder herunterfährt. Dann wechselt man zum linken Arm und verfährt ebenso. Anschließend werden der Hals, die Brust und der Leib sowie Beine und Füße mit großen Längsstrichen gewaschen. Der Patient dreht sich, und man wäscht Rücken, Gesäß und die Rückseite der Beine. Als letztes werden die Fußsohlen behandelt. Zwischendurch wird das gefaltete Waschhandtuch gewendet und mehrmals frisch benetzt.

Ohne abzutrocknen zieht man möglichst rasch die Kleider an und sucht Arbeit oder Bewegung bis zur völligen Erwärmung und Trocknung der Haut.

Anwendung bei Gesunden

Die Ganzwaschung wäre in der Morgenfrühe gleich beim Aufstehen vortrefflich angebracht. Da ist die Naturwärme, weil durch die Bettwärme gesteigert, am stärksten; die Waschung wäre eine angenehme Abkühlung, Auffrischung, die sofort den Halbschlaf vertreiben und schon beim Beginn des Tagwerkes tüchtig, lebendig und frisch machen würde. Von Zeitverlust kann da nicht die Rede sein; denn in einer Minute ist die Ganzwaschung geschehen, und es kann sofort zur Arbeit geschritten werden.
Hat jemand in der Morgenfrühe keine Zeit, so ist jede Tagesstunde eine gute Stunde zur Waschung. Abends vor dem Schlafengehen kann nicht jeder eine Wasseranwendung vornehmen, da diese manche Personen aufregt. Wer sie ertragen mag, verliert gerade da die wenigste Zeit und wird fester und ruhiger schlafen, als er es sonst gewöhnt ist. Gar vielen, welche nachts nicht einschlafen konnten, habe ich statt der Ganzbäder die leichtere Ganzwaschung und meistens mit gutem Erfolge empfohlen.
Zur Winterzeit rate ich stets an, sich zuerst ungefähr zehn Minuten ins Bett zu legen und erst, nachdem der ganze Körper warm geworden, die Waschung vorzunehmen.
Alle Tage eine Ganzwaschung taugt nicht. Man gewöhnt dadurch den Körper zu sehr daran, und dann haben die Waschungen nicht mehr die vorzügliche Wirkung, weil sie der Natur zum Bedürfnis geworden sind. So haben mir schon viele mitgeteilt, daß sie das ganze Jahr täglich eine Waschung vornehmen. Ich habe es ihnen mißraten und ihnen bedeutet, sie würden besser tun, wenn sie in der Woche zwei Ganzwaschungen und ein oder zwei Halbbä-

der nehmen würden; der Erfolg würde ein größerer sein, als wenn sie sich täglich ganz waschen.

Wirkung

Das Waschen ist ein Erwärmungsmittel und dadurch auch zugleich ein Mittel zur Ausleitung, und wenn der Körper wiederholt und abermals gewaschen wird, so wird eine so fortgesetzte Auflösung und Ausleitung gewiß nicht ohne günstigen Erfolg für den Organismus bleiben.

Anwendung bei Kranken

Der Kranke setzt sich im Bett auf oder wird, wenn er allzu schwach ist, aufgesetzt und gestützt. Man wasche ihm schnell den Rücken, die ganze Wirbelsäule auf und ab. Das ist die Arbeit einer halben Minute, und der Kranke legt sich nieder. Jetzt wäscht man Brust und Unterleib; noch kräftige, nicht allzu sehr geschwächte Menschen tun dies in der Regel selbst. In längstens einer Minute ist auch dieses geschehen. Nun kommen die Arme und Beine an die Reihe. In drei, längstens vier Minuten ist alles vorüber, und der Kranke fühlt sich wohl, ja wie neugeboren.

Sollte einem Schwerkranken die Waschung des ganzen Körpers auf einmal zuviel sein, dann teilt man die Ganzwaschung in zwei oder gar drei Teilwaschungen. Man wäscht in der Frühe die Brust, Unterleib und Arme, nachmittags den Rücken und die Füße.

Wird die Ganzwaschung bei einer Krankheit angewendet, so soll sie fortgesetzt werden, bis der Kranke vollständig gesund ist; dann aber soll sie nur mehr jeden dritten oder vierten Tag stattfinden.

Wirkung

Viele Krankheiten habe ich durch die Ganzwaschungen allein geheilt. Bei schwächlichen Naturen verwende ich

zur Waschung statt des Wassers sehr oft Essig (mit Wasser verdünnt). Abgesehen davon, daß er gründlicher die Haut reinigt, die Poren öffnet, stählt er auch.

Die Teilwaschungen

Die Teilwaschung betrifft – wie der Name schon sagt – nicht den ganzen Körper, sondern nur einen Teil. Die wichtigsten Teilwaschungen sind die Oberkörperwaschung, die Unterkörperwaschung und die Leibwaschung.

Die Oberkörperwaschung

Die Oberkörperwaschung wird vorgenommen, indem der obere Körper bis an die Hüfte gewaschen wird.

Technik

Man beginnt am rechten Arm, vom Handrücken an aufwärts bis zur Schulter, dann auf der Innenseite des Armes zurück und wieder aufwärts bis zur Achselhöhle. Dann kommen der Hals, die Brust und der Leib bis in Nabelhöhe. Nun wäscht man die linke Hand und den Arm, beide Rumpfseiten und schließlich den Rücken mit großen Längsstrichen. Der Unterkörper bleibt während der Waschung bedeckt. Das Handtuch wird zwischendurch einmal in frisches Wasser eingetaucht..

Wirkung

Die Oberkörperwaschung wirkt auf die Durchblutung der Brustorgane, also der Lunge, des Rippenfells und auf das Herz, und wird daher bei Schnupfen, Bronchitis, Grippe, Lungenentzündung sowie Rippenfellentzündung angewendet.

Die Unterkörperwaschung

Die Unterkörperwaschung geht von den Füßen bis oberhalb der Schenkel.

Technik

Die Unterkörperwaschung ist die Ergänzung der Oberkörperwaschung. Man beginnt am rechten Bein außen vom Fuß aufwärts bis zur Hüfte und fährt mit dem Tuch an der Innenseite zurück. In gleicher Weise wäscht man auch die Hinterseite des Beines, das Gesäß und die Fußsohlen. Dann wird das rechte Bein bedeckt und das linke behandelt. Diese Anwendung sollte rasch und sorgfältig erfolgen, da sie bei falscher Technik leicht zu Harnweginfektionen oder zu Erkältung der Unterleibsorgane führen kann.

Wirkung

Die Unterkörperwaschung wirkt auf die Blutzirkulation in den Beinen und in den Bauchorganen. Deshalb hilft sie bei kalten Füßen, Krampfadern, Venenstauung und ist zudem schlaf- und verdauungsfördernd.

Die Leibwaschung

Technik

Man fährt mit dem nassen Tuch mit kreisförmigen Strichen 20 bis 30mal über den Leib, beginnend an der rechten Seite (Blinddarmgegend).

Wirkung

Die Leibwaschung wird besonders häufig aufgrund ihrer schlaffördernden Wirkung für die Abendstunden verordnet. Darüber hinaus hilft sie auch bei Verdauungsstörungen wie beispielsweise Darmträgheit und Blähungen.

Bäder

Nach der Temperatur unterscheidet man kalte (bis 15 °C), warme (35–38 °C), heiße (38–45 °C) und Wechselbäder (warm/kalt). Zudem unterscheidet man zwischen Voll-, Halb-, Sitz- und Teilbädern (Arm- oder Fußbad). In der modernen Kneipptherapie werden vor allem das Arm-, Fuß-, Sitz und Halbbad angewendet.

Bei allen Bädern kommt es auf die ausgewogene Dosierung an. Kneipp hatte ein feines Gespür für die richtige Wassertemperatur und einen sinnvollen Wechsel zwischen warm und kalt. Die Wirkungsweise der Bäder hängt von der Temperatur, der Dauer und der jeweiligen Wasserhöhe ab. Darüber hinaus können auch Badezusätze die Wirkung erheblich steigern.

Diese verschiedenen Arten und Möglichkeiten, Bäder anzuwenden, mag auf den ersten Blick etwas verwirrend erscheinen. Die genaue Technik und Anwendung wird jedoch bei jedem einzelnen Bad erklärt.
Wie wichtig es ist, sich genau an die Vorgaben zu halten, verdeutlicht Kneipp in seiner »Wasserkur« mit folgenden Worten:

> **Wer immer das Bad bereiten mag, nehme es mit der Bereitung und der damit verbundenen Verantwortung ernst. Gleichgültigkeit und Schlendrian sind nirgends weniger am Platz als bei derart wichtigen Diensten der Nächstenliebe.**

Ich rate, mit einem Thermometer mit Vorsicht und genau zu messen. Es genügt nicht, das Quecksilberröhrchen hineinzustecken ins Warme und sofort wieder herauszuziehen, es muß einige Zeit im Wasser belassen werden. Erst das Ruhigstehen des flüssigen Silbers gibt an, daß gut und lange genug gemessen sei.

Die temperaturbedingten unterschiedlichen Wirkungsweisen hier kurz im Überblick:

Kalte Bäder (Temperatur bis 15 °C)

Technik

Es gelten die Voraussetzungen und Bedingungen wie für jede kalte Anwendung. Der zu Behandelnde muß also vor der Anwendung warm sein. Auch muß der Raum, in dem die Behandlung vorgenommen wird, unbedingt warm sein. Ein Umherstehen im entkleideten Zustand vor oder nach der Anwendung muß vermieden werden. Es werden demnach bei Selbstanwendung alle Vorbereitungen im noch bekleideten Zustande getroffen. Die Dauer der Anwendung richtet sich nach dem Eintritt der Reaktion bzw. nach dem subjektiven Wärmegefühl, etwa 6–20 Sekunden. Das anfängliche Kältegefühl [...] weicht in der Reaktion einem Wärmegefühl; es kann aber auch eine vorübergehende erhebliche Schmerzempfindung die kalte Anwendung begleiten. [...] Dies ist ein Zeichen zur Beendigung des Bades, und das Wärmegefühl tritt nach dem Bade auf. Nach dem Bade wird nicht abgetrocknet, sondern man zieht nach Abstreichen des Wassers mit der flachen Hand unverzüglich seine Kleider wieder an. Zweckmäßig ist die Anwendung vom warmen Bett aus, entweder in der Frühe oder abends und nachts. Überempfindlichen sind kalte Bäder am Abend weniger bekömmlich. Auch soll unmittelbar vor (das heißt 1–2 Stunden) einer Mahlzeit und nach derselben (bis 2 Stunden) keine kalte Badeanwendung gemacht werden.

Wirkung

Der Kältereiz bewirkt eine gesteigerte Durchblutung der Haut und eine Anregung des Stoffwechsels. Kalte Teilanwendungen (Armbad, Fußbad) wirken ableitend.

Bei nervösen Menschen wirken die Teilbäder beruhigend und schlaffördernd, bei Gesunden bezwecken sie Auffrischung und Kräftigung.

Warme Bäder (Temperatur 32–37 °C)

Kneipp war ein Gegner des warmen Bades und verordnete es – wenn überhaupt – nur mit Badezusätzen oder in Verbindung mit kalten Wasseranwendungen.

Technik

Für gewöhnlich beschränkt sich die Dauer der warmen Bäder auf etwa 15–20 Minuten; in vereinzelten Fällen dauern sie länger.

Nach allen warmen größeren Bädern muß eine etwa 1- bis 1 1/2-stündige Bettruhe eingehalten werden. In der Kur werden warme Vollbäder meist in der Morgenfrühe genommen, kleinere Teilanwendungen, Armguß oder Armbad (kalt) am Nachmittag. Am Abend wirken bei vielen Patienten warme Vollbäder schlafhindernd statt -fördernd.

Wirkung

Warme Bäder allein, das ist ohne darauffolgende kalte Bäder oder kalte Waschungen, verordne ich niemals. Die erhöhte Wärme, zumal wenn sie längere Zeit andauert

und einwirkt, stärkt nicht; sie schwächt und macht den Organismus schlaff; die härtet nicht ab, die macht die Haut noch empfindsamer für Kälte; die schützt nicht, sie bringt Gefahr.
Sämtlichen Übelständen helfen die auf warme Bäder folgenden Kaltbäder, Begießungen oder Kaltwaschungen gründlich ab; das frische Wasser stärkt, die erhöhte Wärme herunterdrückend; es erfrischt, die überflüssige Hitze gleichsam wegwischend; es schützt, die Poren schließend und die Haut fester machend.

Heiße Bäder (Temperatur 38–45 °C)

Heiße Bäder spielen in der Keippkur nur eine untergeordnete Rolle. In der Regel werden sie nur auf ärztlichen Rat hin genommen.

Wechselbäder

Als Wechselbäder werden die Bäder bezeichnet, bei denen auf ein längeres warmes Bad ein kurzes kaltes folgt. Meist wendet man Wechselbäder bei den Teilbädern an, also z.B. das Wechselarm- und Wechselfußbad.

Technik

Ich machte den Versuch, die warmen Bäder mit kalten zu verbinden, und ließ die Patienten zuerst zehn Minuten ins warme [Temperatur ca. 36–38 °C], dann eine halbe Minute ins kalte [Temperatur ca. 15–18 °C], dann wieder ins warme Bad steigen, und so ließ ich sie zwei bis drei Wechsel vornehmen.

Die Anwendung wird mit dem kalten Bad abgeschlossen. Leidet man jedoch an Gefäßkrämpfen, so ist die Abschlußanwendung immer das warme Bad! Auch hier trocknet man sich danach nicht ab, sondern das Wasser wird abgestreift und der Körper bzw. Körperteil durch Bewegung erwärmt.

WIRKUNG
Wechselbäder stärken Herz, Gefäße und den Kreislauf und wirken zudem abhärtend.

Durch diese Bäder habe ich bei Korpulenten, Gichtleidenden und Rheumatikern bessere Erfolge erzielt und habe sie deshalb öfter angewendet. Den Nachteil des warmen Bades, welches gerne Schwäche und Verweichlichung brachte, hob das kalte Bad, wenn auch nicht jedesmal ganz, so doch wenigstens teilweise auf, und ich hatte Jahre hindurch in vielen Fällen recht gute Erfolge erzielt.

Nicht geeignet sind Wechselbäder bei Krampfaderleiden!

Badezusätze

Eine erhebliche Steigerung der Wirkung der Bäder kann durch Pflanzenextrakte erreicht werden. Badezusätze finden vor allem bei warmen Bädern Verwendung. Diese Badezusätze bekommt man in Apotheken, Drogerien oder Reformhäusern.

Wirkung der Pflanzenextrakte:

Baldrian
Da Baldrian eine beruhigende und schlaffördernde Wirkung hat, hilft er bei Schlaflosigkeit und nervöser Unruhe. Daher sollte das Baldrianbad am Abend genommen werden.

Eichenrinde
Eichenrindenbäder wirken durch ihren hohen Gerbsäureanteil entzündungshemmend und schorfbildend bei Wunden. Sie dienen zur Behandlung von Hautkrankheiten, z.B. Ekzemen, Ausschlägen, Hämorrhoiden, sowie von Froststellen.

Fichtennadelextrakt
Fichtennadelextrakt ist ebenfalls ein häufig verwendeter, hautreizender Badezusatz in der Kneippkur. Er wirkt beruhigend auf den Stoffwechsel und das Nervensystem und hilft bei Erkrankungen der oberen Luftwege.

Haferstroh
Haferstroh hat eine ähnliche Wirkung wie Heublumen und ist auch bei den gleichen Krankheiten anzuwenden; besonders eignet es sich jedoch zur Behandlung von schwachen und nervösen Patienten.

Heublumen
Heublumen sind der gebräuchlichste Badezusatz bei Kneipp. Sie wirken hautreizend und entkrampfend auf Gallenblase, Magen, Darm und Nieren. Vor allem zu empfehlen bei Blutergüssen, Sehnenscheidenentzündung, Gicht und rheumatischen Zuständen.

Kamille
Kamille hat äußerst gute wundheilende und entzündungshemmende Eigenschaften und ist daher ideal zur Behandlung von juckenden, entzündeten Ekzemen. Bei Krampfzuständen von Bauch und Unterleib wirken Kamillensitzbäder krampflösend.

Kleie
Kleie hat die Eigenschaft, daß sie sich wie eine Schutzschicht über die Haut legt und deshalb als besonders angenehm und juckreizstillend empfunden wird. Ein Kleiebad hilft bei entzündlichen Hauterkrankungen, juckenden Ekzemen und Hautempfindlichkeiten.

Rosmarin
Rosmarin wirkt belebend und durchblutungsfördernd. Rosmarinbäder – sie werden stets am Morgen genommen – helfen Patienten mit schlechter Durchblutung, Kreislaufstörungen und niedrigem Blutdruck.

Zinnkraut
Zinnkraut enthält einen hohen Anteil an Kieselsäure. Es wird bei Nieren- und Blasenleiden verwendet sowie bei Hautentzündungen und Wundbehandlungen.

Vollbäder

Auch diese Bäder werden unterschieden in kalte und warme Vollbäder. Jede Art dient sowohl den Gesunden als auch den Kranken.

Viele wagen sich nicht in ein Vollbad und fürchten es. Ich kann es ihnen auch nur mißraten: sie haben weder Naturwärme noch Naturkraft; aber ein Fußbad, ein Halbbad, Sitzbad und ein Armbad kann jeder nehmen, wenn er noch so geschwächt ist, und dies macht den Körper nach und nach fähig zum Vollbad.

Vollbäder beeinflussen den Körper am stärksten. Deshalb werden heutzutage eher Dreiviertel- oder Zweidrittel-Bäder (der Rücken befindet sich im Wasser, die Herzgegend bleibt frei davon) angewendet, da die Belastung des Kreislaufs geringer ist als beim Vollbad. Sonst gilt jedoch dasselbe wie für das Vollbad.

Das kalte Vollbad (Temperatur bis zu 18 °C)

ACHTUNG

Das kalte Vollbad ist eine der härtesten Behandlungen in der Kneippkur und wird eher selten angewendet. Ohne ärztlichen Rat soll es nie genommen werden!

Der Vollständigkeit halber soll hier dennoch Kneipps Originaltext erwähnt sein.

Die kürzeste Dauer eines solchen Vollbades ist 1/2 Minute, die längste, welche nicht überschritten werden soll, drei Minuten. Je kürzer das Bad, desto besser die Wirkung. [Aus heutiger Sicht sollte eine Dauer von 3–10 Sekunden auf keinen Fall überschritten werden! Anmerk. d. Verfs.]

Das kalte Vollbad für Gesunde

Die kalten Vollbäder empfehle ich vorerst allen Gesunden zu jeder Jahreszeit, sommers und winters, und behaupte, daß gerade diese Bäder zur Erhaltung und Kräftigung der Gesundheit wesentlich beitragen; die reinigen die Haut, befördern die Hauttätigkeit, erfrischen, beleben und stärken den ganzen Organismus. Im Winter sollen die Bäder in der Woche die Zahl 2 nicht leicht überschreiten; eines genügt alle 8, unter Umständen alle 14 Tage.

In welchem Zustand muß der gesunde Körper sein, daß er solche kalten Vollbäder mit gutem Erfolge gebraucht?
Wer durch den Aufenthalt im warmen Zimmer, wer durch Arbeiten oder durch Gehen vollständig durchwärmt ist, befindet sich in der richtigen Verfassung. Wem kalt ist, wer an kalten Füßen leidet, wen fröstelt, der soll bei solchem Kältezustande nie ein kaltes Vollbad nehmen. Umgekehrt, wer schwitzt, wer erhitzt (ich rede von gesunden Menschen), im größten Schweiße wie gebadet ist, nehme ruhig unser Vollbad. Bei Unzähligen, die früher

geglaubt hatten, es müsse sie bei solcher »Roßkur« sofort der Schlag treffen, war nach einem einzigen Versuch alle Furcht, alle Angst, alles Vorurteil geschwunden.

Wie lange darf ein Gesunder im kalten Vollbade bleiben?

Wer das kalte Vollbad nimmt, kleide sich rasch aus und lege sich 1 Minute in die bereitstehende Badewanne. Wer es im Schweiße nimmt, setze sich in die Wanne, d.h. gehe nur bis an die Magengegend ins Wasser, und wasche sich schnell und kräftig den Oberkörper ab. Dann tauche er einen Augenblick bis zum Halse unter, gehe ungesäumt aus dem Wasser und kleide sich, ohne abzutrocknen, in tunlichster Eile an. Danach muß man so lange Bewegung machen (mindestens eine 1/4 Stunde), bis der Körper vollständig trocken und normal erwärmt ist. Ob dieses im Zimmer oder im Freien geschieht, bleibt sich ganz gleich.

Wann soll ich am besten diese Bäder beginnen?

Unsere kalten Vollbäder wirst du beginnen können, wenn du kräftig bist, vielleicht nach kürzerer, wenn du schwach bist, unter Umständen erst nach längerer Vorbereitung. Solche, denen es ernst ist, mögen nach Anwendung der Abhärtungsmittel zuerst noch die Ganzwaschungen beginnen und dieselben, wenn sie das Waschen vor dem Schlafengehen nicht aufregt und wach erhält. Diese Übung, wöchentlich 2–4mal vorgenommen, was genügt, oder täglich praktiziert, bildet die beste Vorbereitung zu unserem kalten Vollbad. Man versuche es nur einmal! Dem ersten Unbehagen wird bald ein bis ins Innere hinein wohltuendes Behagen folgen, und was früher gescheut und gefürchtet war, wird bald fast Bedürfnis werden. Ein mir bekannter Herr ging 18 Jahre hindurch allnächtlich in sein Vollbad. Ich hatte es ihm nicht vorgeschrieben; aber er wollte die Übung durchaus nicht lassen. In den 18 Jahren war er keine Stunde lang krank.

Das kalte Vollbad für Kranke

Die Hauptanwendung findet das kalte Vollbad bei den sogenannten hitzigen Krankheiten, d.h. bei all jenen Krankheiten, welche als Vorboten und Begleiter heftiges Fieber haben. Bei den einzelnen Krankheiten wird genau angegeben, wann und wie oft es zur Verwendung kommen soll.

Eine Bemerkung möge sich hier anreihen: Nicht alle Kranken sind imstande, die Vollbäder zu benützen; manche sind vielleicht schon derart geschwächt, daß sie weder selbst sich heben und wenden, noch auch aus dem Bette gehoben werden können. Deshalb dienen als Ersatz die Ganzwaschungen, die bei jedem, auch dem schwächsten, Kranken leicht im Bette vorgenommen werden können. Gerade bei solchen ans Bett gefesselten Schwerkranken hüte man sich doppelt vor dem großen Fehler einer zu schroffen Anwendung; man würde stets das Übel ärger machen.

Das warme Vollbad

Das warme Vollbad dient wie das kalte für Gesunde und Kranke.

Das warme Vollbad für Gesunde

Auch hier wie bei allen Warmbädern benutze ich nie oder höchst selten bei Gesunden Warmwasser allein; ich mische stets Absude von verschiedenen Heilkräutern bei. Ganz gesunden und kräftigen Naturen, deren frisches, gerötetes Aussehe gleichsam selbst Wärme und Lebensfeuer sprüht, gebe ich warme Bäder selten, fast nie. Sie verlangen auch nicht danach, sie streben wie der Fisch ins kalte Wasser.
Jüngeren, schwächlichen, nervösen Personen rate ich es als gut, besonders jenen, welche Anlage zeigen zu Krämp-

fen, Rheumatismen und ähnlichen Gebrechen. Jeden Monat ein solches Bad mit 28 °C und folgender kalter Abwaschung, 25–30 Minuten dauernd, würde genügen. [Aus heutiger ärztlicher Sicht sollte das warme Vollbad eine Temperatur von ca. 36–38 °C haben und die Dauer von 10 bis 20 Minuten nicht überschreiten, Anmerk. d. Verfs.]

Bejahrten, schwächlichen Personen empfehle ich der Reinlichkeit der Haut, der Auffrischung und Stärkung wegen wenigstens allmonatlich ein warmes Vollbad. Sie werden jedesmal infolge der erhöhten Transpiration (Hauttätigkeit) und der lebendigeren Zirkulation des Blutes wie neu aufleben.

Das warme Vollbad für Kranke

Das warme Vollbad verfolgt einen doppelten Zweck: Im einen Falle soll es durch Zufuhr von Wärme die Körperwärme erhöhen, vermehren, im anderen Falle mitwirken zur Auflösung und Ausleitung von Stoffen, welche der kranke Körper allein aus eigener Kraft nicht mehr entfernen kann.

In welchen Krankheiten das warme Vollbad anzuwenden sei, das besagen die einzelnen Krankheitsfälle.

Die warmen Bäder werden bereitet als Heublumenbäder, Haferstrohbäder, Fichtennadelbäder.

Das Heublumenbad:

Dieses Bad, das leichteste und häufigste, ist eigentlich das unschuldigste, das normale Bad zum Wärmen des Körpers. Auch Gesunde können es jederzeit benutzen. Das kaffeebraune Wasser öffnet eindringlich die Poren und löst Anstauungen im Körper auf.

Das Haferstrohbad:

Dieses Bad wirkt stärker als das Heublumenbad und ist bei Nieren- und Blasenbeschwerden, bei Stein-, Grieß-

und Gichtleiden vorzüglich. Ich kann wirklich jedem, der an diesem Übel leidet, nur dringend raten, monatlich ein oder zwei solche Bäder zu nehmen, zuerst warm 10 Minuten lang, dann kalt 5–6 Sekunden, dann wieder warm. So soll zwei- bis dreimal gewechselt werden.

Das Fichtennadelbad:

Auch dieses Bad hat günstigen Einfluß auf Nieren- und Blasenleiden, doch schwächeren als das Haferstrohbad. Seine Hauptwirkung betrifft die Haut, welche es zur Tätigkeit spornt, und die inneren Gefäße, welche es stärkt. Dieses wohlduftende und stärkende Fichtennadelbad ist das Bad der älteren Leute. Innerhalb vier Wochen dürfen zwei solcher Bäder genommen werden; doch muß ich hier bemerken, daß dann in der Woche auch ein kaltes Bad genommen werden soll, um aller Verweichlichung und Schwächung vorzubeugen.

Das Halbbad

Halbbäder sind eine gute und recht häufig verwendete Alternative zu den Vollbädern, da sie den Kreislauf weniger belasten.

TECHNIK

In der »Wasserkur« werden die Halbbäder folgendermaßen erklärt:

Ich mußte ein Mittelding haben zwischen den Vollbädern, die mir zuviel, und zwischen den Fußbädern, die mir zuwenig bieten. Für dieses Mittelding wählte ich den Namen Halbbad. Im allgemeinen verstehe ich unter Halbbädern jene Bäder, welche den Körper im höchsten Falle bis zur Mitte des Unterleibes, ungefähr bis zur Magengegend, bespülen, aber sehr oft unter diesem höchsten Wasserstand bleiben.

Die Anwendung kommt in dreifacher Art vor:

1. Im Wasser stehen, so daß dieses reicht bis über die Waden oder über die Knie.

2. Ins Wasser knien, so daß die ganzen Schenkel mit ins Wasser kommen [man setzt sich mit dem Gesäß auf die Fersen, Anmerk. d. Verfs.].

Die Nummern 1 und 2, im Wasser stehen und ins Wasser knien, habe ich bei solchen Personen, die an Kraft durch die verschiedensten Ursachen gänzlich heruntergekommen waren, bei Beginn der Wasserkur stets mit großem Erfolg angewendet. Es gibt viele, welche den Druck des Wassers bei Vollbädern anfangs [...] nicht ertragen können. Gerade solche Kranke haben mich auf diese zwei Anwendungen gebracht; ihr Zustand erforderte diese diskrete, maß- und rücksichtsvollste Wasserbehandlung – manchmal durch lange Wochen hindurch, so lange, bis sie mehr gekräftigt auch mehr aushalten konnten.

3. Ins Wasser sitzen.

Die dritte Art nur verdient mit Recht den Namen des eigentlichen Halbbades; es reicht bis zur Mitte des Unterleibes, bis in die Nabelgegend.

Alle drei Anwendungen, die stets nur in kaltem Wasser [Temperatur bis zu 15 °C; anfangs sollte man sich nicht länger als 6–10 Sekunden im kalten Wasser aufhalten, später dann bis zu 1 Minute, Anmerk. d. Verfs.] **vorgenommen werden, zählen in erster Linie zu den Abhärtungsmitteln. Sie betreffen demnach Gesunde, die noch stärker, Schwache, die stark, Gesundende, die vollends gesund und stark werden wollen.**

Gesunden gebe ich den Rat, sie sollen morgens beim Aufstehen den Oberkörper waschen, nachmittags oder abends sodann unser Halbbad nehmen. Haben sie zur Waschung in der Frühe keine Zeit, so mögen sie im Halbbade selbst die Waschung des Oberkörpers (der Brust und des Rückens) vornehmen.

Nach meiner Überzeugung wird es dem Gesunden vollständig ausreichen, wenn er in der Woche zwei bis drei Halbbäder nimmt und wöchentlich zwei- bis dreimal den Oberkörper wäscht. Für Schwächlinge jedoch rate ich nicht mehr als zwei bis drei Halbbäder in der Woche.

Nach der Anwendung sorgt man durch Bettruhe, besser jedoch mit ausreichend Bewegung für Erwärmung.

Wirkung

Die Wirkung des kalten Halbbades ist eine ganz vorzügliche. Es wirkt allgemein stärkend auf den Leib, entwickelt überall Wärme, hat auf die Blutzirkulation einen großen Einfluß, beruhigt die Natur wie kaum eine andere Anwendung und trägt wohl am meisten zu einer raschen und allgemeinen Erholung bei, nachdem eine Krankheit vom Körper Abschied genommen. Der Kranke äußert sich gewöhnlich, daß ihm das Halbbad am wohlsten tue. Jedoch muß der Gebrauch der Halbbäder in Krankheitsfällen speziell und ausdrücklich vorgeschrieben sein; sonst soll man damit keine Versuche anstellen, sie könnten unter Umständen nicht gut ausfallen.

Die Nummer 3, das eigentliche Halbbad, ist wohl zu beachten; ich empfehle es allen Gesunden auf das Eindringlichste. Die Unterleibsschwächen und Unterleibskrankheiten – deren Ursache im Grunde nur ein Mangel an Abhärtung, eine Verweichlichung ist – werden durch sie im Keime erstickt, die schon seßhaften beseitigt. Magenleiden, die von Blähungen oder verhaltenen Winden herrühren, werden ebenso geheilt. Diese Halbbäder kräftigen den Unterleib, erhalten und mehren die Kraft.

Das Sitzbad

Sitzbäder können kalt und warm angewendet werden.

Die Anwendung von Sitzbädern macht eine spezielle Sitzbadewanne notwendig, die man im Sanitärfachhandel erhält. Es ist nicht ratsam, die Bade- oder Duschwanne als Ersatz zu verwenden, da es nur extrem gelenkigen Menschen gelingt, hier die richtige Position einzunehmen; zudem ist es äußerst unbequem.

Die Wanne wird so weit mit Wasser gefüllt, daß es beim Hineinsetzen nicht zu einem Überschwappen kommt. Man setzt sich – ähnlich wie bei einem Sessel – in die Wanne. Nur der Unterkörper taucht von der oberen Schenkelhälfte bis in Nabelhöhe ins Wasser. Die Beine hängen aus der Wanne heraus; der Oberkörper kann bekleidet bleiben.
Auch für die Sitzbäder gilt: Weniger ist oft mehr! Kneipp beschreibt in »Mein Testament« die Folgen, die ein zu häufiges Anwenden mit sich bringt:

> **So bin ich nach und nach zur klaren Überzeugung gekommen, daß man nicht viele Sitzbäder nehmen dürfe, weder kalte noch warme. Nimmt man zu viele warme Sitzbäder, so wird zuviel Blut in den Unterleib geleitet, und dadurch entstehen nicht bloß Beschwerden, sondern auch viele Übelstände, die später hart zu beseitigen sind. Bei den kalten Sitzbädern verliert die Natur zuviel Wärme, und dann geht es dem ganzen Körper nicht am besten; oder die Natur wird Meister, und dann entwickelt das kalte Sitzbad immer mehr Wärme, und die Folge davon ist wiederum, daß zuviel Blut in den Unterleib geleitet wird. Häufig geschieht es dann, daß Hämorrhoiden sich bilden oder die bereits vorhandenen noch vermehrt werden. Es**

können alle möglichen Störungen im Unterleibe zutage treten. Alle Versuche haben mich belehrt, daß es besser sei, wenig Sitzbäder zu nehmen und diese immer mit anderen Anwendungen zu verbinden, um dadurch eine Gesamtwirkung auf den ganzen Körper zu erreichen.

Kneipp rät zu folgender Dosierung:

Ist die Hitze im Unterleib vorherrschend, so gebe ich ein kaltes Sitzbad, und zwar in der Woche ein- bis zweimal, in seltenen Fällen dreimal, aber öfter nie. Sollten mehr notwendig werden, dann nimmt man besser statt des Sitzbades ein Halbbad. In Fällen jedoch, wo Wärme fehlt und große Erkältung vorhanden ist, werden warme Sitzbäder genommen. Sie sollten aber stets nur von kurzer Dauer sein, und man sollte die Natur nie vollständig an solche Bäder gewöhnen.

Das kalte Sitzbad

Technik

Voraussetzung für dieses Bad ist, daß der Körper, vor allem aber die Füße warm sind. Während der Anwendung liegen die Füße auf einer warmen Unterlage (keine kalten Fliesen!). Das Wasser wird wiederum nur abgestreift und der Körper durch Bewegung oder Bettruhe erwärmt.

Niemand braucht die naßkalte, nur nach 1–2 Minuten zählende Anwendung zu fürchten. [Kneipp empfiehlt auch hier wieder eine längere Dauer, als aus heutiger Sicht ratsam ist. Das Bad sollte bei 15–18 °C nicht länger als 6–10 Sekunden dauern. Anmerk. d. Verfs.]

Wirkung

Die kalten Sitzbäder gehören neben den Halbbädern zu den bedeutsamsten und wirksamsten Anwendungen speziell für

den Unterleib. Sie sind luft- (gas-) ausleitend, die schwache Verdauung und den Stuhlgang befördernd, den Blutumlauf regulierend, stärkend und deshalb bei Unterleibsgebrechen nicht genug zu empfehlen. Wem der gesunde, ruhige Schlaf fehlt schon beim Beginn der Nachtruhe, wer nachts aufwacht und nicht wieder einschlafen kann, wer überhaupt an Schlaflosigkeit leidet, benütze fleißig das kalte Sitzbad. Die Sitzungen nehmen die Aufregung und verschaffen angenehme Ruhe. Wer in der Frühe mit eingenommenem Kopfe, wer matter aufsteht, als er zur Ruhe ging: beiden rate ich dringend diese Anwendung. Allen Gesunden sei dieselbe hiermit auch nochmals aufs wärmste empfohlen.

Das warme Sitzbad

Technik

Das warme Sitzbad hat eine Temperatur von ca. 36–38 °C und dauert 10–15 Minuten. Im Gegensatz zum kalten Sitzbad werden die Füße hier auf ein Bänkchen gelegt, und der ganze Körper (einschließlich der Füße) wird mit einer Decke warm umhüllt. Nach der Anwendung folgt eine Waschung oder ein kalter Abguß des Unterkörpers. Keine kalte Abschlußanwendung jedoch bei Krampfzuständen!

Wirkung

Das warme Sitzbad wird meist nur in Verbindung mit Zusätzen verwendet. Kneipp nennt das Zinnkraut-, das Haferstroh- und das Heublumensitzbad:

Das *Zinnkrautsitzbad* dient speziell und hauptsächlich bei krampfhaften, rheumatischen Zuständen der Nieren und der Blase, bei Grieß- und Steinleiden, bei Beschwerden beim Urinieren.

Das *Haferstrohsitzbad* ist ein vorzügliches Bad bei allen gichtigen Leiden.

Das *Heublumensitzbad* hat mehr allgemeine Wirkung und wird in Ermangelung von Zinnkraut und Haferstroh bei allen oben angeführten Unterleibsleiden angewandt, wenn auch weniger wirksam. Gute Dienste hat es mir stets geleistet bei der Auflösung von Anstauungen im Unterleibe, bei der Behandlung von äußeren Geschwülsten, Geschwüren, bei hartem Stuhlgang, bei Hämorrhoiden, bei krampfhaften und kolikartigen Erscheinungen.

Fußbäder

Die Fußbäder können kalt und warm zur Anwendung kommen.

Kaltes Fußbad

Das kalte Fußbad ist eine der häufigsten Kneipp-Anwendungen. Voraussetzung: Nie mit kalten Füßen in das kalte Wasser!

TECHNIK

Beide Beine werden etwa bis oberhalb der Wade in das Wasser getaucht. Als Gefäße eignen sich entweder spezielle Fußwannen oder Eimer in der passenden Größe. Die Temperatur beträgt ca. 15 °C, die Dauer ca. 15 bis 60 Sekunden, je nach Wohlgefühl. Danach werden die Füße nicht abgetrocknet, sondern das Wasser wird lediglich abgestreift, und die Füße werden durch Bewegung, z.B. Auf- und Abgehen, erwärmt.

WIRKUNG

Bei Krankheiten dienen sie vornehmlich dazu, das Blut von Kopf und Brust abwärts zu leiten. Bei Gesunden bezwecken sie Auffrischung und Kräftigung und sind [...] insbesondere

anzuraten, wenn nach anstrengenden, sehr ermüdenden Tagen nachts der Schlaf sich nicht einstellen will.

Das kalte Fußbad führt also zu einer besseren Durchblutung der Füße und Unterschenkel und hilft daher bei Venenleiden, Schwächegefühl in den Beinen, aber auch bei Kopfschmerzen, Nasenbluten und Erschöpfung.
Nicht geeignet ist ein kaltes Fußbad bei Nieren- und Blasenleiden, Krampfneigung und starkem Bluthochdruck!

Warmes Fußbad

Das warme Fußbad wird bei Wärmebedürfnis angewendet und dient meist zur Vorerwärmung für eine Kaltanwendung.

Technik

Es wird auf die gleiche Weise wie das kalte Fußbad angewendet; die Temperatur beträgt ca. 36 bis 38 °C, die Dauer etwa 10 bis 15 Minuten. Nach der Anwendung ist ein kalter Abguß (Knieguß oder kaltes Fußbad) empfehlenswert, nicht jedoch bei Krämpfen in den Blutgefäßen!

Wirkung

Die Wirkung ist ähnlich wie beim kalten Fußbad. Oft mischt man in das warme Wasser auch verschiedene Zusätze. Über das warme Fußbad mit den verschiedenen Zusätzen schreibt Kneipp:

Salz-Zusatz (etwa eine Handvoll):

Es sind die eigentlichen Fußbäder für schwächliche, blutarme, nervöse, sehr junge und sehr alte, vorherrschend für Frauen-Personen. Sie leiten das Blut in die Füße und wirken beruhigend.

Heublumenextrakt:

> **Diese Fußbäder wirken auflösend, ausleitend und stärkend und dienen sehr gut bei kranken Füßen, des Näheren bei Fußschweiß, Verknorpelungen, bei Verletzungen durch zu enge Schuhe [...]**

Nicht geeignet ist ein warmes Fußbad bei venösen Erkrankungen!

Das Wechselfußbad

Technik

Für das Wechselfußbad benötigt man zwei Gefäße (Eimer oder Fußwannen). Das eine enthält 36–38 °C warmes Wasser, das andere 15–18 °C kaltes Wasser. In beiden Gefäßen sollte das Wasser bis zur Wadenmitte reichen. Die Füße bleiben ca. 5–10 Minuten im warmen Wasser, auf jeden Fall jedoch so lange, bis sich ein Wärmegefühl eingestellt hat. Nun wechselt man für etwa 10 bis 20 Sekunden in das kalte Gefäß. Der Wechsel erfolgt 2–3mal, nicht öfter. Jede Anwendung beginnt also immer warm und schließt mit kalt ab.

Wirkung

Das Wechselfußbad ist ein gutes Training für die Blutgefäße der Füße und Unterschenkel. Es hilft bei chronisch kalten Füßen, Herz- und Kreislaufbeschwerden, Anfälligkeit bei Infekten sowie bei Kopfschmerzen.

Nicht anwenden darf man das Wechselfußbad bei Venen- und Gefäßerkrankungen!

Armbäder

Kaltes Armbad

Das kalte Armbad wird auch oft als »Tasse Kaffee der Naturheilkunde« bezeichnet. Nachmittags, v.a. an heißen und schwülen Tagen oder bei Wetterumschwung, ist die beste Zeit für eine Anwendung. Voraussetzung: Nicht mit kalten Händen ins kalte Wasser!

Technik
Beide Arme werden bis zur Mitte des Oberarms in das Wasser getaucht. Als Gefäß eignet sich eine ausreichend große Wanne oder auch das Waschbecken. Die Temperatur beträgt ca. 12 bis 15 °C, die Dauer 10 bis 30 Sekunden. Die Arme werden nicht abgetrocknet, sondern das Wasser wird abgestreift, und die Arme werden durch Bewegung, z.B. Schwingen und Pendeln erwärmt.

Wirkung
Das kalte Armbad belebt, ohne aufzuregen, und ist durchblutungsfördernd. Es wirkt beruhigend auf das Herz und senkt die Schlagfrequenz. Anzuwenden bei Müdigkeit, nervösem Herzjagen und Herzklopfen sowie Erschöpfung – der Kopf wird frischer, und die Konzentrationsfähigkeit steigt.

Nicht geeignet ist ein kaltes Armbad für Patienten mit Gefäßkrämpfen oder organischen Herzkrankheiten!

Warmes Armbad

Das warme Armbad wird häufig auch mit einem Badezusatz angewendet.

TECHNIK
Wie beim kalten Armbad; die Temperatur beträgt ca. 36 bis 38 °C, die Dauer etwa 10 bis 15 Minuten. Auch hier folgt in der Regel danach ein kalter Abguß.

WIRKUNG
Das warme Armbad wirkt entkrampfend und ist bei folgenden Beschwerden anzuwenden: chronisch kalten Händen, rheumatischen Erkrankungen der Hände, Hautentzündungen sowie Bronchitis.

Nicht geeignet ist ein warmes Armbad bei Gefäßkrämpfen und Bluthochdruck!

Das Wechselarmbad

TECHNIK
Wie beim Wechselfußbad benötigt man auch hier zwei Gefäße (Waschbecken oder entsprechend große Wannen), die mit 36–38 °C warmem und 15–18 °C kaltem Wasser gefüllt werden. Es wird mit der kalten Anwendung begonnen: Etwa 5–10 Minuten warm (auf jeden Fall so lange, bis sich ein Wärmegefühl einstellt), dann ein Wechsel für 10–20 Sekunden ins kalte Becken. Der Wechsel erfolgt 2–3mal, immer von warm nach kalt, die Abschlußanwendung ist die kalte.

WIRKUNG
Das Wechselarmbad ist ebenfalls ein sehr gutes Training für die Blutgefäße. Es wirkt durchblutungsfördernd und wird empfohlen bei chronisch kalten Händen, Kreislaufstörungen sowie Erkrankungen der Atemwege.

Nicht geeignet ist das Wechselarmbad bei organischen Herzleiden und Gefäßkrämpfen!

Güsse

Was ich früher nicht geahnt hatte, wurde mir nach und nach zur Überzeugung, daß in der Hydrotherapie die Gießungen das beste sind [...] Gerade durch die Gießungen treten die Wirkungen des Wassers am klarsten hervor, und jeder kommt bald zur Überzeugung, daß die Gießungen die raschesten Erfolge aufweisen. So schreibt Kneipp in »Mein Leben«.

Güsse sind ein Hauptbestandteil von Kneipps Wasseranwendungen. Während man sich zu Kneipps Zeiten für diese Gußanwendungen mit der Gießkanne zu helfen wußte, verwendet man heutzutage entweder einen speziellen Gußschlauch (Länge 2–2,5 m, Durchmesser ca. 2 cm) – dieser wird an der Wand oder an der Badewanne montiert –, oder man schraubt den Duschkopf der Brause ab. Das Charakteristische an diesen Güssen ist, daß allein der fast drucklose Wasserstrahl auf die Haut einwirkt; entweder nur auf bestimmte Körperteile oder auch auf den ganzen Körper. Das Wasser soll in einem vollen, gleichmäßigen Strahl aus dem Schlauch bzw. der Brause kommen, auf keinen Fall darf es spritzen oder Druck auf die Haut ausüben. Während Kneipp nur die kalten Güsse kannte, werden in der modernen Wasserkur auch warme Güsse oder Wechselgüsse angewendet. Nach wie vor jedoch schreibt man den kalten Güssen die beste Wirkung zu. Deshalb liegt hier der Schwerpunkt auf den kalten Anwendungen. Stets verwendet man ca. 15 °C kaltes Wasser.

Für alle Güsse gelten folgende **ANWENDUNGSREGELN:**

1. Niemals darf ein kalter Körper bzw. Körperteil mit einem kalten Guß behandelt werden. Entweder sorgt man vor der Anwendung durch ausreichend Bewegung für Erwärmung, oder es wird zuerst eine andere warme Wasseranwendung durchgeführt.
2. Kein Guß unmittelbar nach einer Mahlzeit.
3. Güsse nur in warmen Räumen, nie bei Zugluft durchführen.
4. Jeder Guß beginnt stets an den Körperteilen, die am weitesten vom Herz entfernt liegen, d.h. an den Fingern oder Zehen.
5. Grundsätzlich wird immer an der rechten Körperpartie begonnen, also z.B. zuerst das rechte Bein und dann das linke.
6. Während des Gusses ruhig und gleichmäßig atmen, die Muskeln nicht anspannen, keine verkrampfte Haltung einnehmen.
7. Der Guß wird immer gleichmäßig ruhig und ohne Hast ausgeführt.

Der Knieguß

Der Knieguß sollte bei regelmäßiger Anwendung nur in Verbindung mit dem Oberguß vorkommen.

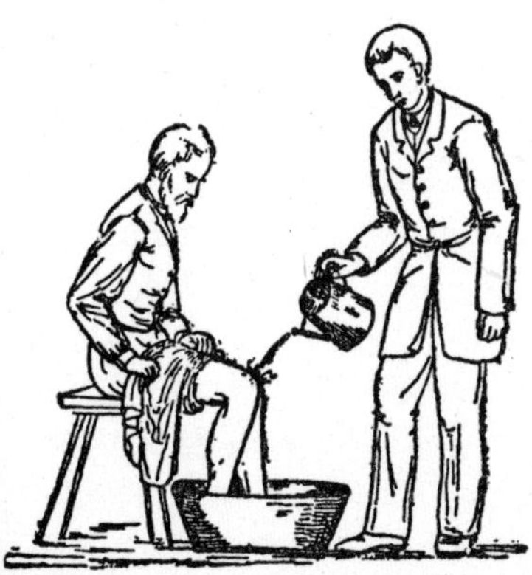

TECHNIK

Für den Knieguß werden nur die Unterschenkel und der untere Teil der Oberschenkel entkleidet. Enge oder einschnürende Bekleidung würde die Blutzirkulation beeinträchtigen. Nun beginnt man mit dem Guß am rechten Bein an der Außenseite des Fußrückens, langsam an der Wade hoch, nach hinten oberhalb der Kniekehle. Hier verweilt man mit dem Wasserstrahl etwa

5–10 Sekunden (nicht auf demselben Punkt, sondern unter leichtem Kreisen), dann fährt man auf der Innenseite des Unterschenkels herab und wechselt zum linken Bein, das auf die gleiche Art begossen wird. Als letztes werden die Fußsohlen begossen.
Auch bei kranken, bettlägerigen Menschen kann ein Knieguß angewendet werden: Sie setzen sich auf die Bettkante, die Füße werden auf ein kleines Bänkchen o.ä. gestellt, das sich in einer Wanne befindet. Man verfährt nach dem gleichen Schema.

> **Rekonvaleszenten, blut- und säftearmen Personen – allen, deren Fußknochen nicht kernige Muskeln, sondern nur dünne, armselige Fleischmäntelchen tragen –, rate ich, die erste Zeit nie mehr als 2–3 Gießkannen** [für einen Knieguß benötigt man etwa 2–3 Kannen voll Wasser, Anmerk. d. Verfs.]; **auch bei jedem Anfänger soll das erste Mal die Zweizahl nicht überschritten werden. Sie können in den folgende Tagen auf 4–6 und noch später auf 8–10 Kannen steigen. Nach 8–10 Kniegüssen ist jedes Schmerzgefühl verschwunden; mit Behagen, mit einem gewissen Sehnen erwartet man den nächsten Strahl, der in so kurzer Zeit die verweichlichten Füße so bedeutend gestärkt hat.**

Wirkung

Kneipp beschreibt die Wirkung so:

> **Kranke und Schwächliche halten den Guß beim ersten Anprall sehr schwer aus. Kein Anfänger tut ganz leicht. Schon Männer, welche zuerst über das Bagatellverfahren witzelten, dann die elektrischen Schlägen gleichende und bis ins Innerste hinein erschütternde Wirkung verbeißen wollten, habe ich wie Espenlaub zittern und vor Schmerz weinen sehen. Es ist der beste Beweis für die elektrisierende, auffrischende, stärkende Kraft dieses Gusses. Als verstärktes Fußbad dient er hauptsächlich zur Ableitung des Blutes in die Füße, zur Vermehrung der Naturwärme, zur Abhärtung und Kräftigung des Körpers. Wer häufig kalte Füße hat, soll den Knieguß öfter nehmen, meinet-**

wegen in der Woche zwei- bis dreimal; wer seine Natur recht verweichlicht hat, kann durch den Knieguß ebenfalls stärkend auf den ganze Körper wirken.

Der Knieguß wirkt durchblutungsfördernd und hilft deshalb bei chronisch kalten Füßen, Krampfadern, venösen Stauungen sowie Kopfschmerzen. Nicht angewendet werden darf der Knieguß bei Nieren- und Blasenerkrankungen sowie bei Erkrankung des Unterleibes!

Der Schenkelguß

Der Schenkelguß ist eine Steigerung des Kniegusses und eine mildere Alternative zum Unterguß (siehe folgenden Abschnitt), da ein weniger starker Reiz ausgelöst wird. Es werden die Beine sowie das Gesäß begossen.
Achtung: Bei kranken Menschen muß vor der Behandlung ärztlicher Rat eingeholt werden!

Technik

Für den Schenkelguß entkleidet man den ganzen Körper. Das Schema ist das gleiche wie beim Knieguß: Man beginnt mit dem rechten Bein am äußeren Fußrücken und fährt hinten entlang des Beines bis zum Gesäß. Hier bewegt man den Wasserstrahl für 5 Sekunden leicht hin und her und geht dann an der Beininnenseite hinab bis zur Ferse. Nun wechselt man zum linken Bein und verfährt ebenso. Für die Begießung der Vorderseite der Beine – auch hier beginnt man wieder zuerst rechts – fährt man am Schienbein hoch bis zur Leiste. Erst zum Schluß werden die Fußsohlen begossen.

Auch hier gilt wieder: Wer das Wasser am gleichmäßigsten auf den Schenkel gießt, so daß es über den ganzen Schenkel wie eine Wasserplatte hinunterläuft, der gießt

am besten. Wer aber das Wasser nur so planlos auf die Schenkel gießt und sich damit zufriedengibt, bei dem werden weder die Schenkel gleichmäßig begossen, noch wird eine angenehme Wärme in den Füßen eintreten können.

Wirkung

Die Wirkung ist eine Steigerung zu der des Kniegusses. Der Schenkelguß eignet sich daher nicht als Erstanwendung und sollte deshalb erst nach einer gewissen Trainingszeit, z.B. nach einigen Kniegüssen, angewendet werden.

Nicht angewendet werden darf der Schenkelguß bei Nieren- und Blasenerkrankungen sowie bei Erkrankung des Unterleibes!

Der Unterguß

Der Unterguß ist eine Art Verlängerung des Schenkelgusses bis zum Rippenbogen.
Achtung: Der Unterguß ist eine starke Anwendung und darf nicht ohne ärztlichen Rat angewendet werden!

Technik

Wie beim Schenkelguß begießt man zuerst die äußere Hinterseite des rechten Fußes, fährt am Bein hoch über das Gesäß bis zum Rippenbogen und verweilt dort etwa 5 Sekunden mit dem Wasserstrahl (den Strahl leicht bewegen und darauf achten, daß er möglichst flach auftrifft, da sonst die Gefahr einer Reizung der Nieren droht). Dann geht es unter der Gesäßmuskulatur hindurch an der Innenseite des Beines hinunter bis zum Fuß. In gleicher Weise wird auch das linke Bein begossen. Dann wechselt man auf die rechte Vorderseite: wieder entlang des Beines bis zum Rippenbogen. Hier führt man einige Kreisbewegungen von rechts nach links über den Bauch aus, wobei die Blasengegend möglichst ausgespart werden sollte. Nun fährt man an der linken Vorderseite abwärts. Ganz am Schluß werden die Fußsohlen begossen.

Wirkung

Auch hier handelt es sich wieder um eine Steigerung der Wirkung im Vergleich zum Schenkelguß. Zusätzlich wirkt der Unterguß auch auf den Bauchraum und hilft bei Verstopfung.

Jedoch nicht geeignet bei Krampfzuständen von Magen und Darm, bei Nieren- und Blasenerkrankungen sowie Erkrankungen des Unterleibes!

Der Armguß

Der Armguß ist eine leichte Anwendung und eignet sich besonders zu Beginn einer Kurbehandlung.

> **Wie die Beine bei Knie- und Schenkelguß für sich allein in Behandlung kommen, so kann es öfter auch sehr zweckmäßig sein, die Arme speziell zu begießen. Der Armguß besteht darin, daß der ganze Arm von den Fingern angefangen nacheinander hinauf begossen wird.**

Technik

Der Oberkörper wird entkleidet und leicht nach vorne über die Wanne gebeugt; das kann auch im Sitzen geschehen. In den Kuranstalten gibt es hierfür ein eigenes Holzgestell, an dem man sich festhält. Es wird für Brust- und Obergüsse verwendet. Zur Not kann man den Armguß auch einfach unter dem Wasserhahn durchführen.

Der Guß, der immer an beiden Armen vorgenommen wird, beginnt am rechten Handrücken. Man fährt hinauf bis zur Schulter und verweilt dort mit dem Wasserstrahl etwa 5–10 Sekunden, so daß das Wasser gleichmäßig den Arm hinabfließt. An der Innenseite des Arms geht man wieder hinunter und wechselt zum linken Arm, der ebenso behandelt wird. Dieser Wechsel kann zweimal wiederholt werden. Nach der Anwendung werden die Arme nicht abgetrocknet, sondern das Wasser wird nur abgestreift.
Kneipp fügt seinen Ausführungen noch hinzu:

> **Wer einen sprudelnden Brunnen zur Verfügung hat, der halte beide Arme eine Minute unter denselben, und ich werde ihm gewiß nicht den Vorwurf machen, daß sein Armguß kein richtiger sei.**

WIRKUNG

Der Armguß führt zu einer besseren Durchblutung der Arme, regt den Kreislauf an und wirkt belebend. Daher hilft er bei niedrigem Blutdruck und nervösem Puls.

Nicht geeignet ist der Armguß bei Blutgefäßkrämpfen sowie bei Herzstörungen!

Der Rückenguß

Der Rückenguß ist eine der reizstärksten Kneippschen Anwendungen. Daher darf er nur nach ausreichendem Training durch mildere Anwendungen verabreicht werden. Er ist eine Verlängerung des Untergusses, da der gesamte Rücken begossen wird.
<u>Achtung: Der Rückenguß ist eine sehr starke Anwendung und darf nicht ohne ärztlichen Rat angewendet werden!</u>

TECHNIK

Diese Anwendung kann nicht alleine durchgeführt werden. Eine

zweite Person muß beim Begießen helfen. Ganz wichtig ist es aufgrund der starken Reizwirkung, daß der Patient während des Gusses eine ruhige und regelmäßige Atmung hat.
Der Körper wird vollständig entkleidet, und man beginnt nach dem gleichen Schema wie beim Schenkelguß: am rechten Bein an der Außenseite bis hoch zum Gesäß und an der Innenseite wieder hinunter bis zum Fuß. Man wechselt zum linken Bein und geht ebenfalls an der Außenseiten hinauf zum Gesäß. Der Behandelte nimmt etwas Wasser in die Hand und benetzt damit die Herzgegend, um eine Schockwirkung zu verhindern. Der Helfer greift nun den Schlauch in der sog. Kletterhaltung, d.h. der Schlauch wird senkrecht gehalten, damit der Wasserstrahl ähnlich einem Springbrunnen heraussprudelt. Jetzt beginnt er an der rechten Hand, fährt den Arm hoch bis zum Schulterblatt, verweilt dort für 5–10 Sekunden, indem er den Strahl so hält, daß das Wasser breit und gleichmäßig die rechte Rückenhälfte hinunterfließt. Dann geht man den Rücken hinunter über das Gesäß und wechselt zum linken Arm. Hier verfährt man genauso wie auf der rechten Seite: am Arm hoch bis zum Schulterblatt und wieder für 5–10 Sekunden verweilen; dann auf der linken Rückenseite hinab. Bei der Begießung ist besonders darauf zu achten, daß die Wirbelsäule selbst nicht berührt wird, sondern nur die Partie rechts und links davon.
Der Rückenguß kann nach Kneipp auch im Sitzen angewendet werden. Hierfür sitzt der Patient auf einem Hocker. Die Technik bleibt gleich.

Wenn das Wasser bei allen Güssen ruhig und ausgedehnt wie eine Platte über die zu begießende Stelle fließen soll, so ist dieses Verfahren am allerwichtigsten beim Rückenguß. Man hört viele Leute klagen, daß sie den Rückenguß nicht ertragen können; er macht ihnen Schmerzen, namentlich Kopfweh, und verursacht ihnen große Unruhe; sicher hat es hier am Gießen gefehlt.

Kneipp empfiehlt den Rückenguß in Verbindung mit anderen Anwendungen ein-, höchstens zweimal wöchentlich.

WIRKUNG

Der Rückenguß wird angewendet, wenn in besonderer Weise auf das Rückgrat stärkend eingewirkt werden soll. Auf die Förderung der Blutzirkulation ist sein Einfluß gleichfalls sehr günstig und stärker als jener des Obergusses.

Richtig durchgeführt und auf ärztlichen Rat hin, hilft der Rückenguß bei Haltungsschäden und Erkrankungen der Atmungsorgane. Er regt den Stoffwechsel an und ist zudem ein gutes Training für den Kreislauf.

Der Brustguß

Der Brustguß ist eine Steigerung des Armgusses und eine mildere Anwendung als der Oberguß (siehe folgenden Abschnitt). Während Kneipp den Brustguß kaum verordnete, wird er heutzutage häufig angewendet.

TECHNIK

Eventuell wird für diese Anwendung auch eine Hilfsperson benötigt.

Der Oberkörper wird entkleidet und ein Handtuch in den Hosenbund eingesteckt, um die Kleidung vor Nässe zu schützen. Bitte darauf achten, daß kein Gürtel o.ä. einschnürt oder beengt. Der Oberkörper wird möglichst weit über die Badewanne gebeugt; mit den Armen sucht man einen sicheren Halt. Man beginnt wie beim Armguß am rechten Handrücken, fährt bis zur Schulter hoch und an der Innenseite des Arms hinunter. Dann wechselt man zum linken Arm und geht wieder auf der Innenseite hinauf. Mit mehreren kreisförmigen Bewegungen (bei Frauen in Achterform) führt man den Wasserstrahl langsam über die Brust und an der Innenseite des linken Arms wieder hinunter.

WIRKUNG

Der Brustguß wirkt stärkend, auflösend und leitet Schleim aus der Brust; er wirkt mehr als das Drei- und Vierfache der Waschung.

Zudem regt der Brustguß den Kreislauf an, erfrischt und härtet ab.

Bei Herz- und Lungenerkrankungen darf der Brustguß nicht ohne ärztliche Verordnung angewendet werden!

Der Oberguß

Beim Oberguß wird der ganze Oberkörper inklusive der Arme begossen.
Achtung: Der Oberguß ist eine sehr starke Anwendung und darf nicht ohne ärztlichen Rat angewendet werden!

TECHNIK

Diese Anwendung kann nicht alleine durchgeführt werden. Eine zweite Person muß beim Begießen helfen.
Der Oberkörper wird entkleidet und ein Handtuch in den Hosenbund eingesteckt, um die Kleidung vor Nässe zu schützen. Bitte darauf achten, daß kein Gürtel o.ä. einschnürt oder beengt. Der

Oberkörper wird waagerecht möglichst weit über die Badewanne gebeugt, die Arme werden so abgestützt, daß man einen sicheren Halt hat. Man beginnt an der rechten Hand, fährt bis zur Schulter hoch und an der Innenseite des Arms hinunter. Dann geht man auf der Innenseite des linken Arms hinauf und fährt mit mehreren kreisförmigen Bewegungen (bei Frauen in Achterform) über die Brust. Von der rechten Brustseite aus führt man den Strahl auf den Rücken und läßt das Wasser möglichst breitflächig fließen.

Je gleichmäßiger das Wasser über die begossenen Teile läuft, um so leichter ist der Guß auszuhalten und um so schneller tritt an allen Stellen gleichmäßige Wärme ein. Bei nervösen Personen sei man achtsam, daß das Rückgrat nicht zu stark oder zu lange begossen werde. Der Strahl würde fast wie ein stechendes Messer empfunden und nicht ertragen werden, wenn auch durchaus keine Gefahr ist. Je nach Bedarf und Absicht läßt der Begießende den Strahl stärker oder schwächer auffallen. Zugleich habe er ein Ohr, ob der Patient über besondere Schmerzen an irgendeiner einzelnen Stelle klagt, und ein Auge, ob er vielleicht Symptome von Ausschlägen, Blutanstauungen (blaue Flecken) usw. sieht.

Der Behandelte bückt sich so, daß das Wasser nicht hinten in die Kleidung läuft; die Hilfsperson legt eine Hand in seinen Nacken, damit das Wasser seitlich herabrinnt und der Kopf nicht naß wird.

Der Kopf werde möglichst geschont, der Hals dagegen tüchtig begossen. Abgeschlossen wird der Guß über die Schulterseite des linken Arms. **Nach dem Guß wird das Hemd so rasch als möglich über den begossenen Körper gezogen, ohne daß dieser im geringsten abgetrocknet wird. Sobald der Körper bedeckt ist, können die Vorderhand, der Hals und die Haare, wenn sie im Nacken naß geworden sind, rasch abgetrocknet werden; dann muß man sich aber schnell ankleiden und nachher Bewegung**

machen, bis der ganze Körper die volle Naturwärme hat. Der Oberguß ist (wenn nicht eine Abwaschung stattfindet) stets notwendig nach dem Kopfdampf. Sonst kommt er regelmäßig vor in Verbindung mit dem Knieguß, und zwar in der Reihenfolge, daß zuerst der Ober- und nach vollständiger Bekleidung des Oberkörpers der Knieguß vorgenommen wird.

Als Anfangsbehandlung eignet sich der Oberguß nicht. Deshalb rät Kneipp, zuerst regelmäßig eine Oberkörperwaschung durchzuführen, bevor man den Oberguß anwendet:

Hat die Oberkörperwaschung durch einige Tage hindurch eine gute Wirkung hervorgebracht, dann beginnt man mit einem schwachen Obergusse, den man nach und nach verstärkt. Dieses Verfahren empfiehlt sich besonders bei Lungen- und Herzleiden.

Wirkung

Beide Güsse, der Knie- und der Oberguß, zählen mit zu den Abhärtungsmitteln; sie wirken erwärmend (gleichmäßige Zirkulation des Blutes), stärkend und förmlich elektrisierend [...]

Die Wirkung ist sehr stark, da der ganze Brustraum betroffen ist: Organe wie Herz und Lunge sowie die Muskulatur der Schultern, Arme, Brust und des Rückens. Deshalb ist der Oberguß – nach Rücksprache mit dem Arzt – ratsam bei Erkrankungen der Atemwege, zur Kräftigung der gesamten Oberkörpermuskulatur sowie zur generellen Abhärtung.

Der Kopfguß

Der Kopfguß ist eine außerordentlich starke Anwendung und wird heutzutage kaum mehr durchgeführt.
Achtung: Niemals darf er ohne ärztliche Verordnung angewendet werden!
In der modernen Kneipp-Literatur ist er nur noch selten beschrieben; dennoch der Vollständigkeit halber hier der Originaltext:

Technik

Er wird gemacht, indem man von der rechten oder linken Seite oder hinter dem Ohr zu gießen beginnt, bis man auf die Mitte des Kopfes kommt. Auch hier soll wiederum das Wasser gleichmäßig über den Kopf laufen. Ein Gießer voll Wasser reicht gewöhnlich aus; ist jedoch der Körper robust und kräftig, so können mitunter auch zwei Gießer voll Wasser genommen werden.
Der Kopfguß darf nicht oft genommen werden, und es ist viel besser, ihn für sich allein zu nehmen. Wenn jedesmal mit dem Oberguß zugleich ein Kopfguß vorgenommen würde, so würde man einerseits zuviel Blut in den Kopf leiten, anderseits könnte aber auch die oftmalige Durchnässung der Kopfhaare verschiedene Krankheiten hervorrufen wie Kopfweh, Krämpfe usw. Nach vielen Versuchen habe ich es für das Beste gefunden, den Kopf nur selten mit Wasseranwendungen zu traktieren und, wenn man es tut, dabei recht vorsichtig zu Werke zu gehen. [...] Es soll also bei den gewöhnlichen Gießungen der Kopf nicht begossen werden, außer er sei schon hinlänglich abgehärtet; wer jedoch wirklich einen Kopfguß zu nehmen hat, der nehme ihn gesondert, und zwar mit großer Vorsicht.

Wirkung

Der Zweck des Kopfgusses ist, alle Teile des Kopfes zu kräftigen und zu stärken. Wie eine ermüdete Hand, wenn

sie mit frischem Wasser gewaschen wird, wiederum neu gekräftigt ist, so nimmt auch ein Kopfguß die Schwäche hinweg und kräftigt den ganzen Kopf.

Der Gesichtsguß

Der Gesichtsguß ist eine äußerst leichte Anwendung und wegen seiner erfrischenden und belebenden Wirkung auch als Schönheitsguß bekannt.

TECHNIK
Man legt sich ein Handtuch um den Hals, damit die Kleidung vor Nässe geschützt wird, und beugt sich nach vorne über die Badewanne. Das Wasser sollte eine etwas wärmere Temperatur haben als bei den anderen Kaltwasseranwendungen. Man beginnt an der rechten Schläfe und umkreist das Gesicht zur linken Schläfe hin. Dann wird der Wasserstrahl mehrmals über die Stirn geführt und das gesamte Gesicht in Längsstrichen (mit dem Wasserstrahl langsam auf- und abfahren) begossen. Auf der rechten Gesichtshälfte wird begonnen. Der Behandelte soll dabei gleichmäßig weiteratmen. Eventuell kann man den Guß dazu kurz unterbrechen. Am Schluß wird das Gesicht mit dem Wasserstrahl ganz umkreist und anschließend abgetrocknet.

WIRKUNG
Der Gesichtsguß bewirkt eine bessere Durchblutung des Gesichts und hilft daher bei geistiger und körperlicher Abgeschlagenheit. Er kann mehrmals täglich angewendet werden.

Nicht geeignet ist ein Gesichtsguß jedoch bei Augenleiden (z.B. grauer oder grüner Star) sowie bei Entzündung der Gesichtsnerven!

Der Ohrenguß

Der Ohrenguß wird heutzutage kaum mehr durchgeführt und darf niemals ohne ärztliche Verordnung angewendet werden!
In der modernen Kneipp-Literatur ist er nur noch selten beschrieben; dennoch soll er hier der Vollständigkeit halber angeführt sein.

Bei Leuten, die nicht mehr gut hören, wird auch häufig mit verschiedenen Anwendungen der Ohrenguß gebraucht.

Technik

Man beugt den Kopf seitlich nach vorne und fährt mit dem Wasserstrahl um das Ohr herum. In das Ohr selber soll kein Wasser kommen.

Wenn man vorsichtig ist, so kann er auch öfter, selbst drei- bis fünfmal in der Woche, mit recht gutem Erfolg gebraucht werden.

Wirkung

Dieser Guß hat eine kräftige Wirkung, um Blutstauungen zu heben und andere Anstauungen aufzulösen; er wirkt überhaupt stärkend auf den ganzen Kopf ein.

Der Vollguß

Der Ganz- oder Vollguß erstreckt sich, wie der Name besagt, auf den ganzen Körper, vom Hals bis zu den Fußspitzen.

Achtung: Da der Vollguß die Höchststufe aller Kneippschen Güsse darstellt, darf er nur auf ärztliche Verordnung hin angewendet werden!
Der Vollständigkeit halber soll dieser Guß, dessen Anwendung eigentlich nur in einer richtigen Kurbehandlung empfohlen wird, dennoch beschrieben werden.

Technik

Wie beim Rückenguß (siehe Seite 74 f.) fängt man auch hier an der Außenseite des rechten Beines an, fährt über das Gesäß wieder an der Innenseite zurück und wechselt zum linken Bein. Über die Außenseite zum Gesäß, dann werden das Herz und der Rücken mit Wasser benetzt, und man geht mit dem Schlauch in Kletterhaltung über zum rechten Arm und hoch bis zum Schulterblatt. Hier sollten etwa 2/3 des Wassers über den Rücken fließen und 1/3 über die Brust. Nun fährt man den Rücken abwärts und wechselt über das Gesäß zum linken Arm, den man wie die rechte Seite behandelt und zum Schluß auf der Innenseite des linken Beines herabgeht. Auf der Vorderseite beginnt man mit dem Wasserstrahl am rechten Arm und führt ihn hoch bis zur Schulter. Jetzt ist es umgekehrt, denn 2/3 des Wassers sollen nun über die Brust und 1/3 über den Rücken laufen. Am Brustkorb geht man wieder hinunter bis zum Oberschenkel und wechselt zum linken Arm, den man wie die rechte Seite behandelt. Über das Brustbein wechselt man jedoch einige Male von der einen zur anderen Seite und fährt auf der linken Seite des Brustkorbs über den Leib hinab zum Fuß. Am Schluß werden die Fußsohlen begossen.

Je gleichmäßiger, je ruhiger und ausgebreiteter das Wasser über den Körper läuft, um so besser ist die Wirkung. Beim Vollguß wird gewöhnlich der Kopf nicht begossen, weil, wenn die dicken Haare ganz durchnäßt sind, sie nicht so bald trocken werden und dann recht leicht Kopfschmerzen oder rheumatische Zustände eintreten können.

Die vielen kleinen Güsse sind der Beweis, daß man nicht mit dem Vollguß anzufangen braucht, sondern durch dieselben die Natur erst vorbereiten und abhärten soll, damit die den Vollguß ertragen kann. Was der Mantel über die übrigen Kleidungsstücke ist, das ist der Vollguß über alle die verschiedenen kleineren Anwendungen. Bis einer den Vollguß bekommt, hat er längst den Knieguß, den Schenkelguß, den Oberguß, den Rückenguß und das Halbbad durchgemacht.

Der Vollguß wird in Verbindung mit anderen Güssen gewöhnlich in der Woche ein- oder zweimal gegeben; wenn es sich jedoch um die Erholung oder um eine allgemeine Stärkung handelt, kann er auch zwei- oder dreimal in der Woche gegeben werden. Kinder dürfen ihn selbst drei- bis viermal in der Woche bekommen. Nervöse Leute jedoch dürfen ihn nicht zu oft nehmen, für solche ist ein ein- bis zweimaliger Oberguß in der Woche genügend.
Was die Zeit betrifft, wann er genommen werden soll, so ist es so ziemlich gleich. Er kann in der Früh genommen werden oder auch vor dem Mittagstisch; wer ihn nach dem Mittagessen nehmen will, tut besser, wenn er zwei Stunden wartet. Abends im Winter soll man ihn lieber vor als nach vier Uhr nehmen, im Sommer geht es auch noch um sechs Uhr.

Wirkung

Nicht zu Unrecht trägt dieser Guß den Namen Vollguß, denn seine Wirkung ist eine allgemeine und vollständige. Gesunden, besonders korpulenten Personen ist dieser Guß sehr zu empfehlen. Er härtet ab, steigert die Zirkulation des Blutes, kräftigt und hebt diese blutarmen Individuen aus ihrer übergroßen Empfindsamkeit und Empfindlichkeit heraus. Bei Kränklichen und Schwächlichen darf, ja soll das Wasser etwas temperiert (»abgeschreckt«) werden. Ich ziehe den Vollguß vielfach dem Vollbade vor und verwende ihn statt desselben da, wo ich durch Aufgießen auf eine besonders leidende Stelle in nachhaltiger Weise einwirken will. Bei Rheumatismen geschieht dieses ziemlich oft.

Der Blitzguß

Beim Blitzguß wird der Körper bzw. werden Körperteile mit einem druckstarken, feinen Wasserstrahl begossen, was zugleich auch massiert.

Der Blitzguß hämmert und klopft am ganzen Körper, und was nicht fest ist, wird aufgelöst und ausgeleitet.

Achtung: Alle Blitzgüsse dürfen nur auf Verordnung des Arztes genommen und von fachkundigen Personen ausgeführt werden! Dies geschieht am besten im Rahmen eines Kur-Programmes, denn die Anwendung eignet sich nicht für den häuslichen Gebrauch.

Diese Güsse können kalt, heiß oder als Wechselguß (einmaliger Wechsel; zuerst heiß, dann kalt) verabreicht werden. In der Regel wird nur für den Rückenblitz heißes Wasser verwendet; Knie-, Schenkel- und Vollblitz werden meist kalt oder wechselwarm angewendet. Auch hier gelten wieder die bekannten Regeln: Kein kalter Guß bei Frieren oder Frösteln, nicht in kalten oder zugigen Räumen behandeln, nicht nach einer Mahlzeit!

Technik

Für alle Blitzgüsse benötigt man einen Gummischlauch mit einer Spezialdüse, die eine Öffnung von 1/2 cm Durchmesser hat. Der Behandelnde steht etwa 3–4 Meter vom Patienten entfernt. Der Verlauf des Wasserstrahls sollte über die Distanz waagerecht sein. Der Schlauch wird so gehalten, daß man mit dem Zeigefinger an der Öffnung den Druck des Strahls regulieren kann, um bestimmte Körperpartien sanfter begießen zu können.

Zuerst schlägt der scharfe Blitzstrahl kräftig ein; dann wird auch abwechselnd mit dem Finger auf die Öffnung gedrückt, so daß sich der Strahl zerteilt und ein Blitzregen auf die Haut niederfällt, wie wenn der Regen bei einem Gewitter ans Fenster schlägt. Der Strahl soll auch nicht zu

stark sein; die Natur soll nämlich so schonend als möglich behandelt werden.
Dem Zustande des jeweiligen Individuums entsprechend wird der Blitzguß entweder jeden Tag oder jeden zweiten Tag und, wenn die ganze Natur in gesundem Zustande ist, zeitweilig an einem Tage auch zweimal angewendet. Die Behandlungsdauer beträgt beim Vollblitz nicht mehr als vier Minuten, alle kleineren Blitzanwendungen sind kürzer.

Kurz zu den einzelnen Arten des Blitzgusses:

Knieblitz: Gehört zu den mittelstarken Anwendungen, hat aber insgesamt unter den Blitzgüssen die leichteste Reizwirkung. Es darf nie direkt mit dem Wasserstrahl auf Adern oder die Schienbeine gegossen werden.

Schenkelblitz: Gehört zu den starken Anwendungen; es gilt das gleiche wie für den Knieblitz.

Rückenblitz: Eine sehr starke Anwendung, die fast ausschließlich der Vorbereitung auf den Vollblitz dient. Der Rückenblitz wird als einziger Blitzguß auch heiß verabreicht.

Vollblitz: Ist die stärkste Anwendung aller Güsse; es gilt das gleiche wie für den Knieblitz.

Wirkung

Der Kranke bekommt viel mehr Naturwärme, sein Aussehen bessert sich sehr rasch, und der Atem wird leichter. Auch nimmt der Appetit mehr zu. Die Ausscheidungen sind gewöhnlich Schleimauswurf; auffallend aber ist ein ganz ungewöhnlicher Abgang von Urin, oft mit solch starkem Satze, daß solche Leute erschrecken und fragen, ob es denn nicht gefährlich sei, wenn so viel Unrat durch den Urin abgehe.

Da der Blitzguß, der auch eine massierende Wirkung hat, den Stoffwechsel und die körpereigene Fettverbrennung anregt, empfiehlt ihn Kneipp besonders dickeren Personen.

Auf keinen Fall darf der Blitzguß jedoch bei Krampfaderleiden, Entzündung der Venen, Herzerkrankungen sowie bei empfindlichen und nervösen Personen angewendet werden!

Wickel

Hierfür werden bestimmte Körperteile ganz mit Tüchern eingepackt. Wickel eignen sich zur Behandlung von Krankheiten aller Art, selbst bei schweren oder chronischen Krankheiten. Zudem sind sie einfach in der Handhabung und auch außerhalb eines Kuraufenthaltes gut anzuwenden.
Achtung: Bei allen ernsteren Erkrankungen dürfen Wickel jedoch nie ohne ärztliche Verordnung angewendet werden!

Kneipp schreibt in »Mein Testament« über die Wickel:

> **Wie jeder Wickel seinen eigenen Namen trägt, so hat er auch seine eigene Wirkung, und wie die Wickel ganz verschieden voneinander sind, so sind auch ihre Wirkungen verschieden. Doch darin stimmen alle überein, daß sie auflösen, die kranken Stoffe selber aufnehmen, ausleiten und so die Natur verbessern. Wie die Wickel kranke Stoffe auflösen und aufsaugen, so nehmen sie auch die Hitze in sich auf und entfernen das Übermaß derselben oder geben auch umgekehrt der Natur eine künstliche Wärme, wie es eben ihr Zustand erfordert. Sie leiten die Fieberhitze ab und geben den Frostigen auch Wärme.**
> **Große Sorgfalt muß man darauf verwenden, daß die Wickel, wie auch die Auflagen, recht gemacht werden; denn sonst bewirken sie das Gegenteil von dem, was man durch sie bezwecken will.**

Ein Wickel besteht immer aus dreierlei Tüchern; es sind:
1. Ein inneres Tuch, das sogenannte nasse Tuch, das direkt auf die Haut kommt. Man verwendet hierfür ein Leintuch.
3. Ein größeres, trockenes Zwischentuch aus Leinen oder Baumwolle zum Aufsaugen der Nässe bzw. des Schweißes. Es sollte größer als das nasse Tuch sein und dieses ringsum etwa 4 cm überragen. Auch wenn bei Kneipp nie von einem Zwischentuch die Rede ist, so wird es heutzutage stets verwendet, zum einen aus hygienischen Gründen, zum anderen, um ein Kratzen auf der Haut zu verhindern.
3. Ein Woll- oder Flanelltuch als Außentuch, das möglichst etwas kleiner als das Zwischentuch sein sollte, um ein Kratzen auf der Haut zu verhindern.

Nach der Anwendung werden stets das Innen- und das Zwischentuch sorgfältig gewaschen. Die Größe der Tücher richtet sich immer nach dem Körperteil, der eingewickelt werden soll.

Auch für die Anwendung der Wickel gelten wieder bestimmte Regeln, an die man sich unbedingt halten muß, um die gewünschte Wirkung zu erzielen:
1. Alle Wickel werden nur im vorgewärmten Bett verabreicht.
2. Nie in kalten oder zugigen Räumen anwenden.
3. Nie ein kalter Wickel auf einen kalten Körperteil.
4. Nie auf vollen Magen anwenden.
5. Die Wickel sollten zügig, jedoch ohne Hektik angelegt werden.
6. Während der Einwirkzeit liegt der Patient gut zugedeckt und entspannt.
7. Nach der Behandlung bleibt der Patient ½–1 Stunde im Bett liegen.
8. Nach einem Wickel soll nie ein Halbbad oder eine Ganzwaschung vorgenommen werden.

Während man kleinere Wickel (z.B. den Fuß-, Brust- oder Lendenwickel) mit etwas Geschick gut alleine anlegen kann, so muß bei allen größeren Anwendungen (z.B. Kurz- oder Unterwickel) sowie auch bei Schwerkranken eine Hilfsperson anwesend sein, zum einen, um beim Wickeln zur Hand zu gehen, und zum anderen, um den Patienten im Auge zu behalten.

Wie Kneipp schon sagte, können die Wirkungsweisen der Wickel höchst unterschiedlich sein. Hier ein kurzer Überblick:

Kalte Wickel

Kalte Wickel können je nach Dauer der Anwendung ganz unterschiedliche Wirkungen hervorrufen:

Sie bewirken ein Entziehen von Körperwärme und werden z.B. bei Entzündungen, höherem Fieber oder bei Verstauchungen angewendet. Der Wickel wird möglichst kalt und relativ naß angelegt. Er bleibt so lange auf der Haut, bis er sich auf Körpertemperatur erwärmt hat (in der Regel dauert das etwa 20 Minuten). Danach wird er abgenommen und der Vorgang ggf. wiederholt.

Will man mit dem Wickel Wärme erzeugen (wärmestauend), um die Durchblutung zu steigern (z.B. bei Kopfschmerzen oder Gefäßkrämpfen) und den Stoffwechsel anzuregen, so wird das Tuch gut ausgewrungen angelegt und erst nach Eintreten der Erwärmung abgenommen. Das dauert etwa 45–75 Minuten. Der Patient sollte jedoch nicht ins Schwitzen kommen. Durch diese Maßnahme werden mit dem Blut auch mehr Abwehrstoffe an die kranke Stelle transportiert.

Beabsichtigt man mit dem Wickel eine schweißtreibende Wirkung zur stärkeren Anregung des Stoffwechsels (z.B. bei Fettsucht) oder zur Entschlackung des Körpers (z.B. bei Infektionskrankheiten), so wartet man, bis es beim Patienten zum Schweißausbruch kommt. Das ist etwa nach 1/2–2 Stunden der Fall. Danach bleibt der Wickel noch weitere 30 Minuten auf der Haut. Die Reaktion kann durch das Trinken heißer Getränke noch verstärkt werden.

Warme Wickel

Warme Wickel werden eher selten verwendet, meist in Verbindung mit Zusätzen. Hier entwickelt sich – im Gegensatz zur aktiv wärmeentwickelnden kalten Anwendung – eine passive Wärme.

Heiße Wickel

Diese Wickel sollten, wie der Name schon sagt, wirklich möglichst heiß angelegt werden, da sie sehr schnell abkühlen. Sie bewirken Zufuhr von Wärme und eine erhöhte Durchblutung. Zudem sind sie entspannend und krampflösend.

Wickelzusätze

Um die Wirkung noch zu steigern, werden dem Wasser, mit dem man die Wickel tränkt, oft noch Zusätze beigemischt.
Für warme Wickel können folgende pflanzlichen Zusätze (entweder als ganze Kräuter, als Extrakt oder auch als Öl) verwendet werden:
Heublumen: 1–3 Handvoll Heublumen werden in 4–5 Litern Wasser 1/2 Stunde lang gekocht. Das Wickeltuch wird mit Absud getränkt und ausgewrungen.

Durch diesen Wickel kann eine starke Einwirkung auf Auflösung und Ausscheidung erzielt werden. Je wärmer dieser Wickel umgewickelt wird, um so mehr werden im Innern trockene Stoffe aufgelöst und ausgeleitet oder bei Fieberkrankheiten das Fieber um so früher gebrochen.

Haferstroh: Zubereitung siehe Heublumen. Die Wirkung ist ähnlich wie die der Heublumen, aber insgesamt etwas milder.

Der Haferstrohwickel wird vorherrschend bei Gichtleiden gebraucht; denn ich habe nichts gefunden, was bei Gichtleiden besser auflöst als Haferstroh.

Kamille: Zubereitung siehe Heublumen. Ein Kamillenwickel wirkt entzündungshemmend.
Zinnkraut: Zubereitung siehe Heublumen. Zinnkraut eignet sich vor allem zur Heilung von Wunden oder Hautleiden.
Für kalte Wickel eignen sich folgende Zusätze:
Essig: 1/3 Essig wird mit 2/3 Wasser gemischt. Essigwickel verstärken die Reaktion der Anwendung.
Salz: 1–2 gehäufte Eßlöffel Salz werden in einem Liter Wasser aufgelöst. Salz wirkt hautreizend und fördert die Reaktion der Anwendung.
Lehm: Das Verhältnis zwischen Lehm und Wasser sollte so sein, daß ein dünnflüssiger Brei entsteht, in den der Wickel getaucht wird. Lehm hat eine entzündungshemmende Wirkung.

Der Kopfwickel

Der Kopfwickel umfaßt den ganzen Kopf, nur das Gesicht ist ausgenommen. Der Kopfwickel kommt am wenigsten oft vor, weil es überhaupt mein Grundsatz ist, auf den Kopf so wenig als möglich einzuwirken, stark schon gar nicht, weil gerade die Organe des Kopfes zu den feinsten gehören und deshalb auch recht leicht größere Nachteile entstehen können.

Technik

Ein ins [kalte] **Wasser getauchte Tuch (von Leinen) wird so über den Kopf gelegt, daß der ganze Kopf gut eingehüllt ist, so daß zwischen Tuch und Haut kein luftleerer Raum vorhanden ist.**

Dies geschieht am besten, wenn man das Tuch zu einem Dreieck faltet. Die Spitze des Dreiecks legt man an den Hinterkopf, die Breitseite hält man an der Stirn fest, und eine Hilfsperson zieht die beiden Enden über die Schläfen nach hinten und verknotet diese. Das Zwischentuch und die Wolldecke werden entsprechend herumgewickelt.

Die Haare sind freilich lästig dabei und müssen entweder abgeschnitten oder gleichmäßig um den Kopf gewunden werden. [Auch wenn Kneipp hier mit seinem Rat für die lästige Handhabung langer Haare ganz schnell Abhilfe weiß, so sei doch eher zur letzteren Methode geraten! Langes Haar sollte dazu naß gemacht werden, jedoch nicht tropfen, Anmerk. des Verfs.] **Sobald nun eine warme Ausdünstung aus dem Kopfe geht, wird sie von dem feuchten Tuch aufgenommen, und es entwickelt sich eine angenehme Kopfwärme. Wird der Wickel entfernt, so darf nie ein Abguß stattfinden, wie es die Leute so gerne machen. Man bewirkt ja durch den Wickel Ausdünstung, und diese würde durch den Abguß rasch unterdrückt; man verweile vielmehr in einer gelinden Temperatur oder im Bette, damit noch eine starke Ausdünstung stattfinden kann. Dann trockne man den Kopf gut ab!**

So ein Kopfwickel dauert gewöhnlich eine halbe Stunde. Wenn er zu lange liegenbleibt, so entwickelt er eine außerordentliche Hitze, die dann viel Blut in den Kopf ziehen würde. Dann würde aber das Leiden, statt vermindert, nur noch vermehrt werden. Sollte sich jedoch die Hitze ganz rasch entwickeln und Blutandrang in den Kopf Schmerzen bringen, so könnte sehr bald durch eine Gegenanwendung alles wieder gutgemacht werden; diese Gegenanwendung wäre ein Fußwickel von unten bis an die Waden.

Wenn einer zuviel Blut im Kopfe hat, so wird er durch den Kopfwickel das Blut gar nie zurückdrängen können; er muß von unten her das Blut ableiten. So dürfen also die Kopfwickel nicht oft genommen werden, in der Woche höchstens ein- bis zweimal und nur in ganz seltenen Fällen auch dreimal.

Wirkung

Kopfleiden, hauptsächlich rheumatischer Art, die durch Verkühlung, Erkältung, raschen Temperaturwechsel entstanden sind, zahlreiche Schuppen, trockene Ausschläge, kleinere Geschwüre auf dem Haarboden werden mit Erfolg durch den Kopfwickel behandelt.

Der Halswickel

Der Halswickel beginnt unterhalb des Kinns und reicht bis zum Halsansatz.

Technik

Das Innentuch wird etwa auf 10 cm Breite gefaltet, in kaltes Wasser getaucht und zweimal möglichst glatt um den Hals gewickelt. Darüber kommen das Zwischentuch und als Abschluß ein Wollschal.

Eine vollständige Anwendung dauert bei mir 1, höchstens 1½ Stunden, und es soll nach je 10–20 Minuten der nasse Umschlag erneuert werden. Es ist nicht bei jedem Patienten gleich und hängt ab von der geringeren oder größeren Hitze, welche derselbe verspürt. Das Gefühl einer gewissen Unlust und Bangigkeit darf als der beste Zeiger gelten, der die Zeit zum Wechseln angibt. Ganz besonders muß beim Halswickel bemerkt werden, daß der Kranke im Bett sich vollständig ruhig verhält; denn bei jeder Bewegung dringt Luft ein. Die Wickel werden aber nur dann gut wirken, wenn sie gut auf der Haut anliegen.

Wirkung

Die Wirkung des Halswickels ist: Auflösen und Ausziehen, seien es nun Stoffe aus dem Hals, oder sei es ein Ausleiten der Hitze. Er wird hauptsächlich gebraucht, um

Anstauungen oder Verhärtungen und Drüsen am Halse oder am Kopf aufzulösen und auszuleiten.

Aufgrund seiner entzündungshemmenden Wirkung hilft er bei Heiserkeit, Schmerzen im Rachenraum sowie bei Entzündung der Mandeln. Kalt verabreicht empfiehlt er sich bei akuten Halsschmerzen, warm bei chronischen.

Der kurze Wickel

Der kurze Wickel kann, je nach gewünschter Wirkung, entweder kalt, warm/heiß oder mit Zusätzen verabreicht werden.

Der kurze Wickel beginnt unter den Armen und reicht beinahe bis an die Knie. Unter allen Wickeln ist er wohl der wichtigste. Wie er der wichtigste ist, so muß er auch am sorgfältigsten behandelt werden. Wer diesen Wickel recht anzuwenden versteht und auch so oft gebraucht, als er notwendig ist, der erreicht wirklich Unglaubliches; wenn er aber nicht recht angewendet wird, dann geht es auch hier wie mit allen Verkehrtheiten; er wird keinen Nutzen bringen, sondern eher Schaden anstiften.

Technik

Wolldecke und Zwischentuch werden auf dem Bett wickelfertig ausgebreitet. Das Innentuch wird in Wasser getaucht, gut ausgewrungen und ebenso ausgebreitet.

Nun legt sich der Kranke auf das Tuch, welches gut unter die Arme und hinunter bis zu den Knien reichen muß; dasselbe wird jetzt zuerst von der einen Seite über den

Leib gelegt, und zwar auf das genaueste anliegend, und dann von der anderen Seite, ebenso wieder fest anliegend, so daß sich beide Enden übereinander schließen.

Die beiden äußeren Tücher werden ebenfalls über dem nassen Tuch eingeschlagen.

Ist der Kranke so gewickelt, so wird er mit einer Decke oder mit einem Oberbett gut zugedeckt. Es soll jeder nach dem Wickel eine halbe bis eine ganze Stunde im Bett bleiben, worauf meistens ein ruhiger Schlaf eintritt.

Die Anwendung dauert etwa 1–1 ½Stunden. Kneipp empfiehlt 1–2 Anwendungen wöchentlich. Nur in besonderen Fällen, bei denen eine rasche Ausleitung notwendig ist, sollte der Kurzwickel öfter angewendet werden.

Achtung: Für schwache Leute, Magere, welche im ganzen wenig Korpulenz haben, taugt der Kurzwickel nicht, und wenn er öfter angewendet würde, so würde die Kraft rasch nachlassen, weil der Natur zuviel entzogen würde.

Wirkung

Der Wickel wirkt auf alle Organe des Brust- und Bauchraumes, wie Leber, Nieren, Milz, Magen, Darm, Galle, Bauchspeicheldrüse, sowie auch auf den Unterleib. Kneipp lobt den kurzen Wickel in der »Wasserkur«:

Würden gesunde Leute alle 8, auch nur alle 14 Tage einen kurzen Wickel nehmen, so könnten sie einer großen Anzahl Krankheiten gründlich vorbeugen. Auch wirkt er günstig und reinigend auf Niere und Leber und auf den Unterleib, den er von versessenen Winden, quälenden Gasen, verlegenen Stoffen, überflüssigem Wasser reinigt. Die Wassersucht, Herz- und Magenleiden, die sehr häufig vom Druck der Gase nach oben herrühren und aufhören, sobald diese entfernt werden, sind den Freunden des kurzen Wickels unbekannte Gäste.

Warm angewendet, ist er durchblutungsfördernd und entkrampfend.

Der warme Wickel wird angewendet, wenn die Natur vorherrschend kalt ist oder wenn der Kranke einen solchen Schrecken vor dem kalten Wasser hat, daß er sich nicht entschließen kann, den kalten Wickel zu nehmen. Es werden in diesem Falle der erste und zweite Wickel warm und dann die späteren Wickel kalt genommen.

Kalte Wickel hemmen, wenn sie wärmeentziehend angewendet werden, Entzündungen. Wird der Wickel wärmeentwickelnd angewendet, so hilft er bei Einschlafstörungen, hohem Blutdruck, regt den Stoffwechsel an (z.B. bei Verstopfung) und wirkt zudem entspannend und beruhigend.

Der Brustwickel

Während der Brustwickel in Kneipps Aufzeichnungen nicht erwähnt wird – er verwendete in der Regel den stärker wirkenden Kurzwickel –, ist dieser Wickel heutzutage einer der gebräuchlichsten. Er reicht von den Achselhöhlen bis zum unteren Rippenbogen und kann auch wieder, je nach gewünschter Wirkung, warm oder kalt angewendet werden.

Technik

Genau wie beim Kurzwickel, jedoch wird der Leib nur bis zum unteren Rand des Brustkorbes eingewickelt. Auch hier gilt es wieder sorgfältig darauf zu achten, daß die Tücher glatt am Körper liegen. Da der Wickel jedoch beim Atmen nicht einengen darf, legt man die Tücher am besten bei mittlerer Atemstellung, d.h. nicht beim tiefsten Ein- und Ausatmen, an.

Die Anwendung dauert etwa 1–1 1/2 Stunden; danach bleibt der Patient wie auch beim Kurzwickel mindestens eine halbe Stunde im Bett liegen.

Wirkung

Wird der Brustwickel **warm** angewendet, so hilft er bei chronischen Erkrankungen des Brustraums (z.B. chronische Bronchitis). Zudem wirkt er durchblutungsfördernd und schleimlösend.

Ein **kalter** Brustwickel, wenn er wärmeentziehend angewendet wird, hilft bei akuten Erkrankungen des Brustraums und wirkt außerdem entzündungshemmend und fiebersenkend. Die wärmeentwickelnde Anwendung wirkt ähnlich wie der warme Brustwickel.

Der Schal

Der Schal ist eine spezielle Anwendung für die Brust und den oberen Teil des Rückens. Man kann ihn deshalb so bezeichnen, weil derjenige, welcher einen Schal trägt, ihn auf die gleiche Weise umlegt, wie dieser Wickel umgelegt werden soll. Er dehnt sich aus über die Schultern und reicht hinunter bis über die Brust.

Achtung: Die Technik hierfür ist sehr schwierig und **sollte nur von ausgebildetem Fachpersonal** durchgeführt werden. Daher eignet er sich nicht für den Hausgebrauch. Eine Alternative zum Schal, die auch vom Laien angewendet werden kann, ist der Brustwickel.

Technik

Zur Vorbereitung werden Zwischentuch und Wolldecke bereitgelegt. Aus dem in kaltes Wasser getauchten, ausgewrungenen quadratischen Wickeltuch wird ein Dreieck gefaltet. Der Patient setzt sich im Bett auf, und das Tuch wird ihm mit der Breitseite auf die Schultern gelegt und glattgestrichen. So sieht es ähnlich wie ein Umhang aus. Über Brust und Oberarme wird ebenfalls ein in kaltes Wasser getauchtes und ausgewrungenes Tuch gelegt. Nun werden die Schal-Enden zwischen Rumpf und Arm eingesteckt. Das Zwischentuch und die Wolldecke werden ebenso um den Oberkörper gelegt. Eventuell kann für einen halsnahen Abschluß hier auch noch ein kleineres trockenes Tuch eingeschoben werden, um ein Kratzen der Wolldecke zu vermeiden. Danach legt sich der Patient wieder hin und wird gut zugedeckt.

Wie man das Tuch in gewöhnliches Wasser tauchen kann, gerade so kann man es in Heublumen-, Zinnkraut- oder Haferstroh-Wasser tauchen. Der Schal, in reines, gewöhnliches Wasser getaucht, wird in der Regel kalt genommen; wird er jedoch in Heublumen-, Zinnkraut- oder Haferstroh-Wasser getaucht, so nimmt man ihn warm, weil solche Beimischungen verwendet werden, um Krankheitsstoffe aufzulösen, während kaltes Wasser da verwendet wird, wo mehr Hitze ausgeleitet werden soll.

Der kalte Schal darf nie länger als höchstens zwölf bis fünfzehn Minuten aufgelegt und kann so zwei- bis dreimal erneuert werden; andernfalls würde sich zuviel Hitze entwickeln und der Zustand des Patienten sich eher verschlimmern als bessern. Dagegen dürfen die Kräuterabsud-Auflagen wohl anderthalb Stunden liegenbleiben, sollen jedoch nach Verlauf einer halben Stunde, mindestens nach drei Viertelstunden frisch eingetaucht werden. Der warme Schal bleibt höchstens eine halbe bis drei Viertelstunden warm; dann wird er kalt, und es tritt rasch Frost ein, welcher schädlich ist. Er muß somit nach einer halben Stunde wieder frisch eingetaucht werden, damit die erhöhte Wärme eine Auflösung bewirkt.

Wirkung

Bei Hitzen, beginnenden Entzündungen an oder im Kopfe, bei fieberhaften Katarrhen, bei Verschleimungen im Hals, in der Luftröhre, auf der Brust wirkt der Schal auflösend und ableitend.

Der Lendenwickel

Auch der Lendenwickel ist – ähnlich wie der Brustwickel – eine sanftere Alternative zum Kurzwickel. Er verläuft von der Nabelgegend bis zur Mitte des Oberschenkels.

Technik

Die Technik ist die gleiche wie beim Kurzwickel. Besonders an der Hüfte muß man darauf achten, daß die Tücher glatt aufliegen.

Wirkung

Der **warme/heiße** Lendenwickel hilft bei chronischen Entzündungen im Bauchraum (z.B. Bauchfell, Blinddarm, Magen) sowie bei Krampfzuständen im Magenbereich.
Wird der Lendenwickel **kalt,** mit wärmestauender Wirkung, angewendet, so fördert er Verdauung und Durchblutung. Zudem hilft er bei Blähungen und wirkt beruhigend.

Der Fußwickel

Dieser Wickel, der zu den kleinen Anwendungen zählt, umfaßt stets beide Füße bis über die Knöchel. Man unterscheidet zweierlei Arten der Anwendung: die eigentliche Wickeltechnik und die einfachere Methode der »nassen Socken«.
Kneipp schreibt in »Mein Testament«:

> **Wenn auch jeder Körperteil an und für sich sehr wichtig ist und keiner fehlen darf, ohne daß dadurch der ganze Körper in Mitleidenschaft gezogen wird, so sind es doch ganz besonders die Füße, welche eine große und wichtige Aufgabe zu lösen haben. Und wenn diese die gehörige Sorge und Pflege nicht bekommen, dann kann der Mensch sich doppelten Schaden zuziehen. Es ist deshalb auch von großem Vorteil, wenn man die Füße mit beson-**

deren Wickeln pflegt, um Anschwellungen und Anstauungen von Blut oder andere Gebrechen von ihnen abzuwenden oder, wenn sie bereits vorhanden sind, wieder zu entfernen.

Technik

Der eigentliche Fußwickel wird in der Weise gemacht, daß der untere Fuß bis über die Knöchel mit einem leinenen Tuch [...] umwunden wird, und zwar so sorgfältig als nur immer möglich, so daß das Tuch allseitig gut aufliegt, aber nicht zu fest, damit die Blutzirkulation nicht gestört wird.

Man faltet hierfür ein quadratisches Tuch zum Dreieck, stellt so den Fuß darauf, daß die Zehen zur mittleren Spitze des Dreiecks zeigen, jedoch nur so weit, daß der Fußrücken beim Zurückschlagen der Spitze bedeckt ist. Dann werden die beiden anderen Tuchspitzen herumgewickelt und eingesteckt. Das Zwischentuch und das Wolltuch wickelt man ebenso.
Wesentlich einfacher ist jedoch die Methode der »nassen Socken«: Man kann Leinen- oder Baumwollsocken, aber keine Wollsocken verwenden. Die Socke wird ins kalte Wasser getaucht, ausgewrungen und angezogen. Dann zieht man eine trockene Socke darüber und als Abschluß eine Wollsocke. Aber auch hier muß darauf geachtet werden, daß die nasse Socke von den anderen Strümpfen überragt wird. Kneipp empfiehlt 2–3 Anwendungen pro Woche.

Die Anwendung dauert 1–2 Stunden und schreibt stets das Bett vor. Wer diese Wasserübungen am Abend ertragen kann, der ziehe nasse Socken an beim Schlafengehen. [...] So verliert er absolut keine Zeit; er wird prächtig schlafen und braucht auf keine bestimmte Zeitdauer zu achten. Nur das eine merke er sich, daß er beim Aufwachen in der Nacht oder in der Morgenfrühe die nassen Socken ungesäumt weggibt. Landleuten, die abends recht müde sind, zieht dieser Sockenwickel alle Müdigkeit aus den Füßen, noch gründlicher als das kalte Fußbad.

Wer an kalten Füßen leidet, probiere einmal diese Nachtwickel. Auch Fußschweißlern habe ich dieselben oft mit Erfolg angeraten, jedoch erst nachdem mehrere Fußdämpfe vorangegangen waren.

Wirkung

Wer also Schmerzen in den Füßen um die Knöchel hat, dem werden diese Wickel gut bekommen. Sind die Füße geschwollen, so wird die Geschwulst vergehen, wenn sie nicht vom ganzen Körper aus verursacht ist. Ist der Fuß geschwollen durch Stoßen, starkes Gehen oder durch was immer für eine Einwirkung, so wird der Fußwickel eine große Wirkung haben. Kommt aber die Fußgeschwulst aus dem Körper, und man würde mit heißen Fußwickeln kommen, so würde, sobald durch den Wickel eine erhöhte Wärme einträte, die Geschwulst noch stärker werden.

Der Wadenwickel

Der Wadenwickel, der etwas kräftiger als der Fußwickel ist, beginnt oberhalb der Knöchel und reicht hinauf bis zum Knie. Die Anwendung ist sehr einfach und kann selbst vorgenommen werden.

Technik

Der Unterschenkel wird vom Knöchel bis zum Knie in ein nasses Tuch eingeschlagen und der Stoff glattgestrichen. Ebenso verfährt man mit dem Zwischen- und dem Wolltuch.

Dieser Wickel bleibt gewöhnlich 1–2 Stunden, oft auch die ganze Nacht hindurch, je nachdem es der Zustand des Kranken erfordert.

Wenn ich eine Reise von mehreren Stunden machen mußte und meine Füße zu warm geworden waren, so nahm ich ein

Handtuch, tauchte es ins Wasser, umwand damit die Waden, und in kurzer Zeit war die Hitze genommen und alle Müdigkeit entfernt. Und so wiederholte ich während des Tages das Eintauchen zwei- bis dreimal. Es reicht sogar ein einziges Handtuch aus, wenn es ziemlich lang ist, weil dann nur die eine Hälfte eingetaucht wird, während die trockene Hälfte über die feuchte gewunden wird. Ebenso reicht ein einfacher Wickel oder auch ein Strumpf als Umhüllung über den feuchten Wickel recht gut aus.

WIRKUNG

Kneipp empfiehlt diesen Wickel nicht nur zur Vertreibung der Müdigkeit, sondern auch zur Ausleitung von Hitze im Oberkörper sowie zur Lösung quälender Winde und Gase. Auch heutzutage ist der Wadenwickel (kalt mit wärmeentziehender Wirkung angewendet) ein sehr geläufiges Mittel zur Senkung von Fieber. Warm verabreicht, hilft er bei rheumatischen Erkrankungen oder Schmerzen der Muskulatur.

Nicht geeignet ist der warme Wadenwickel bei Venenerkrankungen!

Der Beinwickel

Der Beinwickel hat seinen Namen davon, weil das ganze Bein bis hinauf zum Becken eingehüllt wird.

TECHNIK

Man verfährt ebenso wie beim Wadenwickel, die Tücher müssen jedoch entsprechend größer sein. Zuerst wird der Unterschenkel, dann der Oberschenkel gewickelt.

Auch bei diesem Wickel kann man das Tuch sowohl in Wasser als auch in Heublumen- oder andere Kräuterabsude

eintauchen. Der Wickel kann nach 1–2 Stunden erneuert werden, wie es eben der Zustand des Kranken erfordert.

WIRKUNG

Die Wirkung des Beinwickels ist ebenfalls ausleitend. Er kann bei Geschwülsten und bösen Geschwüren angewendet werden. Auch bei Krämpfen oder Ischias [jedoch nur auf Anraten des Arztes! Anmerk. d. Verfs.] **bewährt er sich vorzüglich.**

Der Handwickel

Bei diesem Wickel, der nur selten Verwendung findet, werden lediglich die Hand und das Handgelenk eingewickelt.

TECHNIK

Die Technik ist analog zu der des Fußwickels: Man faltet ein quadratisches Tuch zum Dreieck. Die Hand wird so auf das nasse Tuch gelegt, daß die Finger zur mittleren Spitze des Dreiecks zeigen, jedoch nur so weit, daß der Handrücken beim Zurückschlagen der Spitze bedeckt ist. Dann werden die beiden anderen Tuchspitzen herumgewickelt und eingesteckt. Das Zwischentuch und das Wolltuch wickelt man ebenso. Vor allem aber sollte man auf einen guten Abschluß am Handgelenk achten.

WIRKUNG (siehe auch Armwickel)

Der Handwickel wird bei lokalen Erkrankungen der Hände verwendet, z.B. bei Verstauchungen, Prellungen oder Entzündungen.

Der Armwickel

Bei dieser Anwendung wird der ganze Arm von der Hand bis zur Schulter eingewickelt.

TECHNIK
Hier wird das Tuch nicht zu einem Dreieck gefaltet, sondern der Arm auf den viereckigen Stoff gelegt und darin möglichst sorgfältig eingeschlagen. Zuerst wird die Hand und dann der Arm eingepackt, wobei auf einen guten Abschluß an der Schulter zu achten ist. Das Zwischen- und das Wolltuch werden in gleicher Weise um den Arm gewickelt.

WIRKUNG
Der Armwickel kann – ebenso wie auch der Handwickel – kalt und warm verwendet werden. Kalt angewendet wirkt er lindernd und entzündungshemmend (z.B. bei akuten Verstauchungen, Prellungen, Entzündungen); warm hilft er bei chronischen Beschwerden (z.B. Rheuma).
Die Wirkung des Armwickels ist stärker als beim Handwickel.

Der Unterwickel

Der Unterwickel beginnt in der Höhe der Brustwarzen und reicht ganz hinunter, so daß sowohl die Beine wie der Leib eingewickelt werden. Die Arme und der Oberkörper bleiben frei.

Achtung: Der Unterwickel zählt zusammen mit dem Ganzwickel, dem sog. Spanischen Mantel und dem nassen Hemd, die in den folgenden Abschnitten beschrieben werden, zu den großen Wickeln, die nur auf Anraten des Arztes angewendet werden sollten!

Für die Anwendungen wird stets eine Hilfsperson benötigt.

Technik

Auf ein festes Matratzenbett wird zuerst eine Wolldecke [aus hygienischen Gründen auch das Zwischentuch] und auf diese das feuchte [in kaltes Wasser getauchte] Tuch ausgebreitet, auf welches sich der Kranke legt. Dann wird zuerst von der einen und hierauf von der anderen Seite das Tuch über den Körper geschlagen, und selbst die Beine werden einzeln eingewunden. Es muß aber wie bei allen Wickeln das Tuch aufs genaueste auf der Haut aufliegen. Sind der Körper und die Beine mit dem nassen Tuch gut eingewickelt, dann wird die Wolldecke [zusammen mit dem Zwischentuch] aufs sorgfältigste umwickelt und hierauf der eingewickelte Teil auch noch mit einer Decke oder einem Oberbett zugedeckt.

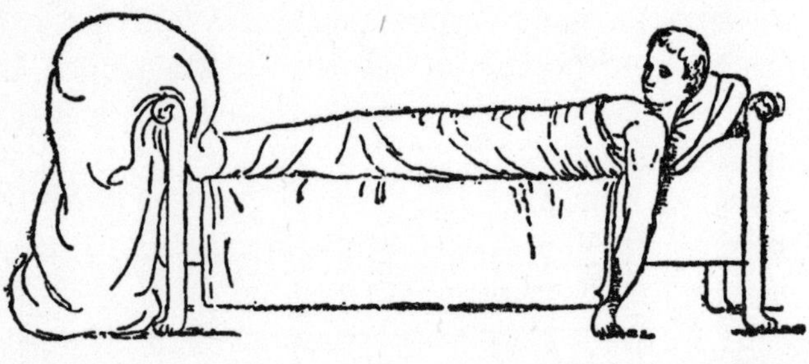

Wenn das kalte Tuch anfangs auch etwas frostig zu sein scheint, so entwickelt sich doch rasch eine angenehme Wärme, welche der eingewickelte Körperteil bereits in drei bis zehn Minuten verspürt. Sobald die Feuchtigkeit auf die Haut kommt, die Hautporen und die Haut selbst aufweicht, und sobald sich Wärme entwickelt, leitet das erwärmte Tuch aus und entzieht der Natur eine Menge Krankheitsstoffe [...]

Die Anwendung des Unterwickels dauert 1, 1 1/2, manchmal 2 Stunden. Wird der Wickel entfernt, so tut der Kranke gut, wenn er womöglich noch eine halbe bis eine

ganze Stunde im Bette bleibt, damit noch eine längere Ausdünstung stattfinde [...] Gewöhnlich tritt dann ein ruhiger Schlaf ein, den man nicht verwehren soll.

WIRKUNG

Der Unterwickel wirkt auflösend und ausleitend auf Körper und Beine. Sind Stauungen oder Geschwülste im Unterleib oder an den Beinen vorhanden, so werden sie aufgelöst. Und wenn durch Verkältung Störungen im Unterleibe eingetreten sind, und wenn bald Hitze und bald Kälte vorhanden ist, so ist dieser Wickel imstande, alle Unordnungen zu heben. [...] Bei hitzigen Fiebern, bei welchen zuviel Blut nach dem Kopfe und der Brust strömt, leitet dieser Wickel das Blut abwärts in den Unterleib und in die Füße.

Der Ganzwickel

Der Ganzwickel, der größte und somit auch der wirkungsstärkste Wickel, reicht vom Hals bis zu den Füßen.

Wie man einzelne Körperteile einwickeln kann, so kann auch der ganze Körper mit einem großen Tuche eingewickelt werden, welches entweder in gewöhnliches Wasser oder in Kräuterabsude getaucht wird.

TECHNIK

Wolldecke und Zwischentuch in entsprechender Größe werden auf dem Bett wickelfertig ausgebreitet. Das Innentuch wird ins Wasser getaucht, gut ausgewrungen und auf die anderen Tücher plaziert. Der Patient, der gut erwärmt sein soll, legt sich nun auf die vorbereiteten Tücher und bekommt ein weiteres nasses Handtuch über die Brust bis zu den Rumpfseiten gelegt. Man beginnt mit dem Wickeln am Hals; auch hier kann für einen besseren Abschluß wieder ein

Tuch eingesteckt werden. Das Innentuch wird zuerst von der einen Seite über den Körper gelegt und dann von der anderen Seite, so daß ein Ende das andere überdeckt. Die Beine und der Unterkörper werden nach der gleichen Technik wie beim Unterwickel eingepackt.

Der ganze Körper wird derart eingewickelt, daß überall das Tuch möglichst genau auf der Haut aufliegt.

Die beiden äußeren Tücher werden auf die gleiche Weise um den Körper gelegt.

Die Dauer dieses Wickels ist gewöhnlich eine bis anderthalb Stunden. Ist diese Zeit vorüber, so soll er entfernt werden. Statt des Ganzwickels empfehle ich der leichteren Anwendung und des guten Erfolges wegen den sogenannten Spanischen Mantel. [siehe nächsten Abschnitt]

Wirkung

Der Ganzwickel wird besonders bei fieberhaften Erkrankungen und zur Stoffwechselanregung verwendet.

Der Spanische Mantel

Diesen Namen habe ich nicht erfunden; ich habe auch keinen genügenden Grund, den unter solcher Benennung bekannten und eingebürgerten Wickel anders zu taufen [...] Der Spanische Mantel gleicht einem Hemde, welches auf der Vorderseite ganz offen ist; er kann auch recht gut mit einem Schlafrock verglichen werden [...]

Der Mantel, der aus einem Leinenstoff genäht ist, beginnt oben am Hals, reicht bis zu den Fußspitzen und schließt auch die Hände und Finger mit ein.

Der Spanische Mantel, auch großer Wickel genannt, ist [...] eine ganze, für sich allein genügende Anwendung, welche auf den ganzen Organismus einwirkt.

Technik

Allererst muß auch hier über das Bett eine Wolldecke [sowie auch das Zwischentuch] ausgebreitet werden. Der Mantel wird in kaltes oder bei schwächeren, blutarmen, älteren, wasserscheuen Individuen in heißes Wasser getaucht, ausgewunden, wie ein Hemd angezogen und auf der Vorderseite fest übereinandergeschlagen, so daß er genau auf dem ganzen Körper anliegt. Dann legt sich der Kranke in seinem Spanischen Mantel auf die Wolldecke, die rechts und links übereinander streng angezogen wird, so daß der Kranke gut eingewickelt in der Wolldecke liegt. Je genauer der Spanische Mantel auf den Leib kommt und je sorgfältiger der Bemantelte in die Wolldecke eingewickelt wird, um so größer ist die Wirkung. Man sehe darauf, daß die nasse Einkleidung und die Verpackung in die Wolle möglichst rasch vor sich gehe, daß das der frischen Luft Ausgesetztsein ein Minimum, eine möglichst kleine Zeit ausmacht.

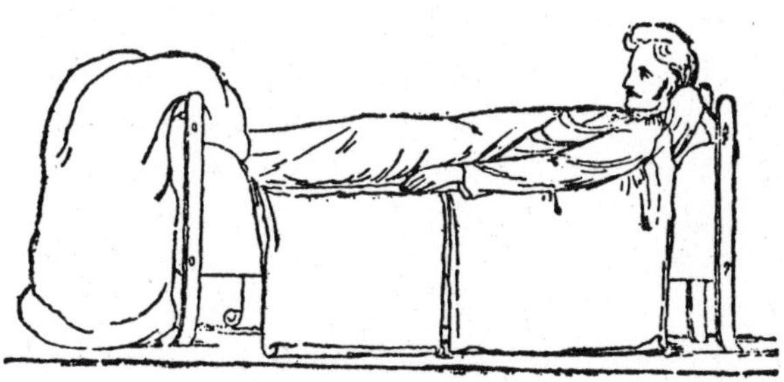

Die Zeitdauer einer Anwendung beträgt 1, 1 1/2, längstens 2 Stunden. Dieselbe richtet und bemißt sich nach der Kraft des Individuums, insbesondere nach der Korpulenz. Für einen schwächlichen Bauersmann werden 1, 1 1/2

Stunden genügen, einem Herrn Bräumeister kann man ohne Zögern 2 Stunden verordnen. Gewöhnlich tritt Schlaf ein; schläft der Kranke länger als die für den Mantel vorgeschriebene Zeit, so soll man ihn nicht wecken. Wird der Spanische Mantel entfernt, so kann der Kranke recht gut noch eine halbe bis ganze Stunde im Bette bleiben, weil immer noch eine erhöhte Ausdünstung stattfindet. Nach dem Spanischen Mantel Waschungen oder ein Bad zu nehmen, ist nicht erlaubt.
Es genügt vollständig, wenn der Spanische Mantel alle acht oder vierzehn Tage angewendet wird, und ich empfehle ihn auch nicht öfter. Wenn aber recht korpulente Leute schnell mager werden wollen, so kann er für kurze Zeit auch jeden zweiten oder dritten Tag genommen werden; ebenso kann er auch in der Woche zwei- bis viermal genommen werden, wenn der ganze Körper angeschwollen ist.

Wirkung

Wer wissen will, wie und wie stark der Spanische Mantel wirke, der untersuche das Wasser, in welchem der Wickel nach der Anwendung stets sorgfältig ausgewaschen werden soll. Er wird finden, daß es ganz trüb ist; ja er wird staunen und es kaum glaublich finden, daß ein Spanischer Mantel solchen Unrat auszuziehen imstande ist. Die Poren werden geöffnet, es tritt bald Wärme ein, und so leitet er viele kranke Stoffe aus dem Körper. Weil der Spanische Mantel stark ausleitet, so soll sich jeder, der eine geschwächte Natur hat oder sehr mager ist, bei der Anwendung desselben sorgfältig in acht nehmen, denn ein solcher würde sich zuviel Kräfte und Säfte entziehen und dadurch Schaden leiden.

Im besonderen wende ich diesen großen Wickel an bei ziemlich allgemeinen (den ganzen Körper mehr oder weniger angreifenden) Katarrhen, bei Schleimfieber, zur Vorbeugung gegen Schlaganfälle usw.

Das nasse Hemd

Das nasse Hemd, das auch auf der ganzen Vorderseite hinunter offen sein kann, ist eine etwas leichtere Version des Spanischen Mantels, jedoch diesem sehr ähnlich. Diese Anwendung empfiehlt Kneipp vor allem zur Behandlung von Kindern.

TECHNIK

Zuerst wird wieder die Wolldecke mit dem Zwischentuch auf dem Bett ausgebreitet.

Dann wird ein Leinenhemd, etwas länger als gewöhnlich, in kaltes Wasser oder in eine Mischung von Wasser und Essig oder in Kräuterabsude (Heublumen-, Haferstroh- oder Fichtennadel-Absud) getaucht und ausgewrungen. Der Kranke zieht dieses Hemd an, läßt sich recht gut einwickeln und bleibt eine bis anderthalb, in seltenen Fällen zwei Stunden liegen. Die Einwickelung in die Wolldecke muß recht sorgfältig vorgenommen werden, damit durch das Wickeln das Hemd recht genau auf den Leib zu liegen kommt; sonst würde die ganze Wirkung vereitelt. Wird das Hemd entfernt, so darf weder eine Abtrocknung noch eine Gießung oder ein Bad stattfinden, weil gerade der Auflösung wegen das nasse Hemd angewendet wird.

Für gewöhnlich nimmt man es in der Woche ein- bis zweimal; nur bei hitzigen, akuten Krankheiten, bei welchen die Hitze sehr groß ist, kann es öfter angewendet werden. Soll in einem Körper recht viel aufgelöst werden, so darf weder der Spanische Mantel noch das nasse Hemd zu oft genommen werden, weil sonst der Kranke zu sehr abgemattet würde, z.B. bei harten Anstauungen, welche nur langsam in Verbindung mit anderen Wasseranwendungen gehoben werden können.

Wirkung

Das nasse Hemd ist eine vorzügliche Anwendung bei leichteren Krankheiten zur Auflösung und Ausleitung kranker Stoffe. Es kann bei hitzigen Fiebern wie bei allen gewöhnlichen Krankheiten gebraucht werden. Mit sehr gutem Erfolge habe ich es bei Gemütsleiden, besonders auch bei Hautkrankheiten angewendet. Sollten in letzteren Fällen starke Ausleitungen erzielt, Ausschläge wie Scharlach usw. hervorgelockt werden, so ließ ich das Hemd in Salzwasser oder in mit Essig vermischtes Wasser tauchen.

Auflagen

Auflagen, bei Kneipp auch Aufschläger genannt, unterscheiden sich von den Wickeln dadurch, daß das nasse Tuch nicht um den gesamten Körper bzw. Körperteil gewickelt wird, sondern, mehrfach gefaltet, diesen lediglich bedeckt. Daher wirken sie eher lokal als allgemein. Ansonsten jedoch gelten die gleichen Grundregeln wie für die Wickel. Wie oft dieses Tuch gefaltet wird, richtet sich nach der Konstitution des Patienten. Kneipp benutzte für schwache Leute ein zweifach-, für kräftige ein vierfach- und für robuste, sehr kräftige Leute ein sechs- bis achtfach gefaltetes Tuch.

Der Oberaufschläger

Beim Oberaufschläger wird die Vorderseite des Oberkörpers vom Hals ab bis zur Mitte der Schenkel bedeckt.

TECHNIK

Ein größeres Leinentuch wird mehrfach der Länge nach zusammengelegt, so breit und so lang, daß es vom Hals an die Brust und den ganzen Unterleib bedeckt. Rechts und links am Körper soll es nicht wie abgeschnitten aufhören, sondern zu beiden Seiten durch ein kleines Stück herunterhängen. Das so zubereitete Tuch wird in kaltes

Wasser getaucht (zur Winterszeit darf warmes Wasser gebraucht werden), tüchtig, d.h. vollständig ausgewunden und dann in oben beschriebener Weise dem im Bette liegenden Patienten aufgelegt. [Die Wolldecke und das Zwischentuch jedoch werden wie beim Kurzwickel angelegt; Anmerk. d. Verfs.] **Um den Hals lege ich in der Regel noch ein ziemlich großes Tuch- oder Wollstück, um der von oben eindringenden Luft den Zugang zu verwehren.**

Der Aufschläger bleibt eine knappe Stunde liegen; die Anwendung kann ggf. wiederholt werden. Kneipp empfiehlt 2–3 Anwendungen wöchentlich.

Sobald die vorgeschriebene Zeit verstrichen, entfernt man die nassen Tücher, kleidet sich an und macht Bewegung, oder man bleibt noch eine kleine Zeit im Bette liegen.

WIRKUNG

Die Anwendung des Oberaufschlägers wirkt speziell auf die Austreibung versessener Gase im Magen und Unterleib.

Der Unteraufschläger

Dem Oberaufschläger entspricht der Unteraufschläger, der, wenn beide Anwendungen nacheinander geschehen, zuerst an die Reihe kommt.

TECHNIK

Zuerst breitet man die Wolldecke und das Zwischentuch auf dem Bett aus. Dann nimmt man das Innentuch, legt es mehrfach – je nach körperlicher Verfassung des Patienten – zusammen, taucht es in kaltes Wasser, wringt es aus und plaziert es auf die beiden anderen Tücher. Der Patient legt sich mit dem Rücken so darauf, daß der ganze Rücken vom letzten Halswirbel ab davon bedeckt wird. Der ganze Körper wird nun in die Decke und das Zwischentuch eingeschlagen.

Weil der Unteraufschläger hauptsächlich stärken oder die Hitze wegräumen soll, so beträgt seine Zeitdauer gewöhnlich nur eine halbe oder höchstens drei Viertelstunden, je nachdem, ob der Kranke stärker oder schwächer ist. Ist besonders viel Hitze vorhanden, so wird die Auflage nach einer Stunde wieder frisch eingetaucht.

Kneipp empfiehlt nur in seltenen Fällen mehr als eine Anwendung pro Woche.

Wirkung

Der Unteraufschläger wird fast immer kalt genommen, weil er hauptsächlich stärken soll. Zur Stärkung des Rückgrats, bei Rückenschmerzen, bei Hexenschuß ist er eine vorzügliche Anwendung. Auch bei Anstauungen von Blut, in der Fieberhitze wirkt der Unteraufschläger sehr gut.

Die Auflage auf den Unterleib

Soll auf den Unterleib in besonderer Weise eingewirkt werden, wenn Verhärtungen oder starke Anstauungen vorhanden sind, dann ist der kurze Wickel zu streng. Deshalb gebrauche ich in einem solchen Falle eine Auflage auf den Unterleib. Diese Auflage beginnt oben bei der Magengrube und reicht hinunter bis zur Hälfte der Oberschenkel.

Technik

Das zwei-, vier- oder sechsfach gefaltete Tuch wird ins Wasser getaucht, ganz ausgewrungen und dann auf den

Unterleib gelegt [das Woll- und das Zwischentuch jedoch werden wie bei den Wickeln eingeschlagen; Anmerk. d. Verfs.], **wo es eine bis anderthalb Stunden liegengelassen und dann entfernt wird. Will man dieses Tuch anderthalb Stunden liegenlassen, so wird die Wirkung eine um so größere sein, wenn man es nach drei Viertelstunden noch einmal ins Wasser taucht und frisch auflegt. Das frische Wasser wirkt wieder auflösend ein, und das gereinigte Tuch nimmt aufs neue die ausgeleiteten Krankheitsstoffe auf.**

Wirkung

Diese Auflage hilft bei Magenbeschwerden, Blähungen und bei Krämpfen.

Sehr häufig wird diese Auflage in Heublumen-, Haferstroh- oder auch in Fichtennadel-Absud eingetaucht, dann jedoch immer nur warm aufgelegt, weil bei schwächlichen Naturen die Naturwärme unterstützt werden soll [...] Die Auflage mit Wasser und Essig bewirkt, wenn länger aufgelegt, ebenfalls eine erhöhte Wärme; wiederholt eingetaucht und frisch aufgelegt dämmt sie die Hitze weit mehr als gewöhnliches kaltes Wasser. Der Essig schützt auch mehr vor Empfindlichkeit, so daß man sich nicht so leicht erkältet.

Es ist kaum glaublich, was diese Auflagen bei schwächlichen Naturen wirken können; gerade so verhält es sich bei kräftigen Leuten mit dem kurzen Wickel. Ich muß aber ganz besonders betonen, daß diese Auflage sowie auch der kurze Wickel nicht zu oft und nicht zu lange Zeit hindurch genommen werden dürfen.

Dämpfe

Wie unsere sämtlichen Wasseranwendungen, so wirken auch die Dämpfe in der gelindesten Form und sind deshalb durchaus ungefährlich und unschädlich. Ich bin aber auch hierin zu der Überzeugung gekommen: Nur nicht zuviel, so daß ich nur in seltenen Fällen die Dämpfe gebrauche, nämlich nur dann, wenn starke Verhärtungen vorhanden sind. [...] Es sind ganz seltene Fälle, wenn ich in der Woche einmal, höchstens zweimal ein Dampfbad verordne, und auch dieses nur eine oder zwei Wochen hindurch. Ich warne also nochmals auf das strengste vor zu vielen Dampfbädern. Sie bewirken eine gewaltige Ausdehnung der Gefäße; die Wärme macht schlaff, und je größer sie wird, desto schlaffer macht sie. [...] Die große Hitze macht aber nicht nur schlaff und welk, sondern auch empfindlicher, und nichts ist gewisser, als daß man besonders zur Winterszeit auf das Dampfbad einen Katarrh bekommt, der sich über den ganzen Körper verbreitet und den man nicht mehr so leicht los wird. Es ging mir selbst so, und deshalb warne ich vor zu vielen Dämpfen.

Man merkt den Ausführungen Kneipps deutlich an, daß auch er schon zu größter Vorsicht im Umgang mit Dämpfen gemahnt hat, obwohl die Menschen zu seinen Lebzeiten um einiges abgehärteter waren als heutzutage. Daher gilt: Dämpfe sollen nie ohne ärztliche Verordnung angewendet werden!

Zur besonderen Vorsicht im Umgang mit Dämpfen mahnt Kneipp folgende Personen:

1. Patienten, die sich gerade auf dem Weg der Besserung nach einer schweren Krankheit befinden. Diesen rät er nur ganz selten, und wenn, dann leichtere Dämpfe wie den Kopf- oder den Fußdampf anzuwenden.
2. Blutarme Menschen.
3. Starke, korpulente Menschen. Diesen rät er eher zu den Wickeln, um auf eine gute Ausdünstung der Haut hinzuwirken.
4. Sehr mageren Menschen. Diesen rät er, statt der Dämpfe lieber Halbbäder oder Güsse anzuwenden.
   Gleichwohl erheischt die Anwendung der Wasserdämpfe große Vorsicht. Was den Kranken, der richtig und nach Vorschrift anwendet, gesund macht, kann bei Nachlässigkeit und Sichgehenlassen einen Gesunden krank machen. Wer z.B. unmittelbar nach einem Dampfbad ohne vorhergehende Abkühlung ins Freie, an die kühle Luft tritt, kann nicht nur krank, er kann tödlich krank werden [...]

Folgende Grundregeln müssen, neben den allgemeingültigen Regeln für alle Kneipp-Anwendungen, bei Dämpfen zusätzlich beachtet werden:

1. Die beste Zeit zur Verabreichung der Dämpfe ist der Nachmittag zwischen 15 und 18 Uhr.
2. Bei allen Dämpfen sollte eine Hilfsperson anwesend sein, um den Patienten im Auge zu behalten.
3. Der Patient darf nicht zu dicht an der Dampfquelle sein, böse Verbrennungen wären sonst die Folge.
4. Nach dem Dämpfen darf man keinesfalls sofort an die kühle Luft gehen.

Viele meiner Dampfanwendungen dienen lediglich dazu, den Wasseranwendungen vorzuarbeiten, dieselben, z.B. durch Steigerung der Körperwärme, zu ermöglichen, vielleicht wirksamer zu machen oder im Inneren des Körpers den von außen tätigen Wasseranwendungen in die Hand zu arbeiten. Ganz selten nur kommt einer der Dämpfe für sich allein als abgeschlossene ganze Anwendung vor.

Warum die Dämpfe zur Heilung beitragen, begründet Kneipp so:

Jeder Körper muß ein gewisses Quantum, ein gewisses Maß von Wärme haben, wenn seine Arbeit vonstatten gehen soll. Der gesunde Körper besitzt in sich Naturwärme genug, er braucht keine Zutat. Jeder kränkelnde Körper fühlt sehr bald den Abgang, das Fehlen der notwendigen inneren Wärme. Dieselbe muß auf irgendeine Art ersetzt werden. Bei vielen Patienten genügen die Wickelungen und Umschläge; bei anderen tun die Dämpfe, diese künstliche Zufuhr, ich möchte sagen Einpressung der Wärme, bessere Dienste.

Aber: Niemals werde ich irgendeinen Dampf gebrauchen, wo eine kleine Wasseranwendung, ein Guß oder ein Halbbad ausreicht; niemals werde ich den ganzen Körper durch ein Ganzdampfbad quälen und ausmergeln in Fällen, in denen Dämpfe auf einzelne Körperteile genügen.

Weil ich nicht bloß den ganzen Körper mit Dampf behandelte, sondern einzelne Körperteile und kranke Stellen stärker zu behandeln und weniger angegriffene Teile zu schonen pflegte, bin ich zu verschiedenen Dämpfen gekommen und kann folgende verschiedene Arten derselben anführen: Kopfdampf, Ohrendampf, Armdampf, Fußdampf, Leibstuhldampf und Volldampf.

Am gängigsten ist heutzutage nur noch der Kopfdampf; dennoch seien die anderen Dämpfe, die man in der modernen Kneipp-Literatur kaum noch findet, der Vollständigkeit halber hier beschrieben.

Der Kopfdampf

Der ganze Kopf soll in Schweiß kommen und der Dampf überallhin dringen.

Technik

Der Kopfdampf wird gewöhnlich im Sitzen genommen. Man setzt sich auf einen Stuhl und stellt vor sich einen Hocker oder ein kleines Tischchen. Dann wird ein Gefäß, am besten ein Kochtopf, mit siedendem Wasser bzw. Kräuterabsud gefüllt und mit geschlossenem Deckel rutschfest und kippsicher auf dem Hocker plaziert. Der Patient entkleidet den Oberkörper und steckt ein Tuch zum Schutz der Kleidung vor Nässe in den Hosenbund. Oberkörper und Kopf werden so mit einem Leintuch und einer Wolldecke eingehüllt, daß möglichst kein Dampf entweichen kann. Dann öffnet man vorsichtig den Deckel, und der Patient beugt sich über das Gefäß.

Man hält den Kopf über das dampfende Gefäß, nicht zu weit weg, aber auch nicht zu nahe hin, so daß der Dampf nicht brennt und doch ziemlich warm an den ganzen Kopf kommt. Der Dampf dringt ungehindert wie ein glühender Strom auf den Kopf, Brust und Rücken, auf den ganzen Oberkörper ein und beginnt seine auflösende Arbeit. Im ersten Augenblick mag mancher ob der ungewohnten Glühtempe-

ratur erschrecken, doch bald hat er sich an das tropische, das heiße Klima gewöhnt [...] Nach vier bis fünf Minuten fängt gewöhnlich der Kopf zu schwitzen an, und der Schweiß rinnt über den ganzen Kopf.
Die Dauer des Dampfes beträgt 18–24 Minuten; eine längere Dauer ist wohl nicht ratsam, weil man sich dadurch verschiedene Leiden zuziehen könnte. Nach Umlauf der Zeit wird die Wolldecke entfernt und der ganze Oberkörper mit frischem Wasser kräftig abgewaschen.

Kneipp empfiehlt, besonders bei schwächeren Personen, Waschungen mit Hilfe eines Handtuchs. Anschließend folgt Bettruhe.
Kneipp empfiehlt zwei Anwendungen pro Woche, nur in seltenen Fällen rät er zu einer Behandlung alle zwei Tage; diese jedoch nicht länger als 15–20 Minuten.

Da der Kopfdampf stark auflösend wirkt und allzu reichliche Schweißbildung leicht allzusehr schwächen könnte, so darf diese Anwendung nicht zu oft vorgenommen werden.

Reinen Wasserdampf gebrauchte ich fast nie mehr, nachdem ich mich überzeugt hatte, daß, wenn man Kräuter daran mischt, der Geruch viel besser und auch die Einwirkung eine viel größere ist. Zu diesem Kopfdampf kann man vor allem gemahlenen Fenchel nehmen, welcher für die Augen vorzüglich ist. Der Fenchel ist aber auch für den Magen gut; denn der Fenchel-Dampf löst, wenn er eingeatmet wird, auch nach innen, was aufzulösen ist. Außer Fenchel kann man auch Schafgarben, Brennesseln, Kamillen und andere gute Kräuter gebrauchen. Man nimmt von diesen Kräutern eine Handvoll oder vom gemahlenen Fenchel einen Löffel voll.

Wirkung

Die Wirkungen dieser Anwendung sind bedeutende; sie erstrecken sich auf die ganze Hautfläche des Oberkörpers, deren Poren sie öffnen, sodann auf das Innere des Körpers, indem sie in der Nase, in den Luftröhren, in den Lungen usw. auflösen und ausleiten. Bei Erkältungen durch Nässe oder raschen Temperaturwechsel, bei Kopfleiden, rheumatischen und krampfhaften Zuständen im Genick und auf den Schultern, bei Enge in der Brust [...] tut der Kopfdampf vorzügliche Dienste. Beginnende Katarrhe hebt gewöhnlich ein einziger Kopfdampf auf. Wer einen aufgedunsenen Kopf, einen unverhältnismäßig vollen Hals, angeschwollene Halsdrüsen hat, nehme wöchentlich zwei bis drei solcher Dämpfe.

Nicht geeignet ist der Kopfdampf bei Leuten mit Augenleiden!

Der Ohrendampf

Achtung: Nur auf ärztliche Anweisung! Häufig kommt es bei nicht sachgemäßer Verwendung zur Verschlimmerung der Krankheit!

Technik

Wenn sich in den Ohren krampfhafter Schmerz, hauptsächlich durch Erkältung hervorgerufen, eingestellt hat, bringt man in ein kleines Geschirr Kamille, gießt heißes Wasser darauf und hält es so nahe als möglich an die Ohren.

Kneipp empfiehlt für diese Anwendung nicht nur Kamille, sondern auch Brennesseln oder Schafgarbe. Die Dauer des Ohrendampfes beschränkt sich auf 10–20 Minuten.

Wirkung

Der Ohrendampf löst stark auf und lindert Schmerzen.

Der Armdampf

Nicht bloß auf den Kopf und einzelne Teile desselben kann durch Dampf eingewirkt werden, sondern auch Armdämpfe kann man mit bestem Erfolg gebrauchen. Hat man einen rechten Begriff von den bisher aufgezählten Dämpfen, so wird jedem klar sein, wie ein Armdampf gemacht werden kann.

Technik

Man nimmt wiederum ein Geschirr, über welches der Arm gelegt werden kann, gießt siedendes Wasser hinein und überdeckt den Arm wie das Geschirr, damit aller Dampf auf den Arm strömen muß. Bald wird eine große Hitze entstehen und auch der Schweiß nicht lange ausbleiben.

Auch hier gilt wieder eine Anwendungsdauer von 10–20 Minuten. Zur besseren Verdeutlichung ein Beispiel aus der Praxis:

Theresia bekam arge Schmerzen am Daumen; sie hatte wahrscheinlich, ohne daß sie es merkte, irgend etwas eingestoßen. Der Arm schwoll in kurzer Zeit gewaltig an, und immer größere Schmerzen stellten sich ein; der Finger fing an, schwarzblau zu werden, und um die schmerzende Stelle entstand eine große Röte. Mit Grund fürchtete sie Blutvergiftung, wie es ja häufig vorkommt; bald tat ihr nicht bloß der Finger weh, sondern der ganze Arm und besonders unter der Achsel. Anfangs gebrauchte sie eine Salbe, welche jedoch ohne Wirkung war; nun machte sie Überschläge mit Heublumen so warm, als sie es ertragen konnte. Diese Heublumen-Überschläge taten ihr sehr gut; als ich aber ihren Arm in Heublumen förmlich einwickelte und dann noch in Dampf brachte, war die Wirkung ungleich stärker. Die Schmerzen ließen nach, und durch den Dampf wurde so viel aus dem Arm ausgeschieden, daß in kurzer Zeit alle Gefahr vorüber war.

Wirkung

Armdämpfe wirken bei Insektenstichen sowie bei durch Giftstoffe verunreinigten Wunden. Kneipp empfiehlt den Armdampf auch als Erste-Hilfe-Maßnahme, bevor der Arzt zur Hand ist, bei Bissen von Tollwut gefährdeten Tieren.

Der Fußdampf

Die Arbeit, welche der Kopfdampf am Oberkörper vornimmt, leistet der Fußdampf dem Unterkörper, in erster Linie den Füßen.

Technik

Der Patient entkleidet den Unterkörper und setzt sich auf einen Stuhl, auf den zuerst eine Wolldecke und dann ein Leintuch gebreitet werden. Ein Gefäß, z.B. eine kleine Wanne oder ein großer Topf, wird mit siedendem Wasser bzw. Kräuterabsud gefüllt und mit geschlossenem Deckel vor den Kranken gestellt. Der Abstand zwischen Gefäß und den Füßen soll für den Patienten bequem sein. Dann wird der Deckel abgenommen und ein Lattenrost oder ein paar Holzbrettchen quer über das Gefäß gelegt, auf das der Patient nun seine Füße stellt. Die Decke mit dem Leintuch wird so um den Unterkörper des Patienten und das Gefäß gelegt, daß kein Dampf verlorengeht, sondern nach oben zu den Füßen und Beinen aufsteigt.

Der Dampf kann verstärkt werden, wenn nach einigen Minuten ein erhitzter Ziegelstein in das heiße Wasser gegeben wird:

Man lasse die Steine nicht ins Wasser fallen; dieses müßte ein Spritzen und Brandwunden absetzen. Wenn der heiße Stein in das Wasser kommt, braust es stark auf; die Hitze wird vermehrt und so auch der Dampf gesteigert. Man kann dieses auch beim Kopfdampf tun, wenn ein besonders starker Dampf notwendig ist.
Nach fünf bis sechs Minuten rinnt der Schweiß schon über die Füße, und wenn Füße und Schenkel ungefähr 18–20 Minuten vom Dampf umgeben sind, so wird recht viel kranker und fauler Stoff aufgelöst und ausgeleitet.

Kneipp rät auch hier wieder, den Fußdampf nicht zu oft anzuwenden: Einmal die Woche ist ausreichend und nie mehr als zwei Anwendungen pro Woche.

Dem Dampfbad folgt stets die kalte Abkühlung, welche sich ganz nach der Ausdehnung der schwitzenden oder in Schweiß gebadeten Stellen richtet. Füßen, welche nur bis an die Knie schwitzen, genügt eine rasche kalte Abwaschung mit einem Leinentuch, kräftigeren Naturen ein Knieguß. Bei mitschwitzenden Schenkeln und Unterleib reicht ein Halbbad aus. Ist der ganze Körper in Mitleidenschaft gezogen, so muß auch der ganze Körper entweder durch ein Halbbad mit Waschung des Oberkörpers oder durch eine Ganzwaschung abgekühlt werden.

Keine kalte Abschlußbehandlung jedoch bei Neigung zu Gefäßkrämpfen!

Wirkung

Die Anwendung des Fußdampfes geschieht vornehmlich bei den verschiedenartigsten Fußleiden, so bei starken, übelriechenden Fußschweißen, wo es gilt, die faulen Säfte aufzulösen und auszuleiten; bei angeschwollenen Füßen, die auf Blutstauungen schließen lassen; [...] bei krampfartigen, besonders durch Erkältung entstandenen

Leiden des Unterleibes; bei Verkältungen und durch sie hervorgerufenen Blasenleiden; bei Kopfschmerzen, wenn die Füße stets kalt sind [...] Diese Dämpfe wecken neue Tätigkeit und bringen frisches Leben, sind zuweilen auch nur, wie bei den einzelnen Krankheiten gesagt werden wird, notwendige vorbereitende Übungen, welche anderweitigen Wasseranwendungen die Wege ebnen und deren Erfolg sichern.

Der Leibstuhldampf

Den Leibstuhldampf, auch Unterleibsdampf genannt, empfiehlt Kneipp vor allem beim Vorherrschen von Krankheiten.

Niemals benütze ich für diese Dämpfe das Wasser allein; stets mische ich Kräuter bei, und zwar wieder die bekannten Kräuter von Heublumen, von Haferstroh, vor allem aber von Zinnkraut.

Technik

Hierfür wird ein Stuhl mit durchlöcherter Sitzfläche benötigt, das kann z.B. eine Lochplatte oder ein spezieller Nachtstuhl sein. Auf diesen setzt sich der Patient mit entkleidetem Unterkörper. In den Topf wird der siedende Kräuterabguß (etwa vier Liter) geschüttet und unter den Stuhl gestellt. Um den Patienten und den Stuhl wird eine Wolldecke mit einem Leintuch gehüllt, damit der Dampf nicht entweichen kann.

Wenn nun dieser Dampf auf den Leib geht, durchwärmt er den ganzen Unterleib; je länger er dauert, um so mehr Wärme bewirkt er, und der ganze Unterleib gerät in große Hitze.

Nach fünf bis sechs Minuten fängt der ganze Körper zu transpirieren an, und es dauert gar nicht lange, so tritt großer Schweiß ein.

So ein Leibstuhldampf dauert in der Regel 15–20 Minuten; dann legt sich der Kranke gewöhnlich ins Bett, wo er noch längere Zeit hindurch in einem gelinden Schweiß bleibt. Es muß jedoch bemerkt werden, daß im Bett durch starkes Zudecken kein starker Dampf mehr gepflegt werden darf; die Wärme soll nach und nach abnehmen und vergehen. Dadurch wird eine längere Wirkung erzielt.

Danach empfiehlt Kneipp eine Ganzwaschung (besonders bei sehr kranken Personen) oder ein Halbbad mit Abwaschung des Oberkörpers.

Es wird empfohlen, den Leibstuhldampf höchstens einmal pro Woche anzuwenden. Nur bei schnell entstandenen Krankheiten wie bei Harnverhaltungen und Krämpfen rät Kneipp, ihn zwei- bis dreimal innerhalb von zwei Tagen zu nehmen.

Wirkung

Dieser Dampf wird meistens bei Harnverhaltungen nach Verkältungen und bei krampfhaften Zuständen gebraucht, um die eingedrungene Kälte zu entfernen und den dadurch entstandenen Krankheitsstoff aufzulösen.
Bei Nieren- und Steinleiden wende ich Dämpfe an von Haferstroh-Absud; bei krampfhaften oder rheumatischen Zuständen des Unterleibes solche von Heublumen-Absud. Die auffallendsten und erstaunlichsten Erfolge habe ich erzielt mit Dämpfen von Zinnkraut-Absud in all den höchst peinlichen Fällen, in welchen das Urinieren unmöglich wurde und infolgedessen die entsetzlichsten, wahnsinnigen Schmerzen den armen Patienten quälten und fast zur Verzweiflung brachten. Die meist durch Erkältung und Entzündung entstandenen krampfhaften Zustände der Blase wurden durch den heißen Zinnkrautdampf in verhältnismäßig kurzer Zeit behoben, und das Organ tat wie früher seine reinigenden Dienste.

Der Volldampf

Der Volldampf, den Kneipp nur in sehr seltenen Fällen bei kräftigen Menschen angewendet hat, sei nur am Rande erwähnt. Denn:

Wie schonend kann man vorgehen, wenn nur einzelne Teile in Schweiß gebracht werden, wo es der ganze Körper nicht notwendig hat?

Technik

Um den Volldampf verabreichen zu können, braucht man einen sogenannten Schwitz- oder Dampfkasten; die Technik versteht sich daher von selbst.

Nach ungefähr 20–25 Minuten wird der Kasten geöffnet; der vor Schweiß Triefende nimmt ein kurzes kaltes Vollbad in der Dauer von zwei bis vier Sekunden, oder wenn er schwächlich ist, eine kalte Ganzwaschung, wäscht sich kräftig ab, kleidet sich an und macht Bewegung.

Alternativ dazu verordnet Kneipp Bettruhe. Er empfiehlt eine, höchstens zwei Anwendungen pro Woche, die anderen Tage rät er zu einer kalten Behandlung.

Wirkung

Dieser allgemeine Dampf kann angewendet werden bei chronischen Gichtleiden und bei Flechten, wenn der Flechtenkranke nicht zu mager ist. Der Volldampf erweist sich auch wirksam zur Entfettung; bei großen Blutanstauungen bewährt er sich ebenfalls vorzüglich.

Vor einer zu häufigen Anwendung jedoch warnt Kneipp aufs dringlichste: Eine sehr große Ausdehnung der Hautgefäße sowie Schlaffheit, bedingt durch die Hitze, wären die unausweichlichen Folgen! Des weiteren rät er auch korpulenten Menschen ab, den Volldampf anzuwenden. Ihnen empfiehlt er statt dessen Vollgüsse, Rückengüsse und Blitzgüsse, um ihr Gewicht zu vermindern und ihren Körper kräftiger und widerstandsfähiger zu machen.

2. Teil

Behandlung von Krankheiten

Einleitung

Bei allen Krankheiten muß deutlich betont werden, daß die Kneippschen Anwendungen keinen Arzt ersetzen können!
Sie können in leichten Fällen, als Vorbeugung oder als Erste-Hilfe-Maßnahme angewendet, sicher gute Dienste erweisen, bei schlimmeren oder gar schweren Erkrankungen muß jedoch immer ein Arzt zu Rate gezogen werden!

Kneipp schreibt in seiner »Wasserkur« über die Krankheiten:

> **Krankheiten sind Kreuze, lieber Leser! Jeder von uns wird früher oder später zum mindesten ein solches Kreuz zu tragen bekommen. Wir dürfen uns diese Kreuze zu erleichtern suchen. Schon zu Raaman, dem aussätzigen Syrerfürsten, sprach der Prophet Elisäus: »Geh hin und wasche dich siebenmal im Jordan, und dein Fleisch wird wieder gesund und du wirst rein werden!«**
> **Wie der im Garten einen Strauß windende Gärtner nicht von allen Blumen pflückt und nicht von jeder Sorte die gleiche Anzahl, so suchte ich auch auf dem Krankheitsfelde die am häufigsten unter uns vorkommenden Krankheiten und unter diesen diejenigen Fälle aus, welche mir besonders lehrreich zu sein schienen.**

Bei den beschriebenen Fällen kommt es Kneipp vor allem darauf an, nicht die einzelnen Krankheiten sachlich abzuhandeln, sondern

dem Leser Symptome und Heilmittel der Erkrankung anschaulich, in unterhaltsamer Form geschrieben und mit zahlreichen Beispielen aufwartend, vor Augen zu führen.
Die Krankheitsbezeichnungen, die Kneipp in seinen Werken verwendet, wurden auch hier übernommen. Sie entsprechen jedoch nicht den medizinisch korrekten Namen, sondern richten sich nach den im Volksmund bekannten Benennungen.

Meist schließen die einzelnen Behandlungsweisen der Krankheiten nicht nur eine äußerliche Anwendung, sondern auch die Heilwirkung nach innen mit ein. Zunächst wirken die Namen der Kräuter, die Kneipp für die Zubereitung von Tee verordnet, vielleicht etwas fremd. Die genauen Beschreibungen und Dosierungweisen hierfür sind jedoch im 3. Teil des Buches aufgeführt.

Infektionskrankheiten

Fieber

Wer die Influenza bekommt, hat eine ganz trockene Haut; alle Poren sind wie zugekittet, und man merkt ganz gut, daß bei dieser trockenen Hitze die Ausdünstung aufgehört hat.
Wird nun ein solcher Kranker einmal, nach Verlauf einer Stunde zum zweitenmal und dann zum drittenmal gewaschen, so gerät er schon bei der ersten, sicherlich aber bei der zweiten Waschung in starken Schweiß. Wird mit den Waschungen 8–10 Stunden fortgefahren, dann ist so ziemlich die ganze Masse des Krankheitsstoffes ausgeleitet. Sichtbarer kann die Kraft des Wassers als Auflösungs- und Ausleitungsmittel kaum zutage treten.

Ein Beispiel aus der Praxis:
Anton kommt ins Zimmer und erzählt: »Meine Kraft ist ganz gebrochen; ich bin schon zweimal umgefallen. Auch habe ich ein schreckliches Kopfweh und bin bald wie eiskalt, dann folgt eine arge Hitze...«

Kneipp rät ihm: **»Gehen Sie nach Hause; legen Sie sich sogleich ins Bett, und wenn Sie ganz warm sind, waschen**

Sie sich mit kaltem Wasser den ganzen Körper, und ohne abzutrocknen legen Sie sich wieder ins Bett! So waschen Sie sich alle zwei Stunden, und wenn Sie stark in Schweiß kommen und der Schweiß eine halbe Stunde gedauert hat, waschen Sie sich wieder!«

Kneipp schreibt, daß nach drei Tagen bei Anton Kälte und Hitze geschwunden waren, das Kopfweh aufgehört hatte und der Appetit wiederkam. Des weiteren habe sich der Patient noch zehnmal innerhalb von 14 Tagen gewaschen und war gesund.

Neben den Ganzwaschungen empfiehlt Kneipp bei Fieber auch oft den Unterwickel und den Unteraufschläger.

Kinderkrankheiten

Die Kinder bekommen oft schon in den ersten Wochen, Monaten oder Jahren, wenn sie auch vorher gesund und kräftig sind, gerötete Flecken; man bezeichnet sie mit den Namen Masern, Scharlach, Nesseln, Flechten. Man findet diese Krankheiten aber nicht bloß bei den Kindern, sondern auch gerne bei den Erwachsenen, selbst bei den kräftigen Naturen.

Scharlach

Der Scharlach ist laut Kneipp eine gefährliche Kinderkrankheit, die besonders Kinder im Alter von zwei bis acht Jahren befällt, jedoch auch Erwachsene heimsuchen kann.

Am meisten tritt der Scharlach im Winter oder im Übergang vom Herbst zum Winter auf, und er verbreitet sich manchmal mit solcher Schnelligkeit, daß in wenigen Tagen ein ganzer Ort angesteckt werden kann. Was für

eine schlimme Krankheit der Scharlach ist, werden diejenigen wohl am besten wissen, welche mit ihm zu tun gehabt haben. Ich bin der vollsten Überzeugung, daß, wenn der Scharlach richtig behandelt wird, z.B. wenn auf Ausscheidung der schlechten Stoffe durch das kalte Wasser eingewirkt wird, diese Krankheit bedeutend von ihrer Bösartigkeit verliert.

Die Anfangssymptome der Krankheit sind Kopfweh, Drücken auf Magen und Brust, Müdigkeit, Wechsel von Hitze und Frost. Bald stellt sich ein heftiges Fieber ein; der Puls schlägt sehr schnell, und der Kranke klagt über einen eingenommenen Kopf. In diesem Zustand verbleibt er einige Tage; dann kommt noch als weitere Erscheinung hinzu, daß sich am Körper rote Flecken bilden, bei den einen in höherem, bei den anderen wieder in geringerem Maße. Während dieser Zeit befindet sich der Kranke in fortwährender Fieberhitze und fühlt einen quälenden Durst. Die roten Flecken dauern gewöhnlich 5–8 Tage; dann fangen sie an abzublassen und abzuschuppen.

Kneipp empfiehlt folgende Behandlungsweise:

Wenn man sieht, daß obige Anzeichen vorhanden sind, daß also der Scharlach ausgebrochen ist, so wirke man der Krankheit rasch entgegen. Liegt so ein Kind in heißer Fieberglut, mit eingenommenem Kopf, ohne jeden Appetit da, so säume man nicht, demselben ein in kaltes Salzwasser getauchtes Hemd anzulegen, es hierauf in eine Wolldecke [zusammen mit einem Zwischentuch, siehe Kapitel Wickel; Anmerk. d. Verfs.] einzuwickeln und gut zuzudecken. In diesem Hemd läßt man das Kind eine Dreiviertel- bis eine Stunde liegen, dann nimmt man das Hemd schnell ab und legt das Kind wiederum ins Bett zurück; der ganze Körper des Kindes wird übersät sein mit dem Scharlachausschlag. Durch dieses Hemd wird aller schlechter Stoff, der sich in der Natur befindet, an die Oberfläche gelockt, wodurch das Kind eine bedeutende Erleichterung verspürt. In schwierigen Fällen, in denen die Hitze sich steigert und es dem Kranken bange wird, kann in einem Tage das Hemd zwei- bis dreimal, seltener auch viermal angelegt werden. Nach dieser Zeit muß das Kind alle zwei Stunden fleißig mit kaltem Wasser rasch gewaschen und nach jeder Waschung wieder ins Bett gelegt werden. Ab und zu ist es auch gut, ein Halbbad in der Dauer von zwei Sekunden zu nehmen. Auf diese Weise macht man fort, bis das Fieber verschwunden ist, die Übelstände alle beseitigt sind und der Scharlach vollständig ausgeheilt ist.

Es ist ganz auffallend, wie die so behandelten Kinder nach dieser Krankheit gedeihen. Das kommt einzig und allein daher, weil das Wasser alle schlechten Stoffe vertrieben und die Natur gereinigt und gestärkt hat, was bei Medikamenten nie der Fall sein kann. Die Behandlungsweise bei Erwachsenen ist ganz dieselbe wie bei den Kindern.

Oft kommt es vor, daß den Kranken ein Schüttelfrost befällt; dann muß statt des nassen Hemdes ein in warmen Heublumen-Absud getauchtes Hemd genommen werden. Man sorge, daß die vom Scharlach Befallenen abgesondert von den anderen gelegt werden, und sei fleißig darauf bedacht, daß das Krankenzimmer gut gelüftet und die Wäsche und die Kleider desinfiziert werden.

Selten ist Appetit vorhanden, deshalb dränge man dem Kinde ja keine Nahrung auf! Der Durst ist gewöhnlich stark. Man gebe dem Kranken fleißig zu trinken, entweder Wasser oder Tees von Salbei und Spitzwegerich, jedoch niemals viel auf einmal, aber öfter.

Ein Beispiel aus der Praxis:

Max, sechs Jahre alt, bekommt heftiges Fieber und Kopfschmerzen, kann nicht essen und hat großen Durst. Man befürchtet, es sei Scharlach. Weil der Kranke nicht auf sein kann, so soll man ihn jede Stunde, wenn der Körper viel Hitze hat, ganz waschen und so 1–2 Tage fortmachen, bis die Hitze nachläßt; kommt sie aber wieder, dann soll er aufs neue gewaschen werden. Kommt dann Scharlach heraus, so ist dies ganz recht; nur fleißig weiter waschen. Kommt aber kein Scharlach heraus, so ist der Krankheitsstoff durch die Poren bereits ausgeleitet. In beiden Fällen ist geholfen.

Masern

Während vom Scharlach nicht gar so viele Kinder befallen werden, wird man selten ein Kind treffen, besonders in den Städten, das nicht schon an den Masern einmal erkrankt wäre. Am häufigsten treten die Masern auf in der Zeit vom zweiten bis zum neunten Lebensjahr; in den ersten Lebensjahren sind sie gefährlicher als in den letzteren, weil in den späteren Jahren der Körper besser ausgebildet und daher widerstandsfähiger ist.

Masern und Scharlach sind so ziemlich miteinander verwandt; es treten bei beiden Krankheiten fast dieselben Erscheinungen zutage, wie Fieber, Tränen in den Augen und ein trockener Husten. Nach und nach werden linsengroße Flecken sichtbar, die zuerst im Gesicht sich zeigen und nach einigen Tagen sich fast auf den ganzen Körper erstrecken. Während dieser Zeit ist große Vorsicht anzuraten; vor allem muß man sich vor Erkältung sehr hüten. Nach etwa drei oder vier Tagen beginnen die Flecken zu verblassen und gehen allmählich in gelbe Stellen über. Wie bei allen diesen Krankheiten Fieber vorhanden ist, so ist dies auch hier der Fall, und darum muß man zuerst darauf bedacht sein, die Fieberhitze einzudämmen, und dazu sind die Waschungen mit kaltem Wasser am geeignetsten. Sind die Kinder noch klein, so müssen sie täglich zwei- bis dreimal ins kalte Wasser schnell eingetaucht und sofort wieder ins warme Bett zurückgebracht werden. Größeren Kindern gebe man täglich ein Halbbad; außerdem ist es gut, wenn man dem kranken Kind ein in warmen Heublumen-Absud getauchtes Hemd anzieht, es darin eine Stunde liegenläßt und unmittelbar nach der Abnahme des Hemdes jedesmal eine Ganzwaschung vornimmt.

Durch dieses Hemd wird aller Giftstoff, der sich in der Natur befindet, ausgeleitet. Bemerken muß ich noch, daß die Anwendung nicht zu oft vorgenommen werden darf; am besten ist es, während dieser Krankheit jeden zweiten Tag das Heublumenhemd anzuwenden.

Es ist wunderbar, wie vortrefflich sich die Kinder nach einer solchen überstandenen Krankheit erholen, wenn sie durch das Wasser tüchtig ausgeräumt worden sind.

Krankheiten der Atmungsorgane

Heiserkeit

Es kommt sehr häufig vor, besonders zur Frühlings-, Herbst- und Winterszeit, daß wenn ein rascher Witterungswechsel von Nässe und Trockenheit stattfindet, kalte und warme Luft eingeatmet wird. Dann geschieht es wohl, daß man innerhalb einer halben Stunde die Stimme fast gänzlich verliert, heiser wird und nur mit Mühe sprechen kann. Ein solcher Zustand hält oft recht lang an, und wenn auch viele Mittel angewendet werden, so wird doch oft recht wenig oder gar keine Hilfe erreicht. Wie eine Stauung in der Schleimhaut der Nase und des Rachens vorkommen kann und hierdurch der Schnupfen entsteht, so kann auch eine Stauung in der Schleimhaut des Kehlkopfes erfolgen; dann werden die beiden Stimmbänder, welche im gesunden Zustand weiß sind, rot – ein Beweis, daß sie sich mit Blut angefüllt haben. Sie werden durch diese Füllung steifer gemacht und unfähig zu einer deutlichen Aussprache; denn durch den engen Raum können sich die Worte nur mit Gewalt zwängen.

Die Zirkulation des Blutes ist vielen Störungen unterworfen, und nach meinem Dafürhalten können solche Störungen auch auf die Stimmbänder einwirken.

Ein Beispiel aus der Praxis:

Ein Beamter brachte seinen Sohn, der nicht reden konnte. Er war 14 Jahre alt und mußte das Studieren einstellen. Der Vater erzählt wie folgt: »Vor 1 1/2 Jahren wurde mein Sohn heiser, bekam krampfhafte Zustände im Gesicht und Mund, so daß er zuletzt stumm wurde. Ein Arzt elektrisierte ihn längere Zeit hindurch ohne jeglichen Erfolg; er erklärte, es müßten die Mandeln ausgeschnitten werden, sonst komme die Sprache nie wieder. Siebenmal wurden die Mandeln ausgeschnitten oder, besser gesagt, herausgerissen. Es war wahrhaft ein Martyrium. Jedesmal wurde mir der Trost gemacht, nach der Operation werde die Sprache plötzlich eintreten, doch niemals trat sie ein.«

Kneipp wendete hier folgende Behandlung an:

Täglich bekam der Student zweimal einen Oberguß; täglich einmal ein Halbbad, und jeden Tag ging er den größten Teil der Zeit barfuß. Nach drei Wochen besuchte der Beamte seinen Sohn. Mit heller Stimme grüßte der Sohn seinen Vater. Die Stimme des Sohnes und das Aussehen desselben brachten dem Vater die Tränen in die Augen. Er fand den Sohn ganz frisch und gesund, und an der Stimme war keine Spur von Gebrechen, im Gegenteil, sie war klarer und stärker als je.

Hier war also keine Spur von Mandeln, die beseitigt werden mußten. Sicher hat der Knabe sich eine kleine Erkältung in Kopf und Hals zugezogen und war sein Leiden weiter nichts als rheumatischer Krampf. Die Obergüsse stärkten den ganze Oberkörper, mithin auch die Sprachorgane. Die Halbbäder kräftigten den ganzen Körper; das Barfußgehen befestigte und härtete das Nervensystem ab, und somit war das Übel nicht bloß behoben, sondern auch der ganze Körper in einem besseren Zustand als vorher. Der Junge bemerkte: »So lange ich lebe, werde ich von Zeit zu Zeit barfuß gehen.«

Rührt die Heiserkeit von Schnupfen oder Erkältung her, muß zuerst auf die Entzündung eingewirkt werden. Hier empfiehlt Kneipp täglich eine Oberkörperwaschung, diese nimmt die Fieberhitze und regt die Transpiration an; zudem täglich 1–2 Gießungen: zuerst Knie- und Schenkelgüsse (2 Tage lang), dann Schenkel- und Rückenguß (4 Tage lang) sowie ein Halbbad und einen Schenkelguß mit Oberkörperwaschung.

Die Wirkung beschreibt er folgendermaßen:

> **Durch diese Anwendungen wurde eine gleichmäßige Zirkulation erreicht und das Blut, welches nach oben gedrungen war, wieder nach unten geleitet. Gelinder Schweiß trat ein; es löste sich auch nach innen eine Masse Schleim ab, und so kam in kurzer Zeit die Stimme wieder.**
>
> **Man kann ferner Umschläge auf den Hals machen; sie wirken recht günstig, müssen aber mit der größten Vorsicht angewendet werden; denn wenn der Halswickel warm oder heiß wird, dann zieht er noch mehr Blut zum Halse hin, und der Schaden wird ärger. Wird er aber richtig angewandt, so wirkt er kräftig auf den Hals ein, löst auf, scheidet aus und ist darum ein gutes Heilmittel.**
>
> **Der Halswickel soll so gut anliegen, daß sich keine Luftblasen bilden können. Nach längstens 20 Minuten wird er erneuert und so eine bis eineinhalb Stunden fortgefahren.**

Wie von außen, so kann auch von innen auflösend eingewirkt werden. Kneipp rät, täglich 5–6 Löffel Tee einzunehmen oder den Hals damit zu gurgeln. Für die Zubereitung eignen sich: Wollblume, Holunderblüten, Zinnkraut, Salbei, Huflattich und Eichenrinde.

Asthma

Kneipp sagt, es gäbe viele Krankheiten, die man dem Menschen vom Gesicht ablesen könne; auch Asthma sei eine davon.

Leute, welche mit dieser Krankheit behaftet sind, haben eine krankhafte Farbe, keine Frische und keinen Frohsinn; ihre Stimmung ist eine gedrückte, und sie sind ganz mutlos. Kraftlosigkeit spricht aus ihren Zügen, ihr Atem ist kurz und beschwerlich, ihr Gang ist der eines Ermüdeten; kurz, man merkt am ganzen Menschen, daß er krank ist. Solange ein an Asthma Leidender noch von Anfällen frei ist, könnte man allerdings glauben, es fehle ihm nicht gerade viel.

Ein Beispiel aus der Praxis:

Ein Herr von Stand gibt an: »Ich habe immer schweren Atem, in der Nacht aber oft solche Atemnot, daß ich recht oft rasch aus dem Bette springen muß, um Atem zu holen, und weiß mir dann nicht zu helfen außer dadurch, daß ich frische Luft einatme. Ich fühle mich auf der Brust so eng, wie wenn alles zerplatzen wollte. Appetit habe ich gar keinen, und was ich esse, vermehrt mir mein Leiden. Schlafen kann ich gar nicht, weil ich nicht ruhig sein kann. Es fröstelt mich auch im Innern recht viel; es ist, als wenn ein Fieber in mir wäre und nicht zum Ausbruch käme. Zum Stuhlgang brauche ich Nachhilfe...«

Kneipp verordnete folgende Anwendungen:

Zuerst durch 2 Tage täglich zweimal Ober- und Knieguß, dann jeden Tag am Morgen einen kurzen Wickel, 1 1/2 Stunden lang, das Tuch in heißes Wasser getaucht, jeden Nachmittag ein 6faches Tuch in Wasser und Essig getaucht ganz warm auf Brust und Unterleib legen und mit einer wollenen Decke umwinden. So acht Tage lang.

Die Wirkung war folgendermaßen:

Schon nach dem ersten Wickel wurde der Urin so trüb und dick, wie wenn im Inneren Geschwüre aufgebrochen und Blut und Materie mit dem Urin abgegangen wären. Es sei noch hierzu bemerkt, daß vorher ganz wenig Urin abging. Tag für Tag ging mehr und noch dichterer und schmutzigerer Urin ab. Nach 4 Tagen trat zeitweilig bedeutende Erleichterung im Atmen ein, das innere kalte Fiebergefühl hatte sehr abgenommen, und der Appetit stellte sich mehr ein. Vier weitere Tage mit denselben Anwendungen hatten die Atemnot vollständig behoben, doch blieb der Atem noch etwas schwer.

Die weiteren Anwendungen waren: Jeden Tag einen Oberguß und Knieguß, jeden Nachmittag ein mehrfach gefaltetes Tuch in heißes Wasser und Essig getaucht auf den Oberleib 2 Stunden lang. So 10 Tage lang, und der ganze Organismus war wiederhergestellt.

Ein asthmatischer Krampf kann nur beseitigt werden, indem man die Naturwärme durch künstliche Wärme unterstützt. Er tritt auch meistens nur dann ein, wenn infolge von Anstauungen und Verschleimung die Natur nicht mehr gehörig transpiriert und nicht mehr die gehörige Wärme hat. Ganz besonders muß bei Asthmaleidenden auf Kräftigung und Abhärtung des Unterleibs eingewirkt werden; dies geschieht durch Knie- und Schenkelguß, Halbbad und dann auch durch den Oberguß, aber erst nach und nach, wenn die Anfälle nicht mehr vorhanden sind. Wie durch diese Anwendungen die Natur gekräftigt wird und die faulen und verlegenen Stoffe ausgeleitet werden, so kommt auch der ganze Organismus in einen Zustand, daß er solche Stoffe nicht mehr aufkommen läßt, besonders wenn noch für eine gute Verdauung und entsprechende Kost gesorgt wird.

Gefäßerkrankungen

Krampfaderleiden

An Krampfadern leidet besonders das weibliche Geschlecht, während die Männer mehr von Hämorrhoiden geplagt werden. Derartige Blutanstauungen bilden sich nicht in den Adern, durch welche das Blut vom Herzen aus in alle Körperteile geleitet wird, sondern vielmehr in jenen Adern, welche das Blut aus dem Körper wieder in das Herz zurückleiten. In diesen Blutadern bilden sich solche Blutanstauungen dadurch, daß das Blut nicht rasch genug abfließt; es tritt eine Ausdehnung, eine Erweiterung der Adern ein, das Blut verweilt länger in denselben und legt deshalb seinen Weg nicht so schnell zurück. Diese Erweiterungen können klein oder groß sein, sie können längliche Wülste bilden oder sich knotenförmig gestalten; oft liegen auch mehrere Knoten nebeneinander. Nicht selten kommt es vor, daß eine Ader sich so stark ausdehnt, daß sie zerplatzt und das Blut nun plötzlich sehr stark ausströmt. Dieses Platzen einer Ader ist gefährlich, da, wenn dem Bluterguß nicht möglichst bald Einhalt getan wird, der Tod eintreten kann.
Um die Heilung der Krampfadern zu bewerkstelligen, muß man zuallererst bedenken, aus welcher Ursache die-

selben entstanden sind. Bei Krampfadern an den Füßen ist die erste und größte Ursache eine verkehrte Behandlung der Füße.

Bemängelte Kneipp zu seiner Zeit zu eng gebundene Strumpfbänder, so können heutzutage zu enge, einschnürende Socken und Strümpfe zu Krampfadern führen. Als weiteren Grund für dieses Leiden führt Kneipp das Tragen unpassender Schuhe an:

Sehr häufig kommen die Füße nicht in einen Schuh, sondern in eine Fußmaschine. Am Morgen hat sich der Fuß noch nicht ausgedehnt, und man zwingt ihn dann auf das Engste ein; da der Fuß sich im Laufe des Tages ausdehnt, so kann doch unmöglich das Blut noch eindringen; dasselbe hält sich vielmehr in den Adern am Fuß auf, und infolgedessen wird die Krampfader vergrößert.

Will man die Krampfadern an den Füßen heilen, so erzielt man nur dann einen guten Erfolg, wenn man auf den ganzen Körper einwirkt, damit eine geregelte Zirkulation des Blutes sich wieder einstellt. Nur durch Anwendungen auf die Füße die Krampfadern zu kurieren ist unmöglich, da kann weder das Wasser noch ein anderes Mittel helfen.

Ein Beispiel aus der Praxis:

Agatha hat kleine und große Krampfadern in solcher Zahl, daß sie dieselben nicht zu zählen vermag. Sie klagt über alle möglichen Beschwerden; doch ist aus dem ganzen Jammer ersichtlich, daß nicht nur die Krampfadern, sondern die ganze Blutzirkulation nicht in Ordnung ist.

Für die äußerliche Heilung verordnete Kneipp folgendes:

Sie bekam wöchentlich vier Schenkelgüsse, zwei Rückengüsse und zwei Vollgüsse. Diese starken Anwendungen konnten ihr gegeben werden, weil sie einen kräftigen Organismus hatte und noch in den schönsten Jahren war.

Durch drei Wochen hindurch hat sie diese Anwendungen gebraucht, und der Erfolg war: Die Krampfadern wurden etwas kleiner und weicher und waren auch nicht mehr so schmerzhaft. Was die Kranke aber ganz besonders hervorhob, war, daß es ihr im ganzen viel besser ergehe, ihr Kopf nicht mehr so eingenommen sei und die Leibschmerzen, welche sie früher gehabt, nachgelassen hätten. Sie bekam das zweite Rezept, welches lautete: In der Woche zwei Halbbäder, einen Rückenguß, einen Schenkelguß und zweimal Oberkörperwaschung (beim Aufstehen). Wie das erste Rezept hauptsächlich darauf hinwirkte, daß der Blutlauf geregelter wurde und dadurch die Blutstauungen etwas abnahmen, so sollten die Anwendungen des zweiten Rezeptes die Füße und den Unterleib besonders kräftigen, damit die Adern sich mehr verengen. Durch den Rückenguß wurde weiter auf die Regelung des Blutlaufes hingewirkt, die Oberkörperwaschung erhöhte die Wärme und die Transpiration.

Nach drei Wochen erklärte Agatha: »Mein Zustand ist jetzt viel besser, Fußschmerzen habe ich gar keine mehr, Krampfadern sind wohl noch da, aber sie sind kleiner und ganz schmerzlos. Aber ich merke, daß mehrere Verhärtungen an den Waden und überhaupt an den Füßen sind, welche sich gerade anfühlen, als ob es Geschwüre seien.« Diese Verhärtungen sind Blutanstauungen, welche sich im Innern gebildet haben und jetzt, weil der Fuß viel dünner geworden ist, zutage treten. Agatha fügte weiter hinzu, schon drei solche Verhärtungen seien als Geschwüre aufgebrochen. Dies ist der klare Beweis, daß das Wasser keine Ruhe gibt, bis auch die inneren Stauungen aufgelöst und ausgeleitet sind.

Agatha bekommt ein weiteres Rezept: Sie soll wöchentlich zweimal über Nacht die Füße von oberhalb des Knöchels bis an die Knie mit einem Tuch, welches in Lehmwasser getaucht worden ist, einbinden. Die gleiche Anwendung soll sie ebenfalls zweimal in der Woche mit einem in Heublumen-Absud getauchten Tuch machen. Die Wirkung war, daß sich mehrere Geschwüre bildeten, aufbrachen, sich entleerten und dann wieder zuheilten. Der Heublumenwickel löste bis ins Tiefste hinein auf, der Lehm zog an, und so wurde die verlegene Ware auf die Oberfläche der Haut gebracht und ausgeleitet. Nach dem letzten Rezept mußte die Kranke wöchentlich zweimal und später einmal 1 ½ Stunden lang ein in warmes Heublumenwasser getauchtes Hemd anziehen.

Zu dieser Anwendung kamen noch in der Woche zwei Vollgüsse, zwei Halbbäder und ein Rückenguß. So wurde vier Wochen lang eingewirkt, nach dieser Zeit war die Zirkulation des Blutes in Ordnung und die Anstauung beseitigt. Die Krampfadern waren wohl kleiner geworden, aber noch nicht entfernt, so daß noch längere Zeit hindurch eine gelinde Einwirkung notwendig wurde, um den ganzen Körper in einen noch besseren Zustand zu bringen. Die hierzu geeigneten Anwendungen waren zwei Halbbäder und ein Vollguß in der Woche.

Für die innere Anwendung verordnete Kneipp:

Zum ersten Rezept bekam die Kranke täglich eine Tasse Tee von Zinnkraut, Attich und Wermut in zwei oder drei Portionen genossen. Diese Kräuter lösen innere Krankheitsstoffe auf und leiten sie aus. Ihre Wirkung tritt besonders durch den Urin, welcher dick und trübe wird und alle möglichen Farben bekommt, zutage. Das zweite Rezept lautete: Tee von Rosmarin, Tormentill und Zinnkraut. Dieser Tee wirkt besonders kräftig auf die gesamte Blutbildung ein. Dann gab ich ihr als dritten Tee Absud von Salbei und Wermut mit Angelikawurzel.

Hämorrhoiden

Die Hämorrhoiden (Goldadern nennen sie die gewöhnlichen Leute) können teils mit zum Erbteil der Eltern gehören, teils infolge der Lebensweise entstehen. Stubensitzer, alte Menschen, Studierte, Feinschmecker usw. werden viel von dieser Blindschleiche geplagt. Der Landmann, der jahraus, jahrein Kartoffeln und einfache Mehlkost ißt und das Fleisch nur an den Sonn- und höheren Festtagen sieht, bei dem an Stelle des Bieres und starker Weine die Milch und das Wasser treten, der täglich draußen und daheim schwere Arbeit tut, kennt diese Blutsauger oft kaum dem Namen nach.

Diese Hämorrhoiden sind ein sehr lästiges, wenn auch anfangs und oft Jahre, ja das ganze Leben hindurch ein ungefährliches Übel.
Stehende Hämorrhoiden nennt man sie, wenn sich außerhalb des Afters derartige kleine Blutaderknoten zeigen; sind sie aber alle im Inneren des Mastdarms, so heißt man sie blinde Hämorrhoiden. Sind die stehenden Hämorrhoiden vorhanden, so ist kein Zweifel mehr, daß auch im Inneren sich welche befinden. Ein Kennzeichen der blinden Hämorrhoiden ist vorherrschendes Hitzegefühl im Mastdarm. Je größer die Hitze, um so mehr strömt das Blut hin und bilden sich solche Knoten. Ein weiteres Kennzeichen ist eine beißende, brennende und krabbelnde Unruhe, welche durch den ungeregelten Blutlauf verursacht wird. Sind viele Hämorrhoiden vorhanden, so wird auch durch diese der Stuhlgang hingehalten. Solche Kranke haben deshalb auch meist Stuhlverstopfung; bei Stuhlentleerung ist derselbe gewöhnlich anfangs hart, darauf folgt Durchfall.

Ebenso wie bei den Krampfadern, sieht Kneipp auch für die Hämorrhoiden die Ursachen in einer Störung der Blutzirkulation. Die Folge sind Blutstauungen. Die Blutgefäße dehnen sich aus, und Hämorrhoiden entstehen. Ihr Ausmaß kann von Erbsen- bis Taubeneigröße variieren.

Die Folgen der Hämorrhoiden sind fühlbar durch Eingenommenheit des Kopfes und eine wechselnde, bald aufgeregte, bald gedrückte Gemütsstimmung. Ich kannte einen Mann, welcher von Zeit zu Zeit nicht nur eine unerträgliche Laune hatte, sondern oft halb tobsüchtig war. Diesem brachen solche Hämorrhoidenknoten auf, und es ging so viel Blut ab, daß man fürchtete, der Kranke werde unterliegen. Schon während des Abganges des Blutes wurde der Unglückliche ruhiger, und nachdem eine Masse schlechten, angestauten Blutes ausgeflossen war, wurde er ganz ruhig und vernünftig. Dieses Beispiel sagt uns recht klar, daß solch angestautes Blut von Zeit zu Zeit abgehen muß. Dem Kranken wird dadurch Erleichterung verschafft, indem der Körper von dieser Ausdehnung entlastet wird.

Die Behandlung der Hämorrhoiden mit Wasser ist leicht und erzielt in den meisten Fällen sicheren Erfolg. Die Zahl derer, denen so geholfen wurde, kann ich als sehr groß bezeichnen und beifügen, daß alle Fälle glücklich verliefen. Man merke sich folgendes: Von Stellen, wo zuviel Blut hinströmt, muß dasselbe abgeleitet werden; Gefäße, die zu sehr ausgedehnt wurden, sind zu verengen, Unreinigkeiten und verlegene Ware auszuscheiden.

Für alle diese Zustände dient folgende Anwendung gut: Man bereite sich im Bett einen Unteraufschläger, d.i. in unserem Falle ein recht dickes, vielfach zusammengelegtes, ins kälteste Wasser getauchtes Leinentuch, so lang,

daß es den ganzen Rücken bedeckt und am unteren Ende bis über den After hinausreicht, so breit, daß es den Rücken deckt. Darauf lege man sich drei Viertelstunden lang und wiederhole die Anwendung wöchentlich drei- bis viermal. Sollte das Tuch vor der angegebenen Zeit warm sein, so werde es entfernt und besser nochmals eingetaucht.

Als weitere Anwendung tut es sehr gute Dienste, wenn solche Leidende in der Woche drei- bis viermal ein Sitzbad nehmen, kalt und kurz. Man kann dasselbe an einem halben Tag oder auch nachts vom Bett aus zwei- bis dreimal wiederholen.

Wer bei vorhandenen Hämorrhoiden in jedem Vierteljahr innerhalb ein bis zwei Wochen eine der beschriebenen Kuren durchmacht, darf sicher sein, daß das Übel ohne alle erheblichen Folgen bleibt und, wenn es nicht ganz verschwinden sollte, gewiß nie lästig wird.

Bezüglich der Nahrung mache ich nur auf einen Punkt aufmerksam, der nach meinem Dafürhalten nicht genug gewürdigt wird: Viele, die an Hämorrhoiden erkrankt sind, haben angefangen, statt des modernen Hausbrotes Kleienbrot zu essen, und sie behaupten, seit dieser Zeit verspürten sie von dem Leiden durchaus keine erhebliche Belästigung mehr, wenn dasselbe auch nicht vollständig behoben sei.

Dieses Kleienbrot [siehe Rezept im 5. Teil des Buches; Anmerk. d. Verfs.] möchte ich sehr empfehlen, es sollte eine Zukunft haben. Aber wohlgemerkt, nur das echte Kleienbrot, nicht das verfälschte oder nachgeäffte! In einer Großstadt fand ich einst Kleienbrot (dasselbe ist bekanntlich sehr schwer) so leicht wie ein anderes Brot. Ich durchschnitt den Wecken. Inwendig war es Brot wie anderes auch; nur über die Rinde hatte der kluge Bäcker die Kleie gestreut, wie man sonst Kümmel oder Anis streut.

Verdauungs- und Unterleibserkrankungen

Verstopfung

Gibt es viele Leute, die häufig an Durchfall leiden, so gibt es noch eine weit größere Anzahl derer, die mit hartem Stuhlgang geplagt sind. Daher nehmen sie Zuflucht zu Mitteln, welche freilich auf den Stuhlgang wirken, deren Ausgang aber meist Verderben ist. Kaum wird an irgendeiner Krankheit so mannigfaltig probiert, als wenn es sich um harten Stuhlgang handelt. Und meistens ist die Folge, daß, je mehr und je länger man anwendet (und zuletzt erfolgt kein Stuhlgang mehr ohne Abführmittel), die Not stets um so größer wird.
Verstopfungen kommen am wenigsten vor bei den Leuten auf dem Lande, die eine einfache Kost genießen, viel Bewegung machen und durch Arbeiten eine abgehärtete, feste Natur haben und auch regelmäßig eine gute Luft einatmen. Diese Übel sind jedoch vorherrschend bei Leuten zu finden, die eine sitzende oder stehende Lebensweise führen, mehr die Geistes- als die Körperkräfte anstrengen müssen, statt reiner, gesunder Luft nur Zimmerluft einatmen und auch nicht die Naturwärme besitzen wie die Leute in der freien Natur, weil infolge ihres Berufes die Übung der Körperkräfte fehlt.

Ebenso ist auch die Nahrung der Landleute eine einfache und naturgemäße, wenig gewürzt, ohne alle Reizmittel und auch auf die natürlichste und gesündeste Art zubereitet. Dagegen genießen gewöhnlich diejenigen, welche eine ruhige Lebensweise führen oder den höheren Ständen angehören, mit Vorzug nur Fleisch, was viel mehr Hitze und ungesundes Blut verschafft, wenn es nicht mit Vorsicht genossen wird, und deshalb auch leichter eine Verstopfung bewirkt. Nebenbei wird die ohnehin schon hitzige Kost durch Gewürze, welche alle auf Anstauungen hinarbeiten, noch hitziger gemacht; dazu kommen noch der Alkohol, der Kaffee und verschiedene andere Reizmittel.

Wenn es im Sommer lange nicht mehr regnet, wird die Erde trocken und spröde. Wenn im Körper die notwendige Feuchtigkeit, Flüssigkeit nicht ordnungsgemäß verarbeitet ist und sich irgendwo Hitzen bilden, so tritt auch im Körper gleichsam Trockenheit ein und deren unausbleibliche Folgen. Wem es an Stuhlgang fehlt, dem fehlt es meistens im ganzen Organismus, nicht bloß im Magen oder in einem anderen Körperteil.

Ich lebe der festen Überzeugung, die eine große Anzahl von Fällen mir stets bestätigte, daß wieder das Wasser das allersicherste und das unschädlichste Heilmittel ist, das auf Gottes Erde gefunden werden kann. Egal, ob die Person stark oder schwach, korpulent oder abgemagert ist, das Wasser muß entsprechend der Natur angewendet werden. Es hilft, indem man es nach innen anwendet und von außen wirken läßt.

Kneipp rät zu folgender Behandlung:

Wer an hartem Stuhlgang leidet, nehme morgens vom Frühstück an bis mittags jede halbe Stunde einen Löffel Wasser. Er wird bessere Wirkung erzielen mit diesem klei-

nen Quantum, als wenn er einen halben Schoppen oder noch mehr auf einmal trinkt. Am Nachmittag kann der Patient ebenfalls jede halbe Stunde oder jede Stunde einen Löffel voll Wasser nehmen. Dieses Einnehmen von Wasser bewirkt, daß die Speisen in einen weichen Zustand kommen und, wie ein Guß außerhalb des Körpers, durch Reiz auf die Schleimhäute vermehrte Tätigkeit auslösen.

Statt des Wassers können laut Kneipp auch verschiedene Teesorten verwendet werden. Er nennt den Dornschlehblüten- oder Holunderblütentee, von dem morgens und abends eine halbe Tasse getrunken wird.
Die innere Behandlung muß jedoch stets in Verbindung mit der äußeren Wasseranwendung geschehen, um die gewünschte Wirkung zu erzielen. Kneipp rät für die äußerliche Anwendung folgendes:

Der Patient wasche beim Aufstehen oder Schlafengehen kräftig den Unterleib. Das Mittel ist höchst einfach und wirkt doch recht gut, bei manchen (schwächeren Naturen) genügend.
Wem diese Anwendung zu leicht ist, dem gieße man von Zeit zu Zeit frisches, kaltes Wasser auf die Knie, ein bis drei Minuten lang, eine vorzügliche Anwendung, um Stuhlgang zu erzeugen.
Ist dieses nicht ausreichend und große Hitze im Inneren vorhanden, so lege sich der Patient in der Woche ein paarmal auf einen Unteraufschläger; auch der Oberaufschläger tut gute Wirkung. Desgleichen wirkt kräftig ein kaltes Sitzbad, in der Woche zwei- bis dreimal.

All die genannten Anwendungen werden den trägen, schlaffen Organismus wecken, beleben, in neue Tätigkeit bringen, stärken. Nichts geht über die unschädlichen und sicheren Wassermittel. Und was ist leichter, als Wasser zu trinken, sich mit Wasser zu waschen?

Zur Ernährung schreibt Kneipp:

Vor allem muß für eine gute Nahrung gesorgt werden; ich bin nicht gegen den Fleischgenuß, aber ich behaupte doch: Wenn zum Mittagsmahl Fleisch mit Zugabe genossen wird, so genügt das, und abends ist eine Suppe oder eine Mehlkost am besten. Die Speisen selbst dürfen nicht mit vielen Gewürzen und starken Salzen erhitzt und so für die Natur schädlich gemacht werden.

Vor allem aber kann man nicht genug aufmerksam machen, daß man gutes Brot essen soll. Ein gutes, gesundes, kraftbringendes Brot kann aber nur von einem Mehl gebacken werden, das alle Bestandteile des Getreides enthält. Leuten, die stark an Stuhlverstopfung litten, riet ich, während des Tages, d.h. zwischen den Hauptmahlzeiten, ein Stück Kraftbrot [mit Kraftbrot ist heutzutage Vollkornbrot gemeint; Anmerk. d. Verfs.] **und dazu ungefähr sechs Löffel voll Zuckerwasser zu nehmen; kaum wird ein Mittel gefunden werden können, das so günstig auf einen geregelten Stuhlgang wirkt wie dieses. Manchen habe ich auch den Rat gegeben, während des Tages ein Stücklein Kraftbrot mit einem Apfel zu essen. Die Apfelsäure, vermischt mit dem Kraftbrot und langsam gegessen, ist ein hervorragendes Mittel zu einer guten Verdauung und somit auch zu einer guten Blutbildung.**

Durchfall (Diarrhöe)

Es wird wohl wenige Menschen geben, welche den Durchfall nicht aus Erfahrung kennengelernt haben. Es ist überhaupt kein Stand und kein Alter von diesem Übel ausgenommen, und dasselbe ist allgemein bekannt.

Der Durchfall tritt sehr häufig ein, wenn man kalte Getränke zu sich nimmt, bei großer Hitze ziemlich viel kaltes

Wasser oder ungegorenes Bier, vor allem aber wenn man Most trinkt oder unreifes Obst genießt. Dadurch gibt es im Magen eine Revolution, welche sich durch Kollern und Schmerzen kundgibt; dieser Aufruhr hört so lange nicht auf, bis durch einen ordentlichen Durchmarsch alles Unbrauchbare beseitigt ist.
Ganz besonders gerne stellt sich Durchfall ein, wenn man auf fette Speisen viel Wasser trinkt. Es gibt auch viele Leute, welche die eine oder andere Speise durchaus nicht vertragen können, und wenn sie selbe genießen, bekommen sie Durchfall. Es gibt auch viele Leute, die bei kleineren oder größeren Aufregungen, bei Furcht und Angst Durchfall bekommen; schwache Kinder bekommen leicht solche Anfälle, wenn sie gestraft werden oder selbst schon aus bloßer Furcht vor der Strafe.

Wenn sich der Durchfall nur zwei- bis dreimal wiederholt, so hat er nicht viel zu bedeuten; es kann dem Organismus sogar genützt haben, wenn durch die Naturpolizei die unbrauchbaren Stoffe ausgeschieden wurden. Wenn aber der Durchfall mehrere Tage hindurch dauert, so wird der Natur viel entzogen; sie wird schlaffer, es tritt eine größere Untätigkeit ein, der Appetit wird geringer, die Kräfte nehmen ab, und ein solcher Durchfall bringt für den menschlichen Körper bedeutende Nachteile. Rührt der Durchfall von einem schwachen Magen oder einem Gebrechen in den Gedärmen her, was anzunehmen ist, wenn er sich öfter ohne alle Veranlassung einstellt, so muß vor allem dahin gewirkt werden, daß die krankhaften Stoffe aus dem Magen und den Gedärmen entfernt werden und daß die ganze Natur gekräftigt wird, so daß sie weder im Magen noch in den Gedärmen etwas duldet, was nach und nach einen Durchfall herbeiführen könnte.

Ein Beispiel aus der Praxis:

Anton bringt die Klage vor: »Wegen jeder Kleinigkeit bekomme ich Durchfall; er ist zwar bald wieder behoben, kommt aber auch bald wieder. Sonst wäre ich gesund; ich habe Appetit und guten Schlaf.«

Kneipp rät ihm:

Anton soll jeden Morgen, Mittag und Abend zwei bis drei Löffel voll Tee von Eichenrinde und Wermut trinken; er kann auch jeden zweiten oder dritten Tag ein Halbbad nehmen, und das Übel wird in kurzer Zeit beseitigt sein.

Kneipp verordnet in der Regel bei Durchfall folgende Anwendungen:

Nach innen wende man Tee von Wermut mit Salbei, von Tausendguldenkraut mit Salbei, von Schafgarbe mit Johanniskraut, täglich ein bis zwei kleine Tassen; oder man nehme täglich sechs bis zehn Wacholderbeeren. Alle die genannten Mittel fördern die Verdauung, unterstützen die Magensäfte und erhalten zugleich Nährstoffe.

Sollte die Diarrhöe stark sein und schon länger dauern, so werde zweimal täglich ein halber Löffel voll Heidelbeergeist (in warmem Wasser) eingenommen.

Als äußerliche Anwendung:

Zum Auflösen kranker Stoffe ist am besten eine Auflage auf den Unterleib von Heublumen, auch von Wasser und Essig; schwache Naturen, welche keine gehörige Naturwärme haben und bei welchen deshalb auch keine gute Verdauung vorhanden ist, werden leichter zurechtkommen, wenn die Auflagen warm sind. Diese künstliche Wärme läßt dann auch eine kräftige Anwendung mit kaltem Wasser zu. Denn auch hier kann nur das kalte Wasser eigentliche Hilfe bringen.

Kneipp empfiehlt, 14 Tage lang wöchentlich drei bis vier Auflagen von je 1 1/2 Stunden – das Tuch sollte dabei vierfach zusammengelegt sein – oder einmal pro Woche einen kurzen Wickel anzuwenden. Nach dieser 14tägigen Behandlung rät er für die nächsten 3–4 Wochen zur weiteren Kräftigung des Organismus pro Woche zu ein bis zwei Halbbädern mit Waschung des Oberkörpers sowie zusätzlich wöchentlich ein bis zwei Ganzwaschungen in der Nacht vom Bett aus.

Wenn es dann zur Regel würde, keine Woche ohne wenigstens eine Ganzwaschung oder ein kaltes Halbbad mit Waschung des Oberkörpers vorübergehen zu lassen, müßte der ganze Organismus kräftiger und gesünder werden und der berührte Ausnahmezustand (wenn er nicht tieferliegende Ursachen hat) aufhören.

Nachträglich sei noch bemerkt: Sobald sich die ersten Spuren eines Durchfalles zeigen, wird eine kleine Tasse Tee von Tausendgüldenkraut und Wermut das Übel in der Regel beseitigen. Die gleichen Dienste leistet auch Tee von Kamille und Salbei.

Das beste Schutzmittel gegen den Durchfall, und zwar von frühester Kindheit an bis ins hohe Greisenalter, besteht darin, daß man seinen Körper abhärtet, bei der Auswahl und dem Genuß der Speisen vernünftig zu Werke geht und ebenso vorsichtig in der Wahl der Getränke ist. Man vermeide ganz besonders süße Backwerke und Speisen mit vielem Zucker! Denn gerade diese verursachen nicht selten Durchfall.

Blähungen

Sind die Menschen von fast unzähligen Übeln gequält, von welchen das eine größer, das andere kleiner ist, so sind die Blähungen und Gase auch ein Übel, welches vielen Leuten große Beschwerden bereitet. Solche Leute haben große Unruhe in den Gedärmen, fühlen oft ein gewaltiges Kollern, sind ziemlich stark aufgetrieben, und nach oben und unten gehen viele Gase ab, worauf es ihnen leichter wird.

Die Ursachen können verschiedene sein. Wenn in einer Wasserleitung das Rohr lange nicht ausgeputzt wird, so hängt sich vom Wasser mancher Stoff an. Gerade so kann sich in den Gedärmen eine Unmasse von Abfallstoffen ansetzen, und deren Ausdünstung bildet die Gase. Je mehr solche Stoffe sich sammeln, um so enger wird das Darmrohr und um so stärker die Ausdehnung. Die Wanderung der Speisen durch die Gedärme wird eine langsamere sein, und infolgedessen bleibt eine gewisse Trägheit und Schlaffheit nicht aus. Wenn aber das in den Gedärmen im allgemeinen geschieht, so darf man sich nicht wundern, wenn ein gewisser Druck auf den Unterleib ausgeübt und dieser dadurch ganz aufgedunsen wird. Wenn die Speisen nicht gut verdaut werden, wenn man viel zuviel ißt, so daß ein großer Teil gar nicht verarbeitet und verdaut werden kann, sondern größtenteils unverdaut abgeht, so entstehen verhärtete Anstauungen, wodurch wiederum die Gedärme ungleich ausgedehnt werden, an der einen Stelle mehr, an der anderen weniger. Diese Ausdehnungen bewirken Störungen und eine Unbehaglichkeit, welche der Natur zu großem Nachteil sind.

Dasselbe bewirken auch Speisen, welche nicht verdaut werden, d.h. solche Speisen, welche von den Magensäf-

ten nicht angegriffen werden können und unverbraucht und ungenützt abgehen müssen. Dann gibt es auch viele Speisen, welche man gerne genießt, welche aber viele Gase verursachen, wie Rettich, grüner Kohl, überhaupt viele im Wasser gekochte Gemüse, namentlich Wirsing und Blaukraut.
Die Gase werden auch gebildet, wenn der Körper sich in längerer Untätigkeit befindet, so bei Leuten, welche der Beruf an Ort und Stelle fesselt, wo sie notwendig verkümmern müssen, wenn sie nicht durch gewisse Mittel zu verhindern suchen, daß sich durch Anstauungen solche Gase bilden können.

Was wird wohl bei einem solchen Übel Abhilfe bringen, und wie kann demselben am leichtesten vorgebeugt werden? Das erste Heilmittel ist das kalte Wasser, äußerlich angewendet, dann kaltes Wasser und Kräuter innerlich angewendet. Die von Gasen Gequälten haben eine schlaffe Natur. Diese Schlaffheit wird behoben durch kaltes Wasser, wodurch nicht bloß die Natur aufgeweckt und zu größerer Tätigkeit angeregt wird, sondern auch zugleich Gase ausgeleitet werden.

Ein Beispiel aus der Praxis:

Christian erzählt: »Ich bin am ganzen Körper gesund; ich fühle aber eine große Schlaffheit und Trägheit in meinem ganzen Unterleib, bin stets stark aufgetrieben, und selten ist es mir recht behaglich.«

Kneipp rät ihm:

Christian soll in der Woche drei Schenkelgüsse, zwei Rückengüsse und einen Vollguß nehmen. Nimmt er in der zweiten Woche drei Halbbäder, zwei Rückengüsse, einen Schenkelguß, so werden die Halbbäder den ganzen Unterleib kräftigen, zusammenziehen und viele Gase ableiten,

wodurch auch einer weiteren Ansammlung vorgebeugt ist. Wenn er dann noch den einen Tag 10, den anderen Tag 15 und den dritten Tag 25 Wacholderbeeren kaut und schluckt, so werden dadurch viele ausgenützte Stoffe aufgelöst, ausgeleitet und die Gase vermindert. Täglich eine Tasse Tee von Fenchel und Wermut; [...] auch der Tee aus Eichenrinde und Zinnkraut, täglich eine Tasse in zwei Portionen genossen, treibt überflüssigen Schleim aus und hilft die Gase beseitigen.

Ist der Patient schwächlich, dann kann er in der Woche neben zwei Schenkelgüssen und ein bis zwei Halbbädern noch zwei bis drei Oberwaschungen vornehmen; ist er kräftig, so kann er wöchentlich auch zwei bis drei Obergüsse nehmen. Er kann auch in der Woche zweimal ein vierfaches Tuch, in Heublumenwasser getaucht, warm auf den Unterleib binden; denn kaum wird etwas auf einen geschwächten Magen günstiger einwirken als das Auflegen eines mit Wasser und Essig oder mit Heublumenwasser getränkten Tuchs auf den Unterleib.
Wenn drei bis vier Wochen und dann fernerhin halb so oft diese Anwendungen vorgenommen werden, so tritt sicher ein besserer Zustand ein.

Was die Kost betrifft, so wähle man als Hauptgrundsatz: Nicht viel Saures, nicht viel Gewürztes und nur Speisen, welche gute und viele Nährstoffe enthalten; ich kann aber auch nicht genug warnen vor vielen Flüssigkeiten.

Nieren- und Blasenleiden

Blasenentzündung (Blasenkatarrh)

Kneipp sieht die Ursache der Blasenentzündung – oder des Blasenkatarrhs – in der zu geringen Abhärtung der Menschen.

Der Blasenkatarrh ist ein recht peinlicher Zustand. Die damit Behafteten fühlen bald ein starkes Drücken, heftiges Brennen und krampfhaftes Zusammenziehen in der Blasengegend; bald geht das Wasser wieder leichter ab, bald ist der Urin trübe und voll Unrat, bald wieder hell wie Wasser; kurz, alle möglichen Störungen mit vielen traurigen Folgen können eintreten. Wenn der Blasenkatarrh nicht rechtzeitig geheilt und deshalb immer hartnäckiger (chronisch) wird, so treten verschiedene Zustände ein. Bald gehen viel Schleim, dann wieder Blut, zuletzt Eiter und ähnliche Zeichen der Zersetzung ab.

Wie beim Katarrh der Luftwege der ganze obere Körper angegriffen ist, so ist beim Blasenkatarrh auch der ganze Unterleib in Mitleidenschaft gezogen. Daher muß bei der Heilung notwendigerweise dahin gewirkt werden, daß die Entzündung abnimmt, die Hitze und die krampfhaften Zustände sich vermindern und der ganze Unterleib und besonders die einzelnen angegriffenen Organe wieder gekräftigt werden.

Ein Beispiel aus der Praxis:

Jakob hatte sich vor drei Jahren erkältet und bekam Blasenkatarrh; er hatte längere Zeit Ärzte gebraucht, viel eingenommen und mußte auf Anordnung des Arztes wollene Beinkleider tragen, anfangs eines, später zwei; dadurch kam er in eine Lage, daß bei jeder Kleinigkeit, z.B. wenn ein Gewitter entstand oder bei trockenem Wind, sein Leiden sich steigerte; er war somit vor beständiger Erkältung gar nie sicher.

Ist hier eine große Verweichlichung und dadurch große Empfindlichkeit und Schwäche eingetreten, so sind die zur Abhärtung, Kräftigung und Ausscheidung der faulen Stoffe geeigneten Anwendungen notwendig.

Kneipp gibt folgenden Rat:

Oberkörper und Extremitäten werden zuerst abgehärtet und gekräftigt durch Oberguß und Schenkelguß, täglich zweimal. Nach innen wird reinigend eingewirkt, indem drei Tage hindurch alle Stunden ein Löffel voll Zinnkraut und Wacholdertee eingenommen wird. So vier Tage lang.

Abhärtung und Kräftigung werden jetzt auch am ganzen Körper erzielt durch:

1. **täglich einen Rückenguß, ein Sitzbad;**
2. **jeden zweiten Tag noch ein Halbbad dazu, ½ Minute lang;**
3. **täglich eine Tasse Tee von Wermut, Zinnkraut und Schafgarbe in drei Portionen.**

Nach drei Wochen war der Kranke gesund. Er bekam eine gleiche Naturwärme, allgemeine Naturkraft und durch die Abhärtung eine Widerstandskraft gegen alle schädlichen Einflüsse.

In einem anderen Fall, der Patient hatte sich eine akute Blasenentzündung zugezogen, rät Kneipp zu einem Leibstuhldampf (siehe auch Kapitel Dämpfe):

Es wurde eine Handvoll Zinnkraut in den Topf im Leibstuhl getan und darauf siedendes Wasser gegossen; so schnell wie möglich mußte sich nun der Kranke auf den Leibstuhl setzen, damit der Dampf recht gut auf den Leib einwirken konnte.
Der Patient saß noch keine 20 Minuten auf dem Leibstuhl, als schon ziemlich viel Wasser abging; ebenso hörten die krampfhaften Schmerzen bald auf. Nach 20 Minuten mußte der Kranke in das Bett, ohne sich zu waschen, damit der eingetretene Schweiß noch länger dauere und sich erst nach und nach verliere. Nach ungefähr zwei Stunden hörte der Schweiß von selber auf, und der Kranke wurde jetzt mit frischem Wasser abgewaschen.
Das Waschen hat hier wohl die höchste Bedeutung, weil dadurch die kalte Luft am allerwenigsten auf den Leib einwirken kann. So blieb der Kranke einen Tag lang im Bett und mußte sich einer zweimaligen Ganzwaschung unterziehen. Auf den Unterleib, also die Blasengegend, wurde ein zweifaches Tuch gelegt; dieses wurde so oft erneuert, als die Hitze überhandnehmen wollte, und so wurde eine gleichmäßige Temperatur in der Natur hergestellt und erhalten. Wasser mit Essig vermischt wirkt sehr kräftigend, und die Hitze kann sich nicht weiter verbreiten.
Der Kranke bekam weiter nichts außer alle zwei Stunden Tee von Zinnkraut und Attichwurzel. Es stellte sich recht bald wieder guter Appetit ein, und der Patient konnte in kurzer Zeit wieder an sein Geschäft gehen.
Sollte der erste Dampf nicht ausreichen und sollten die Beschwerden sich erneuern, so kann ein zweiter genommen werden, welcher in der Regel auch genügt.

Bettnässen

Dieses Übel kommt bei der heranwachsenden Jugend beiderlei Geschlechts häufig vor. Auch gibt es viele Erwachsene, die bis in die 20er Jahre und noch länger daran leiden. Ich kannte Eltern, welche ihre Kinder wegen dieses Fehlers grausam bestraften. Sollte eine solche Handlungsweise die Kinder nicht noch armseliger gemacht haben und die ohnehin schon krankhafte Natur derselben nicht noch krankhafter geworden sein? Der Grund des Leidens liegt in der Schwäche der Natur; wird diese gekräftigt, so muß jenes bald weichen.

Kneipp hatte zunächst Probleme, Mittel zur Heilung dieses Leidens zu finden, das nur sehr schwer in den Griff zu bekommen ist. Doch dann merkte er, daß das beste Mittel das folgende ist:

Täglich zweimal 4–5 Minuten bis über die Waden ins Wasser gehen; sonst soll man nichts gebrauchen; aber eine recht einfache, kräftige Kost soll man genießen, und die Abendkost soll eine trockene sein.

Aus einem Institut, welchem ich dieses Rezept mitteilte, erhielt ich nach vier Wochen die Nachricht, daß man mit diesem einfachen Mittel 24 Kinder geheilt habe. Eine zweite Anwendung bestand darin, daß sie nach dem Gehen im Wasser auch die Arme zwei Minuten in kaltes Wasser hielten, was sichtlich nicht bloß gegen fraglichen Fehler wirkte, sondern den zuvor krank aussehenden Kindern eine gesunde Gesichtsfarbe verlieh.

Doch mir sind auch einzelne Fälle vorgekommen, in welchen das Wassergehen allein nicht geholfen hat. In solchen Fällen verordnete ich, geregelte Anwendungen vorzunehmen, welche stärkend auf den ganzen Körper einwirkten: Wöchentlich drei Halbbäder und zwei Vollgüsse;

außerdem mußten sie täglich barfuß oder im Wasser gehen. Bemerkt sei hier noch, daß das kälteste Wasser am wirksamsten ist.

Auch bei Erwachsenen kann das angegebene Mittel ausreichen. Nur wenn durch Schwäche auch die Säfte mit dem Blut sehr heruntergekommen sind, empfiehlt es sich, täglich eine Tasse Schafgarbentee zu trinken, die eine Hälfte am Morgen, die andere am Abend.

Des weiteren führt Kneipp noch an, daß man bei diesem Leiden allgemein recht wenig flüssige Speisen zu sich nehmen und auch alle unnötigen Getränke vermeiden sollte.

Nierenentzündung

Von hoher Bedeutung für den menschlichen Körper sind die Nieren, die rechts und links von der Wirbelsäule in der Lendengegend ihren Sitz haben. Das Blut nimmt die von der Natur bereiteten Stoffe in sich auf, um genährt und vermehrt zu werden; dadurch kommen viele Stoffe in das Blut, die noch ausgeschieden werden müssen. Ferner bleiben im Blut, wenn es seine Wanderung durch den Körper gemacht und alle Körperteile genährt hat, manche Abfallstoffe zurück, welche ebenfalls entfernt werden müssen. Damit nun das Blut sich dieser und der mit der Nahrung eingedrungenen Stoffe entledigen kann, dazu dienen die Nieren. Das Blut wird in die Nieren geleitet und dort filtriert und gesäubert. Was für das Blut dann unbrauchbar ist, wird als Urin ausgeschieden.

Unter den verschiedenen Nierenkrankheiten ist wohl die Nierenentzündung eine der bekanntesten und der

schlimmsten. Wie Entzündungen allgemein meist durch Erkältungen entstehen, so kann dadurch oder auch durch andere Ursachen eine Nierenentzündung entstehen. Es strömt dann das Blut der entzündeten Stelle stärker zu und bildet Stauungen. Die Nieren werden zu stark gefüllt und schwellen an. Der Kranke fühlt dann bald Frost, bald Hitze und bekommt große Schmerzen in der Nierengegend; der Harn geht nicht mehr in gehöriger Menge ab, und es treten im ganzen Körper Störungen ein.
Ist eine Nierenentzündung vorhanden, dann muß mit großer Vorsicht auf Auflösung und Ausleitung hingearbeitet werden.

Kneipp wendet hier Ganzwaschungen, kurze Wickel, Ober- und Unteraufschläger sowie Halbbäder an, wenn der Kranke kräftig genug ist. Erträgt der Kranke jedoch kein Halbbad, rät er zu täglich 2–4 Ganzwaschungen, je nach vorhandener Hitze.

Durch die Waschungen und die Halbbäder wird die Natur zu starker Transpiration gebracht und gekräftigt, der schlechte Stoff wird abgestoßen und ausgeleitet. Je kräftiger durch die Bäder und die Waschungen eingewirkt werden kann, um so rascher wird die Entzündung verlaufen.

Kneipp empfiehlt, gleich bei Entstehung der Entzündung auf die Nierengegend mit einer Auflage aus Topfen (Quark), der zu einer feinen Salbe gerührt wird, einzuwirken. Diese Auflage soll den ganzen Rücken bedecken. In der Regel genügen 1–2 Anwendungen, um den Schmerz zu vertreiben.

Die weitere Ausleitung und Auflösung wird erzielt, indem der Kranke zwei- bis viermal auf ein in Wasser und etwas Essig getauchtes Tuch liegt, welches den halben Rücken bedeckt. Dieses Tuch soll aber alle halbe Stunde frisch eingetaucht und nicht länger als zwei Stunden dort gelassen werden. Auch auf den Unterleib wird ein großes, zweifach gefaltetes Tuch gelegt, das in Wasser und etwas Essig

getaucht worden ist und nach jeder halben Stunde erneuert wird.

Über die innere Einwirkung schreibt Kneipp:

Nach innen werden Mittel gebraucht, welche möglichst viel Urin ausleiten und die Nieren reinigen. Die hervorragendsten und besten Mittel sind nämlich ein Absud von Rosmarin, der in zwei Drittel Wasser und einem Drittel Wein gesotten wird. Davon wird stündlich ein Löffel voll genommen sowie ferner Tee von Hagebutten, Salbei und Attichwurzeln. Um auch den Magen in einen besseren Zustand zu bringen, kann diesem Tee noch ein wenig Wermut oder Tausendgüldenkraut beigemischt werden.

Ein Beispiel aus der Praxis:

Ein Bürger erzählt: »Ich habe häufig Blut im Urin und meistens beim Wasserlassen Schmerzen sowie in der Nierengegend beständig Schmerzen. Von Zeit zu Zeit ist mein Unterleib voller Krämpfe; der Stuhlgang meistens hart.« Hier fehlt es sicher an den Nieren.

Folgende Anwendungen haben das Übel innerhalb drei Wochen behoben:

1. **In der Woche dreimal einen kurzen Wickel, in Heublumenwasser getaucht, warm 1½ Stunden lang;**
2. **in der Woche zwei warme Sitzbäder, 12 Minuten lang, und ein kaltes, eine Minute lang** [Aus heutiger Sicht ist die angegebene Zeitdauer für das kalte Sitzbad zu lang; eine Dauer von 6–10 Sekunden ist völlig ausreichend! Anmerk. d. Verfs.], **aber nicht beide an einem Tag;**
3. **täglich den ganzen Körper kalt waschen.**

Nach innen: Tee von Schafgarbe, Johanniskraut und Zinnkraut.

Nach 14 Tagen war die Kur beendet, und später kräftigten in der Woche zwei Halbbäder die ganze Natur.
Die Heublumen wie auch das warme Sitzbad lösen auf und leiten aus; das kalte Sitzbad verhindert zu große Verweichlichung. Schafgarbe, Zinnkraut und Johanniskraut wirken reinigend und stärkend, die Halbbäder stellen einen guten Abschluß dar.

Stoffwechsel-krankheiten

Fettsucht

Fast in jeder Ortschaft sieht man eine, zwei, drei oder auch mehrere Personen, von denen man meinen könnte, sie gehörten einem ganz anderen Menschengeschlecht an, so dick und unförmig sind sie. Sie haben meist einen guten Humor, ein gutes Aussehen, und nichts an ihnen läßt darauf schließen, daß sie an irgend etwas Mangel haben. Man soll aber ja nicht glauben, daß diese Leute so außerordentlich gesund und kräftig sind, wie ihr ganzer Körperzustand, ihr frisches und kräftiges Aussehen anzudeuten scheint. Ihr Gang ist langsam und schleppend, und mit den steifen Füßen machen sie nur ganz kurze Schritte; der Atem will gerne stocken, und wenn sie während des Gehens reden sollen, dann bleibt die Maschine vollends stecken; zu schweren Arbeiten fehlen ihnen die Kraft und der leichte Atem. Ihre Augen sind recht groß, das Gesicht ist aufgedunsen und hat häufig blaue Flecken mit gelblicher Umwandung auf den Backen, selbst die Lippen und Ohren sind öfter blau. Manche haben einen recht großen sogenannten Spitzbauch; andere hingegen sind wie ein angefüllter Sack, die Arme sind zwar dick, aber das Fleisch ist welk und schlottrig.

Diesen Verhältnissen entsprechen auch die Schenkel, welche dick und steif sind, so daß mancher nicht imstande ist, sich so weit zu bücken, um etwas vom Boden aufzuheben. Meist sind solche Leute recht phlegmatisch, wie dies eben ihr Körperzustand mit sich bringt; es fehlt ihnen aller Unternehmergeist.

Jedermann kann von der Fettsucht befallen werden, aber die Frauen scheinen zu diesem Übel fast noch mehr veranlagt zu sein als die Männer. Diese Fettleibigkeit kann sich auch vererben auf das eine oder andere Kind. Ich habe Leute gekannt, die gerade deshalb wenig gegessen und getrunken haben, um von diesem Übel verschont zu werden, die aber dessenungeachtet kugelrund geworden sind.

Weil die korpulenten Leute gewöhnlich schwaches Blut haben, so ergibt sich daraus, daß bei denselben solches Blut gebildet wird, welches weniger in Muskelfleisch als vielmehr in Fett übergeht. Bei manchen tritt Verfettung des Herzens und der inneren Organe ein, wodurch die Tätigkeit derselben gehemmt wird, immer größere Schlaffheit sich einstellt und nach und nach die Maschine ganz stillsteht; ein Herzschlag macht meistens ihrem Leben ein Ende. Wenn aber die Herztätigkeit abnimmt, schwellen gewöhnlich die Füße an; infolge der Störungen in der Zirkulation des Blutes kommen dann auch Gebrechen in den Nieren vor, wo sich ebenfalls Anstauungen bilden, so daß schließlich auch dadurch Wassersucht eintreten kann. Und weil die Organe bei solchen Leuten ohnehin schwächlich sind und sich zuviel Fett gebildet hat, so leiden sie öfter an Schlaganfällen und erliegen denselben.
Der Fettsüchtige ist ein Schwächling, der gekräftigt werden muß; deshalb müssen solche Anwendungen gegeben

werden, die den ganzen Organismus kräftigen. Der Körper des Fettsüchtigen ist schwammig, schlaff und enthält viele überflüssige Stoffe; in der Wassertherapie muß also auf Entfernung und Abstoßung derselben hingearbeitet werden, damit die Organe wieder in den normalen Zustand kommen.

Dagegen darf dem Körper nicht die notwendige Nahrung entzogen werden, weil diese ja zur Regenerierung des ganzen Organismus notwendig ist und weil nur dann, wenn dieser gut funktioniert, ein rascher Stoffwechsel und die Entfernung und Abstoßung des Überflüssigen möglich sind. Es muß darum eine Kost empfohlen werden, die gutes Blut gibt und den Körper bei Kräften erhält.

Die Anwendungen, welche der Hydropath dem Fettsüchtigen zur Kräftigung des Körpers vorschreibt, sind Schenkel-, Rücken- und Vollguß, während das Halbbad, der kurze Wickel und der Spanische Mantel besonders auf Auflösung und Ausleitung der überflüssigen Stoffe einwirken. Wenn jemand den Blitzguß gut zu geben versteht, so wirkt dieser gerade beim Fettsüchtigen außerordentlich gut; allein es muß dabei große Vorsicht gebraucht werden. Denn wenn der Patient sehr nervös wäre, so würde sich seine Nervosität bei starken Blitzgüssen nur noch steigern.
Statt des Blitzgusses reicht auch der Vollguß vollständig aus. Wöchentlich ein- oder zweimal kann man dem Patienten einen kurzen Wickel geben oder statt dessen einen Unter- und Oberaufschläger oder einen Spanischen Mantel.

Ein Beispiel aus der Praxis:

Ein Herr, 54 Jahre alt, ein halber Riese, ist ungewöhnlich stark: »Ich weiß fast nicht mehr zu atmen, eine Treppe kann ich kaum besteigen, Appetit hätte ich, wenn ich aber esse, wird der Atem noch schwerer. Die Füße sind stark geschwollen und sind mir bleischwer. Die Ärzte sagen, ich hätte hochgradige Herzverfettung. Was man mir eingegeben und die vorgeschriebene Diät haben mir nichts geholfen.«

Kneipp wendet folgende Behandlungsweise an:

Zuerst muß der Oberkörper in Angriff genommen, beim unteren Teil des Körpers schwächer eingewirkt werden, bis der ganze Körper an Kraft gewonnen hat. Am besten wäre wohl der Oberguß, und zwar durch sechs Tage steigernd anzuwenden. Doch der Kranke kann sich nicht bücken. Dafür wird täglich zweimal der Oberkörper bloß gewaschen, daß die Hautporen geöffnet werden, um die Transpiration zu vermehren. Es wird dann fortgefahren mit den Rückengüssen, und der Kranke erhält eine Woche lang täglich zwei Rückengüsse, gesteigert von vier bis acht Kannen voll Wasser [d.h. in den ersten Tagen dauert der Guß zeitlich kürzer, später dann länger; Anmerk. d. Verfs.]**. Täglich werden zwei Schenkelgüsse vorgenommen, um die unteren Teile des Körpers zu kräftigen. In der dritten Woche kam den ersten Tag ein Halbbad, den anderen ein Rückenguß und dann jeden Tag ein kurzer Wickel von 1 1/2 Stunden zur Anwendung.**

Nach innen wurden Mittel gebraucht zur Ausleitung der schlechten Stoffe und zur Verbesserung der Verdauung. Anfangs Wermut-, Salbei- und Rosmarintee; später Zinnkraut-, Wacholder- und Dornschlehblütentee. Der Kranke blieb bei seinen bisherigen Speisen und Getränken, kurz bei der alten Lebensweise.

Ich halte es für sehr gewagt, sogar für sehr gefährlich, eine gewohnte, durch Jahre geübte Lebensweise zu ändern, um mit einigen wenigen Nahrungsmitteln den Körper hungrig abzufüttern. Wie die Organe des Körpers

zahlreich sind und jedes Organ anderen Zwecken dient und andere Nahrung braucht, so ist auch die Mannigfaltigkeit in den Nahrungsmitteln nur zu empfehlen.

Kneipp fügt jedoch hinzu, daß man sich in der Menge etwas einschränken sollte, da man gewöhnlich doch mehr ißt und trinkt, als zum Lebensunterhalt notwendig ist.
Zur Verdeutlichung führt er ein weiteres interessantes Beispiel an:

Ein 29jähriger Mann suchte mich auf und erzählte: »Ich habe sechs Wochen lang eine Entfettungskur gemacht und nur ein einziges Pfund an Körpergewicht abgenommen; kann ich hier entfettet werden?« Als er sein Rezept hatte, fragte er: »Welche Diät muß ich beachten?« Ich entgegnete, er solle nicht wenig essen, aber gut. Diese Worte ärgerten ihn, und er sagte: »Herr Pfarrer, ausspotten lasse ich mich nicht! Sie dürfen nicht glauben, ich sei ein Fresser oder Säufer. Ich habe diese sechs Wochen hindurch viel Hunger und Durst gelitten, und wenn es mir nicht ernst wäre, wäre ich nicht hierhergekommen.« Ich antwortete: »Es ist nicht Spott; gebrauchen Sie die Anwendungen und eine recht nahrhafte Kost, und Sie werden wieder zurechtkommen!«

Der Mann machte die Kur sechs Wochen hindurch und suchte mich dann wieder auf: »Es ist mir unbegreiflich, daß ich bei dem Hunger, den ich bei meiner früheren Kur ausgestanden, nicht mehr abgenommen habe, daß ich aber jetzt, obwohl ich die sechs Wochen gegessen und getrunken habe, was ich mochte, wenn auch nicht im Übermaß, um 29 Pfund leichter geworden bin und mich frisch und gestärkt fühle wie nie, während ich früher wie ein alter Mann herumschwankte.«

Magerkeit

Wie es Leute gibt, die eine besondere Anlage zur Korpulenz haben und selbst bei einfacher Kost aussehen, als ob sie in der Mast wären, so gibt es auch Leute, bei denen gerade das Gegenteil der Fall ist. Sie sind und bleiben mager, sie mögen essen und trinken, was sie wollen.

Kneipp unterscheidet die angeborene, die vererbte und die krankhafte Magerkeit.

Über die vererbte Magerkeit schreibt er:

Solche Leute sind meist gesund, kräftig und ausdauernd und werden kaum von einem Korpulenten übertroffen. Sie haben gewöhnlich den allerbesten Appetit, einen recht guten Schlaf, und selten hört man von ihnen eine Klage über Krankheiten.

Denjenigen, welchen die Magerkeit keine Beschwerden verursacht, die sich dabei gesund und kräftig fühlen, würde ich raten, ihren Körper gehörig abzuhärten, damit sie sich dadurch vor manchen Krankheiten schützen und durch Kräftigung der bestmögliche Zustand lang erhalten bleibt.

Wenn ein solcher Magerer wöchentlich zwei Halbbäder nimmt und ein bis zwei Oberkörperwaschungen sowie von Zeit zu Zeit barfuß geht oder Wasser tritt oder auch einen Knieguß nimmt, so wird er sicher seinem Beruf leichter nachkommen und auch ein frischeres, gesünderes Aussehen bekommen.

Ganz anders verhält es sich jedoch bei den Leuten mit krankhafter Magerkeit:

Die einen klagen über Appetitlosigkeit und Schwächegefühl, fühlen sich selten eigentlich wohl und kräftig; die

anderen klagen über die verschiedensten körperlichen Gebrechen und erzählen von Rückenleiden, heftigen Kopfschmerzen, Schmerzen in den Füßen usw. Sie vertragen in der Regel keine gesunde, kräftige Kost, und darum ist auch der ganze Körper recht gebrechlich.

Kneipp empfiehlt hier folgende Wasserbehandlungen:

Bei den krankhaft Mageren ist es notwendig, einerseits allgemein auf den ganzen Körper einzuwirken, damit er abgehärtet, gekräftigt und gefestigt werde, und andererseits die Hauptgebrechen nach und nach zu beseitigen. Jeder, der über Magenleiden klagt, muß dafür sorgen, daß der Magen besser verdaut und daß durch erhöhte Muskeltätigkeit des Körpers alles Krankhafte ausgeschieden wird. Denn auf jeden Fall ist entweder der Magen nicht in Ordnung, oder es ist die Untätigkeit des Organismus so groß, daß die Natur nicht imstande ist, die Kost gehörig zu verarbeiten und auszunützen.

Ein Beispiel aus der Praxis:

Ein Bursche von 18 Jahren klagte über beständiges Magenleiden, über Drücken, Aufstoßen und mitunter auch Erbrechen. Dabei war er so mager, daß man ihm ansah, er könne nicht gesund sein.

Nachdem er 14 Tage lang jeden dritten Tag ein Halbbad, den einen Tag einen Schenkelguß, den anderen einen Rückenguß genommen und ferner jeden zweiten Tag eine Oberkörperwaschung gemacht hatte, waren alle seine Magenbeschwerden verschwunden; er bekam den besten Appetit und ein gesundes Aussehen – wieder ein Beweis, daß der Fehler nicht immer allein im Magen liegt, sondern daß die Natur überhaupt nicht in gehöriger Tätigkeit ist.

Meist sind auch Leute, die an Ausschlag gelitten haben oder von Zeit zu Zeit einen Ausschlag oder auch nur heftiges Jucken am Körper bekommen, sehr mager. Bei diesen

findet sich ganz sicher kranker Stoff, der eine fortgesetzte Hitze unterdrückt, so daß die Verbrennung und der übermäßige Verbrauch der Stoffe eintritt, die zum Aufbau und zur Erhaltung der Natur dienen sollen.

Ob die Magerkeit nun vererbt oder krankhaft ist – in beiden Fällen empfiehlt Kneipp folgende Ernährung:

Wenn schon im allgemeinen eine gesunde, nahrhafte Kost eine Hauptbedingung guten Gedeihens ist, so müssen gerade magere Leute eine recht kräftige und einfache Kost gebrauchen, damit die Natur die gebotene Nahrung gehörig verdauen und verwerten kann. Der Fettsüchtige kommt vor allem durch eine trockene Kost wieder in einen normalen Zustand; gerade so ist auch bei Magerkeit die trockene Kost das beste Mittel.

Krankheiten der Bewegungsorgane

Rheumatismus

Was kommt heutzutage häufiger vor als Rheumatismus? Vor 40 bis 50 Jahren kamen selten solche Zustände vor, heute jedoch tausendfach in allen Ständen; selbst die Landleute, die früher davor durch ihre schwere Arbeit, ihren Schweiß geschützt waren, sind jetzt zahllos damit geplagt und oft zu ihrem Beruf ganz unfähig gemacht. Sicher haben diese Übel ihre Hauptursache in der großen Verweichlichung, der man zum Opfer gefallen ist. Davor schützen nur eine vernünftige Abhärtung und eine vernünftige Kleidung, damit der Körper nicht durch die Kleidung zu einer Treibhauspflanze werde.

So schrieb Kneipp bereits vor mehr als 100 Jahren!

Kneipp sieht primär die Kälte als Ursache für rheumatische Schmerzen; sei es durch einen raschen Wechsel vom Warmen ins Kalte oder durch Kälte, die längere Zeit auf den Körper einwirkt. Doch auch Zugluft, feuchte Wohnungen oder ein feuchtes Klima können Rheumatismus hervorrufen. Eine wichtige Rolle bei dieser Krankheit spielt teilweise auch der Beruf, da man in manchen Sparten vielfach genötigt ist, sich einem ständigen Temperaturwechsel auszusetzen.

Durch die Kälte, die durch die Poren in den Körper eindringt, wird die Naturwärme verdrängt, die Poren ziehen sich zusammen, und die Zirkulation des Blutes wird gestört. Es treten Anstauungen, teils auch Entzündungen ein, die sich durch Steifheit und Schmerzen bemerkbar machen.

Muskelrheumatismus

Der Muskelrheumatismus kommt besonders häufig zur Herbst- und Winterszeit vor, aber auch im Frühling ist er nicht selten. Gewöhnlich meldet er sich dann, wenn der Temperaturwechsel recht schroff ist, wenn es bald warm und bald kalt, oder wenn die Luft bald feucht und bald trocken ist.

Der Muskelrheumatismus, der, wie oben beschrieben, durch Kälte entsteht, muß nicht immer nur eine Körperpartie befallen, sondern kann von einem Körperteil zum anderen wandern. In schwereren Fällen dauert er mehrere Wochen oder Monate. Es bilden sich dann Verhärtungen, die nur schwer wieder wegzubringen sind. Manchmal bekommt der Patient auch Fieber oder Hitze.

Solange nur einzelne Stellen angegriffen sind und der Rheumatismus noch wandert, ist die Krankheit noch nicht so bedenklich. Wenn er sich aber auf den größeren Teil des Körpers ausgedehnt hat und schon mehrere Verhärtungen sich gebildet haben, dann steigert sich nicht nur der Schmerz, sondern auch die Steifheit der Muskeln, so daß der Patient sich schließlich nicht mehr bewegen kann und vor Schmerzen aufschreit, wenn man ihn nur berührt.

Die Heilung des Muskelrheumatismus ist ohne Zweifel schwierig, und Medikamente sind hier ganz ohnmächtig; denn nimmt man sanfte, so nützen sie nichts, nimmt man

starke, so reißen sie mehr nieder, als sie aufbauen. Hier heißt es: Was in die Natur eingedrungen ist und im Inneren Schaden angerichtet hat, das muß alles ausgeleitet werden.

Kneipp rät bei ersten Anzeichen des Rheumatismus zu folgender Behandlung:

Jemand bekommt z.B. durch Zugluft einen steifen Hals, so daß er ihn weder nach rechts noch links ordentlich bewegen kann.
Er soll sich ins Bett legen, jede halbe Stunde den Hals mit kaltem Wasser abwaschen und, ohne ihn abzutrocknen, rasch ein trockenes Handtuch umbinden. So tritt zuerst auf die Waschung eine erhöhte Wärme ein, und das trockene Tuch nimmt diese Wärme auf, wodurch die Stelle noch mehr erwärmt wird. Damit ist der Anfang zur Ausleitung gemacht. Nach 20–30 Minuten wird die Waschung wiederholt und das trockene Handtuch locker, doch gut anschließend umgebunden. Wenn man so drei bis vier Stunden fortmacht, wird der Hals wieder weich und biegsam und, nachdem durch die wiederholte Einwirkung alles Schädliche aufgelöst und ausgeleitet ist, vom Rheumatismus frei sein.

Wie am Hals, so kann auch in irgendeinem anderen Körperteil ein noch nicht veralteter Rheumatismus durch Waschung und trockene Einwicklung entfernt werden.

Bei verhärteten Rheumatismen empfiehlt Kneipp eine stärkere Auflösung:

Diese wird erzielt durch Wickel, sei es von warmem Zinnkrautwasser oder von Heublumenabsud. Aber auch in diesem Fall muß stets ein Wechsel mit Anwendungen von kaltem Wasser stattfinden, d.h. es muß entweder gewaschen oder gegossen werden. Wenn dagegen der Rheu-

matismus sich über mehrere Körperteile ausgedehnt hat, muß auch immer auf alle diese gemeinschaftlich eingewirkt werden, sowohl mit den Wickeln als auch mit den Waschungen oder Gießungen.
Es hat z.B. jemand einen ganz steifen Schenkel, und er ist durch und durch voll Rheumatismus. Da könnte man glauben, es genüge, auf das kranke Bein einzuwirken und es sei nicht notwendig, daß auch der übrige Körper in die Behandlung hineingezogen werde. Gerade in diesem Fall halte ich es für das Notwendigste, durch allgemeine Anwendungen die Krankheit zu beseitigen. Es wären somit in der Woche folgende Anwendungen zu machen: drei Schenkelgüsse, ein bis zwei Halbbäder, ein Rückenguß und ein Vollbad.

Wie die Gießungen und Bäder nur von kurzer Dauer sein dürfen, so dürfen auch die Wickel nicht zu lange dauern; denn wenn ein Wickel ziemlich heiß geworden ist und dann noch länger liegenbleibt, so nimmt der Rheumatismus noch viel mehr zu; die Entzündung wird ausgedehnter und stärker.

Kneipp ist ein Gegner der warmen Bäder, die im allgemeinen bei Rheumatismus verordnet werden. Trotz ihrer erhöhten ausleitenden Wirkung schätzt er sie nicht, da der Körper dadurch verweichlicht werde und beim geringsten Temperaturwechsel der alte Rheumatismus wiederkehre.

Auch nach innen kann beim Rheumatismus auf leichte Weise eingewirkt werden:

Man sorge für eine einfache, nahrhafte Kost, damit sich ein gutes Blut bilden kann; ferner für eine gute Verdauung und einen geregelten Stuhlgang. Wenn somit ein guter Appetit und ein gehöriger Stuhlgang vorhanden sind, so ist es gar nicht notwendig, weitere Mittel einzunehmen.

Fehlt es aber an Appetit, muß durch einen passenden Tee (Salbei mit Bitterklee und Wermut, Tausendgüldenkraut, Spitzwegerich und Schafgarbe, Angelikawurzel und Tausendgüldenkraut, Ginster, Heidekraut und Wermut) nachgeholfen werden. Fehlt es am Stuhlgang, so nehme man stündlich oder auch halbstündlich einen Löffel voll Wasser. Sollte dies auch nicht ausreichen, kann der Kranke täglich ein- oder zweimal ungefähr 8–10 Minuten auf ein mehrfach zusammengelegtes Tuch sitzen, das in ganz kaltes Wasser getaucht wurde.

Gelenkrheumatismus

Der Gelenkrheumatismus unterscheidet sich vom Muskelrheumatismus dadurch, daß er in den Gelenken seinen Sitz hat. Dort häuft sich alles an, was dieser Rheumatismus an verdorbenen Stoffen im Körper zusammenbringt. Durch Verdichtung und Verhärtung dieser Stoffe kann eine feste Masse entstehen, so daß das Gelenk in seiner Gebrauchsfähigkeit vollständig behindert sein kann.

Auch hier unterscheidet man den akuten und den chronischen Gelenkrheumatismus.

Über den akuten Rheumatismus, der sich so schnell wie eine Entzündung entwickeln, jedoch Wochen oder auch Monate dauern kann, schreibt Kneipp:

Wer von einem solchen Rheumatismus befallen wird, spürt zuerst an irgendeinem Gelenk, meistens aber am rechten Knie, einen brennenden Schmerz, der sich bis zur Unerträglichkeit steigert: Es entsteht Fieber, das Gelenk fängt stark zu schwellen an, die Haut wird rot und glänzend, und bald vermag der Kranke das Glied nicht mehr zu bewegen. Hat die Krankheit schon weitere Fortschritte

gemacht, so geht sie nach und nach von einem Gelenk zum anderen, so daß sich der Patient schließlich nicht mehr zu bewegen vermag.
Schon aus den Gesichtszügen sieht man, wie schwer der Kranke leidet. Er sucht eine Lage, in der er seine Schmerzen ertragen könnte, findet sie aber nicht. Es fehlt ihm auch der Appetit, und meist hat er Durst, den er nicht zu stillen weiß; sein Schlaf ist kurz und unruhig, der Stuhlgang meist verhärtet. Nicht selten hat der Kranke auch bedeutende Beschwerden beim Urinieren; der Urin selbst ist stark gesättigt, mit viel Unrat vermischt, und alle Umstände weisen darauf hin, daß weder in der Verdauung noch in der Zirkulation des Blutes Ordnung herrscht, noch auch eine gleichmäßige Naturwärme vorhanden ist.

Was die Heilung betrifft, so muß man wohl unterscheiden, ob der Kranke recht abgemagert oder ob er noch ziemlich bei Kräften ist. In letzterem Fall können kräftigere Anwendungen gemacht werden. Fehlt es aber an Naturwärme und ist der allgemeine Zustand tief heruntergekommen, so muß mit den gelindesten Anwendungen begonnen werden. Ein solcher Kranker kann nur durch Ganzwaschungen, welche täglich ein- bis zweimal gemacht werden, zu einer gleichmäßigen Erwärmung und zur regelmäßigen Transpiration gebracht werden. Dann werden auch täglich ein- bis zweimal die vom Rheumatismus stark befallenen Stellen besonders gegossen. Ist dagegen der Kranke noch ziemlich im Besitz seiner Naturkraft und -wärme, so kann er täglich eine Ganzwaschung oder statt dessen ein- oder zweimal eine kräftige Gießung vornehmen; außerdem werden die schmerzenden Gelenke noch besonders durch Güsse behandelt.

Was die Einwirkung nach innen betrifft, so gilt hier das gleiche, was oben beim Muskelrheumatismus gesagt wurde.

Über den chronischen Rheumatismus schreibt Kneipp:

Der chronische Gelenkrheumatismus ist nicht ein vorübergehender Zustand wie der akute, der vielleicht ein-, zwei- oder dreimal im Jahr kommt und wieder vergeht, sondern er ist ein bleibender Zustand, weil er sich in den Gelenken festsetzt und Verhärtungen bildet, die nicht mehr leicht und zuweilen gar nicht aufgelöst und entfernt werden können, wie allgemein angenommen wird.

Solche Patienten sehen gewöhnlich recht leidend aus; sie haben eine blasse Farbe, eingefallene Gesichtszüge, wenig Schlaf und wenig Appetit. Die Schmerzen sind meist sehr stark, während wenig Hitze oder Fieber vorhanden ist. Der Witterungswechsel hat auf den Kranken einen auffallenden Einfluß, weil er bei jeder Witterungsveränderung heftige Schmerzen oder Brennen und Stechen in den von der Krankheit befallenen Gelenken fühlt.

Auch beim chronischen Gelenkrheumatismus wirkt Kneipp bei der Heilung wieder darauf ein, daß die Verhärtungen aufgelöst und die kranken Stoffe ausgeschieden werden.

Wenn nur einzelne Gelenke vom Rheumatismus befallen sind, halte ich es für das Beste und Zweckmäßigste, sie mit Wickeln von Heublumen-, Haferstroh- oder Fichtenreiserabsud zu behandeln. Diese Wickel können von einer Dreiviertelstunde bis zu zwei Stunden dauern; wenn sie jedoch länger als eine Stunde dauern, muß das Tuch erneut in den Absud getaucht werden, weil sich entweder zuviel Wärme entwickelt und dann das Übel noch schlimmer wird, oder weil die Wirkung des Wickels aufhört und dann eher Kälte eintritt, was wiederum schädlich ist.

So notwendig die warmen Wickel sind, so darf man jedoch die kalten Anwendungen nicht unterlassen, einerseits, weil bei solchen Erkrankungen der ganze Körper lei-

det und gekräftigt werden muß, und andererseits, weil ja auch das kalte Wasser löst und heilt, so daß kalte und warme Anwendungen im Wechsel vorzunehmen sind.
Je nachdem also der Kranke kräftiger oder schwächer ist, kann er täglich ein- oder zweimal einen Wickel nehmen, ferner eine oder zwei Gießungen auf den leidenden Körperteil und dann täglich oder jeden zweiten Tag eine Anwendung auf den ganzen Körper, bei großer Schwäche eine Waschung, sonst aber einen Schenkel- oder Rückenguß oder ein Halbbad.

Hautkrankheiten

Ausschläge

Es kommt sehr häufig vor, daß an einzelnen Teilen des Körpers sich ein stärkerer oder schwächerer Ausschlag zeigt, welcher rasch auftritt, meistens nur kurze Zeit sichtbar ist und schnell wieder verschwindet. Man schenkt denselben wenig oder gar keine Acht. Zuweilen indessen können sie recht lästig werden und plagen dann die Brust, den Rücken, die Arme, die Beine oder andere Stellen des Körpers. Diese Kleinigkeiten sind also doch nicht so kleinlich; sie können, vernachlässigt, insbesondere in der Reinlichkeitspflege, große und schwere Folgen haben.

Kneipp zählt neben Fieber, Kopfschmerzen, Abzehrung, Lungen- und Herzleiden, Leber- und Nierenleiden sogar Fälle von Geistesstörungen auf.
Jedem derart Geplagten rät Kneipp, früh genug damit zu beginnen, wöchentlich, z.B. jeden dritten Tag, Anwendungen mit Wasser vorzunehmen. Er empfiehlt der Reihe nach: die kalten Ganzwaschungen, den Spanischen Mantel und den kurzen Wickel.

Man erschrecke nicht, wenn nach der einen oder nach der anderen Anwendung der Ausschlag stärker auftritt. Das ist ja ein trefflicher Beweis ihrer Wirkung. Man stellte die

Anwendungen nur nicht ein, sondern fahre um so entschiedener damit fort!

Ein Beispiel aus der Praxis:

Maria erzählt: »Manchmal ist mein Gesicht voll Ausschlag; verschwindet er, dann kommt er meistens an den Armen oder an den Füßen oder an anderen Teilen des Körpers zum Vorschein. Ich habe schon mehrere Ärzte gebraucht und auch von diesen Salben zum Einreiben oder scharfes Wasser zum Abwaschen bekommen. Manchmal verschwand der Ausschlag sehr schnell, zeigte sich aber bald wieder an einer anderen Stelle. Ich gebrauchte Jahre hindurch die verschiedensten Mittel, der Ausschlag aber verbreitete sich immer weiter; meine Kraft nahm bedeutend ab, und auch mein ganzes Aussehen war nicht mehr gesund.«

Kneipp verordnete ihr folgendes:

Maria mußte zweimal in der Woche ein Hemd anziehen, welches in Heublumenwasser getaucht war, und sich so eine ganze bis eineinhalb Stunden in eine Wolldecke [heutzutage verwendet man zusätzlich noch ein Zwischentuch; Anmerk. d. Verfs.] **einwickeln. Ferner mußte sie in der Woche zwei Halbbäder nehmen in der Dauer von zwei Sekunden, und weil sie noch kräftig genug war, bekam sie in der Woche zwei Vollgüsse. Das Hemd löste die Krankheitsstoffe auf und leitete dieselben aus, und zwar am ganzen Körper. Die Halbbäder kräftigten die Natur, so daß sie die Krankheitsstoffe auszustoßen imstande war. Die Vollgüsse brachten große Tätigkeit im gesamten Organismus hervor, bewirkten eine gleichmäßige Wärme und ebenso eine gleichmäßige, starke Transpiration.**

Die Wirkung war:

Nach sechs Tagen zeigte sich der Ausschlag am ganzen Körper nur mehr in der Form einer schwachen Röte. Nach

zwölf Tagen war auch der letzte Rest des Ausschlages am ganze Körper verschwunden, und Maria bekam jetzt folgende Anwendungen: ein nasses Hemd, zwei Schenkelgüsse, zwei Halbbäder und einen Vollguß. Diese Anwendungen gebrauchte sie noch vierzehn Tage lang und war dann vollständig gesund; sie bekam den besten Appetit und ruhigen Schlaf; ihre Kräfte vermehrten sich von Tag zu Tag.
Nach innen mußte sie täglich morgens und abends 3–4 Löffel voll Tee von Eichenrinde, Salbei und Wermut nehmen.

Übermäßiger Schweiß

Wenn ein in Wasser getauchtes Tuch an die Luft gehängt wird, so dünstet nach und nach der Wasserstoff aus, und die Luft nimmt ihn auf. Gerade so geht es beim menschlichen Körper; wenn aus den Schweißdrüsen die Flüssigkeit austritt und in der Luft verdunstet, so ist das nichts Besonderes. Wenn aber starke Kraftanwendungen oder gesteigerte Tätigkeit den Körper mehr als gewöhnlich in Anspruch nehmen, dann tritt eine größere Menge an Schweiß aus den Poren, so daß er nicht selten über das Gesicht und über den Körper in großen Tropfen herunterrinnt. Eine gleiche Wirkung können auch Angst, Furcht, Schrecken, Freud und Leid auf die Schweißabsonderung haben. Die Schweißdrüsen leeren sich, die Natur wird dann immer ärmer an Flüssigkeit, und es kommt gewöhnlich auf großen Schweiß Durst, weil die abgegangene Flüssigkeit wieder ersetzt werden muß.

Es gibt Naturen, die sehr leicht und viel in Schweiß kommen, die bei jeder, selbst der geringsten Anstrengung wie

im Schweiß gebadet und deshalb, abgesehen von der Mattigkeit und Müdigkeit, den Katarrhen, Erkältungen, Entzündungen usw. recht ausgesetzt sind.
Es gibt z.B. sehr viele Leute, die unter der Achselhöhle den ganzen Tag schwitzen; ob sie viel oder wenig arbeiten, immer ist es dort feucht oder naß.
Ebenso ist auch der Fußschweiß nichts anderes als eine starke Ausscheidung an den Füßen. Oder es gibt welche, deren Hände beständig naß sind, ja denen selbst die Schweißtropfen von den Fingern herablaufen. Auch gibt es wieder viele Leute, die nur am Kopf schwitzen, selten am Körper.
Der Schweiß kann auch noch an anderen Stellen auftreten, die nicht immer beobachtet werden und daher manchmal mehr oder weniger Folgen haben. Je fehlerfreier eine Maschine in ihrem Gang ist, um so mehr leistet sie; wenn aber in derselben Störungen eintreten, so geht die Maschine schlechter. Gerade so ist es in der Natur. Wenn die Ausscheidung des Schweißes nicht in Ordnung, d.h. wenn sie entweder zu stark oder zu schwach ist, dann ist der Mensch krank, weil die gleichmäßige Tätigkeit nicht mehr da ist.

Ein Beispiel aus der Praxis:

Ein Herr von Stand schwitzte jede Nacht so, daß am Morgen die ganze Matratze sowie das Kopfkissen und das Oberbett durchnäßt waren; ein nächtliches schweres Kreuz, das ihn immer mit der Angst vor dem Schlafengehen erfüllte. Zu dieser Last gesellte sich noch eine zweite, nicht geringe Unannehmlichkeit. Bei der größten Sorgfalt und der sorgfältigsten Einhüllung und Vermummung nämlich konnte der Herr im Winter den ewigen Katarrh nicht loswerden. Dazu das stete Schwitzen; man roch die Kleider selbst schon von weitem. Ein lästiges Übel in der Tat!

An schnelle Heilung darf bei diesem Leiden nie gedacht werden, nur an die allmähliche Stärkung des durch so vieles Schwitzen entkräfteten Körpers und an fortgesetzte Ausleitung der krankhaften Stoffe. Ungeduldig darf der Patient nicht werden. Der unsrige hat bewiesen, was bei Ausdauer und Pünktlichkeit die Anwendung von Wasser vermag. Als Lohn seiner Treue erhielt er die volle Gesundheit wieder.

Folgende Anwendungen riet Kneipp diesem Patienten:

Ziehe dreimal in der Woche den Spanischen Mantel an. Hindert dich während des Tages dein Beruf, so lege ihn beim Schlafengehen als Nachthemd um, 1½–2 Stunden. Wasche dich zwei- bis dreimal wöchentlich, oder wenn du schlaflose Nächte hast, zwei- bis dreimal in der Nacht vom Bette aus! Solltest du gerade im Schweiß sein, so wasche dich doppelt kräftig, aber schnell, gehe gleich wieder, ohne dich abzutrocknen, zu Bett und decke dich gut zu und habe, wenn möglich, das Bett nicht in einem ganz kalten Zimmer!

Merke dir gut: Mit dem Spanischen Mantel mußt du die Anwendung beginnen. Und wenn du seine wohltätigen Wirkungen erfahren hast, wirst du es nicht versäumen, ihn wöchentlich wenigstens einmal 1½–2 Stunden zu tragen. Auch eine einmalige Ganzwaschung in der Woche als weitere Zugabe sollte dir den Wasserappetit nicht verderben.

Noch eine Bemerkung schulde ich an dieser Stelle. Wohl kaum etwas wird im Leben so sehr gefürchtet, als wenn man im Schweiß das kalte Wasser anwenden soll. Es kommt eben hier wie sonst im Leben nicht allein auf das »Was«, sondern auf das »Wie« an, wie die Leute die Anwendung mit Wasser vornehmen. Meine nach so langer Erfahrung und Übung gewonnenen Grundsätze sind:

1. Wer naß ist durch Schweiß, Regen usw., darf sich nicht der Kälte oder Zugluft aussetzen; das würde sich rächen.
2. Wen friert, der soll ja nichts mit Wasser anfangen.
3. Wer aber schwitzt, sei es krankhaft oder durch Gehen oder Arbeit, darf ganz kurz ein kaltes Bad oder eine kalte Ganzwaschung vornehmen; er muß aber (ohne sich abzutrocknen) schnell trockene Kleidung anziehen und Bewegung machen, bis auch der Körper trocken ist.

Fußschweiß

Der Fußschweiß ist ganz besonders zu behandeln. Man soll ja nicht glauben, daß alles, was aus den Füßen herausfließt, nur vom Fuß herkommt; das müßten ja Füße sein so dick wie ein ganzer Leib. Also ist der Fußschweiß ein Schweiß aus dem Körper, der durch die Füße abgeleitet wird. Wenn man einen solchen Fußschweiß gewaltsam zu verdrängen sucht, so daß man die Öffnung zupflastert, so weckt man den kranken Stoff im Körper; es treten im Inneren Anstauungen ein.

Kneipp rät zu folgender Behandlung:

Dieser Schweiß läßt sich recht leicht heilen, wenn man auf den ganze Körper einwirkt, weil dadurch eine gleichmäßige Transpiration entsteht und alles Abgenützte ausgeleitet wird.

Am besten und sichersten werden beide Füße ganz eingewickelt in Tücher, die in Heublumen- oder Fichtenreiserabsud getaucht sind. Diese Umschläge saugen die faulen Stoffe auf, und die beiden Kräuter haben zugleich kräftigende und heilende Wirkung. Man nehme 5–6 solcher Wickel innerhalb zehn Tagen; danach vierzehn Tage lang täglich ein warmes Fußbad (das bis an die Waden hinaufreicht) von je zehn Minuten mit dreimaligem Wechsel und einer stets kalten Abwaschung (höchstens eine Minute lang). Schließlich wird in der Woche ein wie oben beschriebener Fußwickel oder ein solches Fußbad ausreichen. Nach gestillten Fußschweißen ist es vortrefflich, zuweilen eine Viertelstunde im nassen Gras barfuß zu gehen [im Winter empfiehlt Kneipp sogar, für kurze Zeit barfuß im frisch gefallenen Schnee zu laufen; Anmerk. d. Verfs.]. Wer das nicht kann, gehe vor dem Schlafengehen einige Minuten in seinem Zimmer barfuß auf und ab. Man sollte nicht glauben, wie vorteilhaft, wie kräftigend und abhärtend die frische Luft auf so entblößte, dem Wollstrumpfzwang entrissene Füße wirkt!

3. Teil

Die Pflanzenheilkunde (Phytotherapie)

Einleitung

Je länger ich mich mit den Kranken abgebe, um so klarer wird mir, daß Gott, der Schöpfer aller Dinge, uns die halbe Apotheke im Wasser und die andere Hälfte in den Kräutern bestimmt hat.

Kneipp schreibt in »Mein Testament«:

Wenn man eine gut eingerichtete Apotheke beschaut und betrachtet, so muß man notwendig denken: Es gibt doch recht viele Mittel, welche geeignet und bestimmt sind, den Kranken Hilfe oder doch Linderung zu bringen. Wenn dagegen ich behaupte: Wasser und Kräuter sind auch eine Apotheke, um die menschlichen Gebrechen und Krankheiten zu heilen, so könnte manchem der Gedanke kommen: Kräuter und Wasser sind doch zu unbedeutend gegen die große Anzahl der Krankheiten und Leiden. Doch sachte! Wie man aus einem großen Ballen Tuch mehrere Kleider machen kann, so kann man auch mit dem Wasser eine recht große Anzahl verschiedener Anwendungen machen, vielleicht nicht weniger, als man in der Apotheke Gefäße mit Medikamenten füllt.

Die Pflanzenheilkunde ist neben der Wasserheilkunde Hauptbestandteil der Kneippschen Lehre. Sebastian Kneipp befaßte sich sehr intensiv mit den verschiedensten Heilpflanzen, angefangen von bekannten und weit verbreiteten Arten wie z.B. der Kamille, bis hin zu ausgefallenen Exemplaren, deren Namen man vielleicht noch nie gehört hat oder die schon fast in Vergessenheit geraten sind.

Während Kneipp vor über 100 Jahren ein großes Augenmerk darauf hatte, daß die Heilkräuter noch selbst gesammelt und zubereitet wurden, bekommt man die Kräuter heutzutage in der Apotheke in Form von hochwertigen, gebrauchsfertigen und meist auch haltbaren Extrakten, Tees, Ölen, Tinkturen und Pillen.

Jedoch sollen hier die genauen Hinweise, die Kneipp als Hilfe zum Sammeln der Heilpflanzen gibt, nicht weggelassen werden. Sie sind heute noch so aktuell wie damals. Vielleicht möchte ja so mancher den wenn auch mühsamen Weg des eigenhändigen Sammelns selbst ausprobieren. Denn es gilt nach wie vor: Je frischer die Heilpflanzen sind, desto besser ist ihre Wirkung.

Der zweite Teil des Buches »Meine Wasserkur« mit der Überschrift *Apotheke* enthält Kneipps Ausführungen über die Heilmittel. In der Einleitung schreibt er:

> **Zu den Dingen, welche ich verabscheue und hasse, zählt das Geheimmittel-Wesen, die Krämerei mit Heilmitteln, welche als Geheimnis des Erfinders gelten. Diesen Vorwurf soll mir niemand machen können. Darum öffne ich in diesem zweiten Teil die Läden meiner Apotheke und lasse einen jeden hineinschauen und hineinschmecken bis ins letzte Teeschächtelchen und ins kleinste Ölfläschchen.**
>
> **In jeder Apotheke steckt ein teures Geld; in der meinigen ist nicht viel Rares. Ich gestehe das sehr gerne zu und betrachte diesen leicht möglichen Vorwurf als einen großen Vorzug meiner Apotheke.**

Fast sämtliche meiner Tees, Extrakte, Öle und Pulver rühren von früher geachteten, jetzt vielleicht verachteten, spottbilligen Heilkräutern her, welche der liebe Herrgott im eigenen Garten, auf freiem Felde, manche ums Haus herum, an abgelegenen und unbesuchten Stellen wachsen läßt, Heilkräuter, die meistens keinen Pfennig kosten. Was auf trockenem Grund wächst, gar an sonnigen Berghängen, verdient den Vorzug, und welche Pflanzen du in der schönsten Blütezeit sammelst, diese werden dir die herrlichste und gesegnetste Frucht bringen. Die Garten- und Feldkräuter sollen jedes Jahr neu gesammelt, die alten weggeworfen werden.

Lange Jahre habe ich sondiert und geprüft, getrocknet und zerschnitten, gesotten und gekostet; kein Kräutchen, kein Pulver, das ich nicht selbst versucht und als bewährt befunden habe!
Pflanzen mit zweifelhafter oder ungünstiger Wirkung oder gefährliche Giftpflanzen habe ich grundsätzlich übergangen.

Wer sämtliche Artikel dieser Apotheke überblickt, sieht sofort, daß sie, wie die gesamten Wasseranwendungen selbst, dreifachen Zweck haben: ungesunde, kranke Stoffe im Inneren aufzulösen, auszuleiten und sodann den Organismus zu kräftigen. Insofern glaube ich mit vollem Recht behaupten zu können, daß beide Verfahren, das innere und das äußere, zusammenstimmen und einheitlich zusammenwirken.

Zubereitung der Heilmittel

Kneipp bereitete die Heilmittel in der Regel als Tinktur oder Extrakt, Tee, Pulver oder Öl auf.

Tinkturen oder Extrakte

Die inneren Heilkräfte können aus einer Pflanze in verschiedener Weise ausgezogen werden. Den besten, stärksten Auszug erhalten wir im eigentlichen Extrakt.

Der Extrakt wird folgendermaßen bereitet:
Man sucht unter den Kräutern und Beeren usw., aus denen man den Extrakt gewinnen will, die besten aus. Diese trocknet man auf einem Brett an der frischen Luft, stets jedoch im Schatten, niemals an der Sonne. Beim Trocknen wird sich noch manches zeigen, was als untauglich verworfen werden muß.

Nachdem die Kräuter, Beeren usw. gut getrocknet sind, zerkleinere, zerschneide man sie wenn notwendig und bringe sie in eine verschließbare Flasche (Weinflasche). Diese wird nun mit echtem Kornbranntwein – den ich allem andern vorziehe – oder alternativ dazu mit Fruchtbranntwein aufgefüllt und luftdicht verschlossen für einige Zeit an einen mäßig warmen Ort gestellt. (Sämtliche Kräuter, Beeren usw., die zu Extrakten dienen, können auch in Wein angesetzt werden, wie dieses an Ort und Stelle stets bemerkt ist. Dieser Wein dient indessen nur zum sofortigen, zumindest sehr schnellen Gebrauch, nicht zum Aufbewahren.) Ich habe derart gefüllte Flaschen schon ein Jahr lang und noch länger ruhig stehenlassen und dann erst den Alkohol als Extrakt abgegossen. Im Bedarfsfall kann man denselben schon wenige Tage nach dem Ansetzen in Gebrauch nehmen.

Die Tinkturen nimmt man tropfenweise; in gewissen Fällen (dies ist jedesmal ausdrücklich angegeben) wird auf den Kaffeelöffel (kleineres Maß) und auf den Eßlöffel (größeres Maß) hingewiesen.

Tee

Zu einer Tasse Tee nimmt man von getrockneten Kräutern (über das Trocknen lese man bei den Tinkturen und Extrakten nach) gewöhnlich so viel, wie man mit drei Fingern fassen kann, oder in Gramm ausgewogen neun Gramm.
Wurzeln, Rinden, Beeren und harte Kräuterstengel werden längere Zeit gekocht, während man Blätter und Blüten nur mit siedend heißem Wasser übergießt, bis zur Erkaltung stehenläßt und dann zum Gebrauch durchseiht.
Beeren und Kerne werden vorher zerdrückt. Hat man Rinde, Blüten und Blätter miteinander zu einem Tee zu verwenden, so kocht man zuerst die Rinde und gibt dann Blätter und Blüten dazu; der Tee wird dann feiner, und das Aroma der Blüten bleibt.

In dieser Weise bereiteter Tee hat den feinsten Geschmack mit dem besten, jeder Pflanze eigentümlichen Aroma, aber es ist nicht der kräftigste Tee.

Pulver

Das Pulver wird gewonnen, indem die trockenen Wurzeln, Blätter, Körner oder Beeren der Heilpflanzen zerrieben oder im Mörser zerstoßen werden. Es gibt nämlich Kranke, die Tee nicht trinken können; hier kann man sich dann mit Pulvern helfen, indem man diese in Oblaten gibt oder den Speisen beimengt. Die Bereitung des Pulvers ist etwas umständlich und kann von vielen wegen Mangel an Zeit gar nicht vorgenommen werden.
Die Gefäße, die zur Aufbewahrung dienen, seien des Staubes wegen recht sorgfältig verschlossen.

Öle

Die Öle, die ich meistens empfehle, sind ebenso leicht in der Apotheke erhältlich. Viele würden ja doch die Zubereitung derselben nicht verstehen, zumal sie auch nicht so leicht herzustellen sind.

Heilmittel von Ackerschachtelhalm bis Zwergholunder

Ackerschachtelhalm *(Equisetum arvense)*

Das Zinnkraut, auch Ackerschachtelhalm genannt, ist in ganz Europa verbreitet und wächst auf Wiesen und Feldern, an Wegen, bevorzugt auf feuchten Böden, z.B. in der Nähe von Bächen und Flüssen. Die Stengel, die 20–40 cm hoch werden, haben knotenartige Verdickungen, aus denen kleine Zweige wachsen. Daher stammt auch der Name Schachtelhalm, da diese Glieder wie übereinandergestapelt aussehen. Die Pflanze besitzt keine Blüten. Zu Heilzwecken werden die Stengel verwendet, die man zwischen Mai und Juli sammelt.

Hauptwirkstoff ist der hohe Anteil an Kieselsäure, der in den Stengeln enthalten ist. Das Zinnkraut zählt mit zu den mineralstoffreichsten Pflanzen und findet daher bei verschiedensten Erkrankungen Verwendung.

Die vielseitige und vorzügliche Wirkung dieses Heilkrautes kann nicht genug hervorgehoben werden. Es reinigt nicht bloß die Geschirre, weshalb es bei allen Hausfrauen als treffliches Putzmittel gilt, es reinigt und heilt auch innere und äußere Gebrechen des menschlichen Körpers.

Bei alten Schäden, faulenden Wunden, bei allen Geschwüren, sogar bei Beinfraß dient Zinnkraut in außerordentlicher Weise. Es wäscht aus, löst auf, brennt gleichsam das Schadhafte weg. Das Kraut wird entweder als Absud bei Waschungen, Wickeln, Auflagen verwendet, oder es wird selbst in nasse Tücher eingehüllt und auf die leidenden Stellen gelegt.

Häufigste Anwendungsbereiche des Zinnkrauts sind die von Kneipp verordneten Bäder, sei es als Teil- oder Sitzbad. Die Heilpflanze steigert die Durchblutung und wirkt wundheilend. Für diese Bäder benützt man fertige Badeextrakte aus der Apotheke.

Eine weitere äußerliche Verwendung des Zinnkrauts stellt der Tee in Form von Gurgel- und Spülwasser bei Entzündungen des Zahnfleischs sowie der Mund- und Halsschleimhäute dar.
Für den Tee bzw. den Absud überbrüht man drei Teelöffel des Krauts mit einer Tasse heißem Wasser und läßt den Aufguß etwa 20 Minuten kochen.

Mannigfaltiger noch sind die Dienstleistungen des Zinnkrautes nach innen.
Sein Tee, der nie schaden kann, reinigt den Magen. Man nehme von Zeit zu Zeit (nicht täglich) eine Tasse. Er lindert die Schmerzen bei Grieß- und Steinleiden und bringt vor allem den Leidenden Hilfe, die Beschwerden haben im Wasserlassen. Da ist er einzigartig, unersetzbar und unschätzbar.

Bei Blutungen, Blutbrechen zählt er mit zu den ersten und besten Teearten. Wer Blut bricht, nehme ihn schleunigst. Ich kenne Fälle, in denen nach vier Minuten schon völliger Stillstand eintrat.
Bei starkem Nasenbluten ziehe man durch die Nase wiederholt solchen Tee auf. Er wirkt zusammenziehend und hilft schnell.

Solchen, die von Blutflüssen heimgesucht werden, empfehle ich, täglich ein bis zwei Tassen dieses Tees zu trinken.

In jeder Hausapotheke sei Zinnkraut in genügender Menge vorhanden, daß man es im Notfall sofort zur Hand habe.

Eine Alternative zum Tee ist der in der Apotheke erhältliche Zinnkraut-Pflanzensaft, der eßlöffelweise eingenommen wird.

Aloe

Aloe ist der eingedickte Saft verschiedener Aloe-Arten. Aus diesem Saft – einer braunen, glänzenden Masse – stellt man hauptsächlich das Aloe-Pulver, die Tinktur, aber auch Kneipp-Aloe-Pillen her. Alle genannten Produkte sind in der Apotheke erhältlich.

Aloe ist sowohl innerlich als auch äußerlich verwendet von guter Wirkung. Siedet man eine bis zwei Messerspitzen Aloe-Pulver mit einem Kaffeelöffel voll Honig, so reinigt diese Mixtur den Magen gründlich ohne die geringste Belästigung.

Wird Aloe mit anderen Kräutern vermengt und als Tee bereitet, so ist die obige Wirkung noch nachhaltiger. Die Mischung hat gewöhnlich folgende Zusammensetzung: eine Messerspitze Aloe, Holunderblüten für zwei Tassen Tee, ein paar Messerspitzen *Foenum graecum*, ein Kaffeelöffel Fenchel. Die zwei Tassen Tee sind innerhalb von zwei Tagen zu nehmen. Die Wirkung, die nicht in heftigem Abführen, sondern lediglich in reichlichem Stuhlgang besteht, tritt erst nach 12–30 Stunden ein.

Dieselbe reinigende Kraft, die Aloe innerlich angewendet zeigt, hat sie auch bei äußerlichem Gebrauch.

Wer kranke, trübe, rot unterlaufene Augen hat, bereite sich aus Aloe ein vorzügliches Augenwasser. Eine kräftige Messerspitze Aloe wird in ein Glas geschüttet, mit heißem Wasser übergossen und gerüttelt. Das Augenwasser ist zum sofortigen Gebrauch fertig. Drei- bis viermal täglich wasche man die Augen äußerlich ab und innerlich aus. Das anfängliche Jucken und Brennen darf einen nicht stören.
Alte Schäden, tiefe Narben mit Eiter werden vorzüglich gereinigt durch solches Wasser, das sie heilt. Es werde zu diesem Zweck ein Lappen in Aloe-Wasser getaucht und auf die leidende Stelle gelegt.
Sollte an irgendeiner Körperstelle die Neubildung der Haut durch Geschwüre oder vielmehr durch austretende Flüssigkeit gehindert werden, so streue man Aloe-Pulver auf die Stelle, so dicht, daß der ganze offene Schaden bedeckt ist. Das Ganze wird trocken überbunden. Dieses täglich einmal. Das Pulver bildet, indem es die schlechten Stoffe aufsaugt, eine harte Kruste, unter der sich bald die neue Haut zeigt.
Bei all diesen Erscheinungen kann das reinliche und reinigende Heilmittel, wohin es immer komme (in das Auge oder in die Wunde), niemals schaden.

Angelika siehe Engelwurz

Anis *(Pimpinella anisum)*

Die Anis-Pflanze, die vor allem in den südlichen Ländern angebaut wird, stammt aus dem Orient. Der Stengel ist hoch und gerillt, die Blätter sind gefiedert, und die Doldenblüten sind weiß, eher unscheinbar und verströmen den typischen Anisduft. Ihre Blütezeit ist im Mai und Juni.

Anis ist vor allem wegen seiner aromatisch riechenden Früchte bekannt, die ätherisches Öl enthalten und besonders als Gewürz beim Backen Verwendung finden. Diese Heilpflanze wirkt verdauungsfördernd (z.B. bei Blähungen, Koliken), krampflösend (z.B. bei Magen- oder Unterleibskrämpfen) und hilft zudem bei Erkrankungen der Atemwege (z.B. Husten, Erkältung, Verschleimung).

Die Früchte werden als Tee angewendet. Man nimmt etwa einen Teelöffel voll, mit einer Tasse heißem Wasser aufgegossen; anschließend läßt man den Aufguß noch einige Minuten ziehen.

Anis ist wie Fenchel sehr zu empfehlen. Seine Wirkung auf Gase (Winde) übertrifft jene des Fenchels bei weitem. Meistens werden beide Heilmittel miteinander gemengt und verbunden.

Die Öle von Anis und Fenchel kauft man am leichtesten in der Apotheke. Gegen obiges Leiden genügt es, 4–7 Tropfen auf Zucker täglich ein- bis zweimal zu nehmen.

Anserine siehe Gänsefingerkraut

Arnika oder Bergwohlverleih *(Arnica montana)*

Die Arnika, die unter Naturschutz steht, ist in ganz Europa verbreitet. Auf ihren bis zu 60 cm hohen Stengeln sitzen die sehr auffallenden, kräftig orangefarbenen Blüten. Die Blätter haben eine längliche Form und sind an der Oberseite behaart. Die Blütezeit ist im Juni und Juli.

Grundsätzlich muß darauf hingewiesen werden, daß mit Arnika aufgrund möglicher Vergiftungserscheinungen sehr sorgsam umgegangen und sparsam dosiert werden muß.

Arnika besitzt in der ganzen Welt den Ruf einer vorzüglichen Heilpflanze. Sie wächst an waldnahen Wiesen, an gebirgigen, feuchten Orten, besonders auf nassen, moorigen Wiesen. Die Arnikablumen sind sehr leicht zu erkennen. Ihr Geruch ist stark.

Man verwendet von dieser Pflanze fast alles. Am wirksamsten sind die Blüten; die Wurzeln sind etwas schwächer, noch schwächer die Blätter und Stengel. Die Blätter geben einen guten Tee für Leberleiden; aus den Wurzeln bereitet man die bekannte Arnika-Tinktur.

Man kauft diese Tinktur billig; jeder kann sie aber auch leicht selbst bereiten. Die Blüten werden Ende Juni und Anfang Juli gesammelt und in Branntwein angesetzt. Nach ungefähr drei Tagen schon kann die fertige Tinktur in Gebrauch genommen werden.

Arnika wird vor allem äußerlich angewendet:

Bei Verwundungen ist unstreitig die Arnika das allereinfachste und wirksamste Mittel. Zuerst wird die Wunde sorgfältig ausgewaschen mit Wasser, in das Arnika-Tinktur gemischt ist, auf einen Viertelliter Wasser einen Löffel Tinktur. Ist die Wunde ausgewaschen, dann wird sie genau zusammengefügt, so daß sie geschlossen ist; dann wird das Ganze mit einer leinenen Binde zugebunden. Auf diesen Verband wird Baumwolle, in Tinktur getaucht, aufgelegt und eingebunden. Wie der Schmerz fast augenblicklich aufhört, so tritt auch kein Schmerz mehr ein; so gelinde geht die Heilung vor sich.

Bei kleinen Verwundungen reicht das einmalige Verbinden schon aus. Bei großen Verwundungen muß nachgesehen werden, ob sich kein Eiter bildet, der dann ausgewaschen und erneut eingetauchte Baumwolle aufgebunden werden müßte.

Die Arnika ist nicht bloß bei Verwundungen, sondern auch bei Quetschungen hervorragend; ebensogut kann sie zu Kompressen (Aufschlägen) verwendet werden.

Heilt die Arnika äußerlich Geschwüre, entfernt sie ungesunde giftartige Stoffe, warum soll sie nicht im Inneren Geschwüre heilen können? Natürlich muß die Tinktur stark verdünnt werden. 50–60 Tropfen werden mit einem Viertelliter Wasser gemischt und während des Tages in ganz kleinen Portionen eingenommen.

Innerlich soll Arnika jedoch nur auf ärztliche Verordnung hin verwendet werden, da eine Überdosierung des Heilmittels zu Vergiftungen führen kann. Richtig angewendet, hilft es bei Magenentzündungen, Kreislaufschwäche sowie bei Herzbeschwerden.

Attich oder Zwergholunder *(Sambucus ebulus)*

Am Rande der Wälder, besonders abgetriebener (ausgehauener), sieht man große Stauden, einen Meter und mehr hoch, die im Juli weiße große Doldenblüten, im Herbst prächtige, schwere, glänzende Doldentrauben tragen. Das ist Attich oder Zwergholunder.

Die Wurzeln dieser Pflanze sammelt man im Herbst oder Frühling, schneidet sie in Stücke und trocknet sie. Der Tee, aus solchen Wurzeln bereitet, treibt mit außerordentlicher Wirkung das Wasser ab und reinigt die Nieren. Mir sind mehrere Fälle bekannt, in denen solcher Tee die ziemlich vorangeschrittene Wassersucht vollständig heilte.
Auch bei anderen Fällen im Unterleib, die von schlechten Gasen herrühren, wirkt er gut; er scheidet die Säfte durch den Urin aus.

Attichtee, den man aus dem Pulver bereitet, tut dieselben Dienste. Zu einer Tasse, die in zwei Portionen zu verschiedenen Tageszeiten genommen wird, reichen zwei Messerspitzen des Pulvers aus.
In Spätherbst sammelt man die Wurzeln, trocknet sie gut an der Luft und bewahrt die gedörrten Wurzeln oder das aus den zerstoßenen Wurzeln gewonnene Pulver auf.

Augentrost *(Euphrasia officinalis)*

Augentrost, der in Europa sehr häufig verbreitet ist, findet man auf Wiesen, Waldlichtungen, Weiden und Mooren. Die Pflanze, deren Blätter ohne Stiel direkt auf dem Stengel sitzen, kann 20 – 30 cm hoch werden. Ihre Blütezeit ist von Juli bis Oktober; dann zeigen sich die weiß-bläulichen Blüten mit gelbem Rachen, die von dunkleren Adern durchzogen werden.

Zum Lohn und aus Dankbarkeit für treue Dienste haben unsere Voreltern diesem kleinen Kräutchen den schönen Namen »Augentrost« gegeben. Wenn oft kein Mittel mehr helfen wollte, spendete dieses Blümchen den Augen den letzten Trost. Ich habe es schon recht häufig geraten und mit guten Erfolgen.

Man muß jedoch deutlich darauf hinweisen, daß auch diese Pflanze bei gefährlichen oder schwereren Augenleiden niemals den Arzt ersetzen kann! Falsche Anwendung kann im schlimmsten Fall sogar zur Erblindung des Auges führen. Eine Behandlung mit Augentrost empfiehlt sich nur nach der Diagnose des Augenarztes bei leichten und harmlosen Augenbeschwerden wie beispielsweise bei Bindehautentzündung, gereizten Augen usw.

Sowohl die getrockneten als auch die zerriebenen Blätter kommen als Tee oder als Pulver zur Anwendung. Mit dem [abgekühlten] **Tee wäscht man täglich zwei- bis dreimal die**

Augen gut aus, oder man taucht in denselben kleine Fleckchen, die man auf das Auge legt. Diese Auflagen bleiben etwa 10 Minuten liegen und werden dann nochmals wiederholt angewendet. Das Auge wird so gereinigt, geklärt und die Sehkraft gestärkt.

Nach meiner Praxis lasse ich zu gleicher Zeit die Patienten das Pulver nach innen anwenden, und zwar täglich eine Messerspitze in einem Löffel Suppe oder Wasser. Damit ist die Heilkraft des Kräutchens nicht erschöpft. Auch Magentrost könnte man es nennen. Wegen seiner Bitterkeit gilt sein Tee als Magenbitter zu regerer Verdauung und zur Verbesserung der Magensäfte. Hierfür trinkt man jedoch nicht mehr als eine Tasse pro Tag. Probiere es einmal, lieber Leser; das Kräutchen wird auch bei dir mit seinem Trost nicht kargen!

Baldrian *(Valeriana officinalis)*

Baldrian kommt in lichten Waldrändern, Ufergebüschen, meist an etwas feuchten Orten, mitunter auch an schwach bewachsenen Abhängen vor. Der Stengel ist hohl und steif und kann bis zu 1,5 m hoch werden. Die Blätter sind gefiedert. Die doldenähnlichen Blütenbüschel haben eine weiße bis rötliche Farbe. Ihre Blütezeit ist im Juni und Juli.

Daß im Baldrian etwas Besonderes stecken muß, darüber belehren uns die Katzen, die er durch seinen Geruch so anzieht, daß sie sich in seinem Kraut wälzen.

Für den Menschen hat der Baldrian eine sehr beruhigende Wirkung auf das Nervensystem. Er hilft daher bei Nervosität, allgemeiner Unruhe, Schlaflosigkeit sowie bei nervösen Herzbeschwerden.

Wir benützen allein die Wurzel, die entweder zur Teebereitung geschnitten oder zu Pulver zerrieben wird.

Die braune Wurzel strömt den typischen Baldriangeruch aus. Sie wird nach dem Sammeln getrocknet und in Stücke geschnitten. Für den Tee verwendet man einen Teelöffel voll Wurzelstückchen, die man mit heißem Wasser übergießt und mehrere Stunden lang zugedeckt ziehen läßt. Will man den Tee vor dem Schlafengehen trinken, sollte er am besten gleich morgens zubereitet werden. Den Baldriantee, das Pulver oder die Tinktur sowie weitere Baldrian-Produkte kann man aber auch fertig in der Apotheke kaufen. Von der Tinktur, die die beste Wirkung zeigt, nimmt man täglich unverdünnt zweimal einen Eßlöffel.

Die Baldrianwurzel lindert auch Kopfbeschwerden und behebt krampfhafte Zustände, ähnlich wie die Raute.

Bergwohlverleih siehe Arnika

Bitterklee *(Menyanthes trifoliata)*

Bitterklee, auch Sumpfklee genannt, ist meistens in Sümpfen, auf moorigen, nassen Wiesen und an Wiesengräben zu finden. Die Pflanze hat wie der Klee drei Blätter, unterscheidet sich jedoch in Größe und Aussehen deutlich von diesem. Sie gehört zur Familie der Enziangewächse; auch die Wirkungsweise ist ähnlich der des Enzians. Die Blütezeit ist im April und Mai.

Als Heilmittel verwendet man die Blätter, die Bitterstoffe enthalten.

Dieses Kraut gibt vorzüglichen Tee für den Magen; er wirkt gut auf die Verdauung und hilft gut die Magensäfte bereiten.

Daher hilft er bei Magenbeschwerden mit Verdauungsproblemen und Appetitlosigkeit. Den Tee aus den getrockneten Blättern bereitet man nach der üblichen Weise. Es wird vor den Mahlzeiten eine Tasse davon getrunken.

Bitterklee in Branntwein angesetzt gibt den sogenannten bitteren Geist, der demselben guten Zweck dient.

Bockshornklee *(Trigonella foenum graecum)*

Bockshornklee, der zwar vorwiegend in den Mittelmeerländern vorkommt, wird auch bei uns angebaut. Der etwa 60 cm hohe Stengel trägt dreiblättrige, keilförmig abgerundete Blätter. Die weißen, leicht gelblichen Blüten zeigen sich im Juni und Juli.

Die Pflanze enthält ein ätherisches Öl mit einem unangenehmen, langanhaltenden Geruch. Der Bockshornklee-Samen, den man im Juli oder August sammelt, wird zu Pulver gemahlen und heißt *Foenum graecum*.

Als Tee zubereitet wirkt das Mittel kühlend bei hitzigen Fiebern; bei Halsleiden mit starken Hitzen im Hals dient es als gutes Gurgelwasser. Ein Kaffeelöffel des Pulvers reicht aus für eine mäßige Tasse Tee, von dem alle zwei Stunden oder öfter ein Eßlöffel voll getrunken oder zum Gurgeln verwendet wird. Über diesen Tee ließen sich wirklich ganze Bücher schreiben.

Was die äußere Anwendung betrifft, so ist *Foenum graecum* das beste von allen mir bekannten Mitteln zum Auflösen von Geschwülsten und Geschwüren. Es wirkt langsam, schmerzlos, aber bis zum letzten Tropfen Eiter ausdauernd und gründlich. Man kocht ähnlich wie beim Leinsamen den bekannten öligen Brei, den man in kleine Leinentüchlein bringt und auflegt.

Bei bevorstehenden unvermeidlichen Operationen ist es sehr gut, vorher einige Tage lang ein Pflaster von *Foenum*

graecum aufzulegen, damit die Operation leichter vorgenommen werden kann.

Bei offenen Füßen ziehen solche Auflagen die Entzündungen um die Ränder der Wunde aus und verhindern die Bildung des faulen Fleisches oder gar einer Blutvergiftung. Diese letztere Anwendung empfehle ich der besonderen Aufmerksamkeit aller, denen solch Fußwunden recht viel Leid und Sorge bereiten.

Foenum graecum kauft man in der Apotheke.

Brennessel *(Urtica dioica)*

Diese Pflanze, oft als Unkraut verpönt, ist in ganz Europa verbreitet und wächst, da sie bezüglich der Bodenbeschaffenheit nicht anspruchsvoll ist, fast überall. Man unterscheidet die kleine und die große Brennessel. Die kleine hat eher rundliche, grüne Blätter, während die große grau-grüne Blätter hat und bis zu 1,5 m hoch werden kann. Die Blätter sind stets am Rand gezahnt und fein behaart. Kommt man mit diesen Härchen in Berührung, geben sie ein Gift ab, das auf der Haut juckt und Quaddeln hervorruft. Beide Arten haben weißliche, traubenförmig herabhängende Blüten. Die Pflanze kann von April bis September gesammelt werden (Handschuhe verwenden!).

Die Brennessel ist die verachtetste unter den Pflanzen. Manche zartbenervte Seele sticht und brennt es schon, wenn sie nur diesen Namen hört. Doch auch diese Pflanze hat der liebe Gott nicht umsonst erschaffen; nein, im Gegenteil, sie hat einen großen Wert.

Frische Brennesseln, vom Standort gerade weggenommen, gedörrt und zu Tee verwendet, lösen Verschleimun-

gen in Brust und Lunge, reinigen den Magen von verlegenen Stoffen, die sie hauptsächlich beim Urinieren entfernen.

Hierfür werden drei Teelöffel des getrockneten Krauts mit einer Tasse siedendem Wasser übergossen; man läßt den Aufguß 15 Minuten ziehen. Die Tagesdosis des Tees beträgt bis zu zwei Tassen.

Sehr empfehlenswert sind auch Brennessel-Frischsäfte aus der Apotheke, die, mit Wasser verdünnt, löffelweise eingenommen werden.

Kräftiger als die Blätter wirken die Brennesselwurzeln, ob man sie im Sommer grün ausgegraben oder im Winter getrocknet verwendet. Eine beginnende Wassersucht kann durch Tee von Brennesselwurzeln behoben werden. Derselbe räumt überhaupt mit faulen Stoffen im Innern gründlich auf.

Wer unreines Blut hat, soll zur Sommerszeit recht oft Brennesseln, wie Spinat gekocht, essen. Man liebt besonders in Italien die Kräutersuppen. Kräuterknödel aus Brennesseln sind nicht nur ein Nähr-, sondern auch ein Gesundheitsmittel.

Wer an Rheumatismus leidet und kein Mittel mehr findet, ihn auszutreiben, bestreiche oder schlage die schmerzenden Stellen täglich ein paar Minuten lang mit frischen Brennesseln. Die Furcht vor der ungewohnten Rute wird bald der Freude über deren vorzügliche Heilwirksamkeit weichen.

Brunnenkresse *(Nasturtium officinale)*

Brunnenkresse bevorzugt feuchte Stellen, Gräben und nasse Wiesen, Quellen und Bäche, wird aber auch oft angebaut. Ihre Stengel wachsen zunächst waagerecht, dann jedoch aufsteigend. Die Blätter sind gefiedert und rundlich bis herzförmig. Die Blüten sind klein, weiß und zu Trauben angeordnet. Ihre Blütezeit ist von Mai bis September.

Brunnenkresse ist reich an Vitamin C und enthält zudem Jod, Eisen und Senföl. Aufgrund ihrer blutreinigenden Wirkung wird sie auch oft zur »Frühjahrskur« verwendet, um nach den Wintermonaten neue Kraft zu spenden. Darüber hinaus ist die Pflanze harntreibend, regt durch den Jodgehalt den Stoffwechsel an und stillt Husten. Neben der Verwendung der Brunnenkresse in Salaten oder Suppen gibt es auch den Frischsaft, den man in der Apotheke kauft. Von diesem nimmt man täglich morgens, mittags und abends einen Eßlöffel voll ein.

Dornschlehe *(Prunus spinosa)*

Die Dornschlehe ist, wie der Name schon sagt, ein dorniger Strauch mit stark verzweigten Ästen und keilförmig ovalen Blättern. Die weißen Blüten zeigen sich sehr zahlreich im April und Mai, im Herbst trägt die Pflanze runde, blauschwarze Früchte. Verwendet werden sowohl die Blätter und Blüten als auch die Früchte der Pflanze.

> **Dornschlehblüten sind das schuldloseste Abführmittel und sollten in jeder Hausapotheke zu finden sein.**
> **Wie oft fühlt man im Magen und im Unterleib, im ganzen Befinden, daß eine schnelle Reinigung und Abführung gut, ja notwendig wäre. Man sucht ein leichtes Mittel und sucht und – könnte es so leicht bei der Hand haben!**

Man nehme solche Dornschlehblüten, siede sie eine Minute lang und trinke 3–4 Tage lang solchen Tee, täglich eine Tasse! Der Tee wirkt leicht und ohne alle Unannehmlichkeiten und Beschwerden, dazu dennoch gründlich.
Als reinigendes und stärkendes Magenmittel kann ich diesen Tee gleichfalls bestens empfehlen.
Dornschlehblüten, mit Augentrost gemischt, geben einen guten Tee für Verstopfung und bringen gelinden Stuhlgang.

Eibisch *(Althaea officinalis)*

Eibisch, er gehört zu den Malvengewächsen, findet man bevorzugt an Stellen mit salzhaltigem Wasser oder Boden, also an Meeresküsten, aber auch auf nassen Wiesen oder an Gräben. Seine Stengel können bis zu 1,5 m hoch werden und tragen herzförmige, gezahnte Blätter mit scharfer Blattspitze. Er blüht im Juni und Juli weiß bis rosa.

Eibischtee wird sehr viel gebraucht bei Erkältungen. Ich bin für denselben nicht besonders eingenommen, da er meinen Erwartungen zuwenig oder nicht entsprochen hat. Schon beim Sieden erhält man eine zähe Masse, die nach verhältnismäßig kurzer Zeit schleimig wird und so – was in der Tat oft vorkommt – den Appetit nehmen oder verderben muß. Derlei Medizinen empfehle ich nie. Gelinde gesagt, sind mir Eibischkraut und Eibischwurzel etwas verdächtig. Ich wähle deshalb stets Heilkräuter, welche dieselben Dienste zweifellos sicher tun.

Eibisch ist heute häufig Bestandteil von Hustentees und Hustensäften.

Eichenrinde *(Cortex quercus)*

Man verwendet die Rinde eines jungen Eichbaums oder Eichenastes. Sie enthält zahlreiche Gerbstoffe, die entzündungshemmend wirken.

Junge Eichenrinde, eine halbe Stunde abgebrüht, gibt einen heilkräftigen Absud. Man tauche nur ein kleines Handtuch in denselben und winde es als Wickel um den Hals. Solche Wickel lösen auf und verdrängen dicke Hälse, und wenn ein Kropf noch nicht zu groß und zu fest ist, sind sie die wirksamsten und zugleich schuldlosesten Kropfmittel. Mit den Drüsen räumen diese Wickel nicht weniger gründlich auf.

Wer an Mastdarmvorfall leidet, nehme fleißig Sitzbäder mit Absud von Eichenrinde, dazu zuweilen kleine Klistiere (Einläufe) mit verdünntem Absud. Die lästigen und oft gefährlichen Mastdarmfisteln löst der Absud und heilt sie aus. Auch harte Geschwüre, die nicht entzündet sind, können ebenso behandelt und aufgelöst werden.

Tee von Eichenrinde wirkt wie Harz stärkend auf die inneren Gefäße.

Darüber hinaus ist Eichenrinde als blutstillendes Mittel bekannt. Eichenrinde, mit Rotwein gekocht, ist gut gegen großen Durchfall.

Engelwurz *(Angelica silvestris)*

Unter dem Namen Angelika oder Engelwurz muß man zwischen zwei sehr ähnlichen Pflanzen – beide sind Heilpflanzen – unterscheiden: die Waldangelika, auch wilde Angelika genannt, weil sie wild und ohne menschliches Zutun wächst, und die edle Engelwurz *(Angelica archangelica)*, die eine eigene Pflege benötigt. Kneipp bevorzugt jedoch die häufiger vorkommende Waldangelika, die auf feuchten Wiesen, an Rändern von Bächen und Flüssen sowie an nassen Waldstellen wächst. Sie hat einen hohlen Stengel, der bis zu zwei Meter hoch wird. Die Doldenblüte zeigt viele kleine weiße Blütendolden. Ihre Blütezeit ist von Juli bis September.

Die Waldangelika hat eine ähnliche, aber schwächere Wirkung als die echte Engelwurz. Man verwendet hier hauptsächlich die Wurzeln der Pflanze, die als wichtigste Substanz ätherisches Öl enthalten.
Die Wurzel schneidet man in Stücke und trocknet diese. Als Tee verwendet, gießt man einen halben Teelöffel zerkleinerte Wurzel mit einer Tasse Wasser auf, läßt es kurz kochen und dann etwa 5–10 Minuten ziehen.

Für die äußerliche Anwendung benützt man Angelika-Tinktur oder Angelika-Öl aus der Apotheke.

Hat jemand ungesunde oder halbgiftige Speisen bekommen, so ist ein Tee von Angelikawurzeln, -samen oder -blättern ein vorzügliches Mittel, diese schlechten Stoffe wieder zu entfernen. Oder wie oft kommt es vor, daß im Magen eine unbehagliche Kälte herrscht. Eine Tasse Tee von solchen Wurzeln bringt dem Magen wieder mehr Wärme. Am besten ist es, wenn man eine solche Tasse Tee in drei Portionen teilt und die erste am Morgen, die zweite am Mittag, die dritte am Abend nimmt.
Wenn ungesunde Stoffe im Magen und in den Gedärmen sind oder wenn versteckte Gase Grimmen verursachen, so ist wieder dieser Tee ein Hauptmittel, das Übel zu beheben, besonders wenn man zum Tee halb Wein und halb Wasser nimmt.
Starke Verschleimungen in der Lunge und Brust, Magenbrennen, Verschleimungen in der Luftröhre werden gerade durch diesen Tee am leichtesten beseitigt.

Man kann mit Recht die Angelika als ein vorzügliches Hausmittel empfehlen. Die Wurzeln, Samen und Blätter, gut getrocknet, können auch zu Pulver gemacht werden, und wenn man täglich zwei- oder dreimal eine Messerspitze von diesem Pulver einnimmt, so ersetzt es den Tee.

Dem Pflanzenunkundigen gebe ich notgedrungen den guten Rat, nicht Angelika zu sammeln, da er sonst aus der Wiese Roßkümmel oder aus dem Wald gar Schierling (Giftpflanze) zu seinem Verderben nach Hause tragen könnte. Ich setze diese Worte, weil beides sich ereignet hat.

Enzian, gelber *(Gentiana lutea)*

Der gelbe Enzian, der unter Naturschutz steht, wächst hauptsächlich auf den hohen süd- und mitteleuropäischen Gebirgen. Er unterscheidet sich deutlich vom blauen Enzian. Der kräftige Wurzelstock kann bis zu 1,5 m hoch werden. Die Pflanze hat große, ovale Blätter mit starken Rippen. In der Blütezeit von Juli bis August zeigen sich die gelben zipfelartigen Blüten. Als Heilmittel wird nur die Wurzel verwendet, die Bitterstoffe enthält.

Vor allem rate ich, Extrakte von Enzian zu bereiten. Die Enzianwurzeln werden zu diesem Zweck gut getrocknet, kleingeschnitten und so mit Branntwein in Glasflaschen angesetzt.

Dieser Extrakt ist eines der ersten Magenmittel. Man gieße 20–30 Tropfen mit 6–8 Eßlöffeln Wasser in ein Glas und nehme diese Mischung längere Zeit hindurch täglich. Die gute Verdauung wird ein nicht minder guter Appetit recht bald anzeigen.

Spürt man, daß eine Speise schwer im Magen liegt und belästigt – der Magentrank von einem Kaffeelöffel Extrakt

in einem halben Glas warmen Wassers wird die Störung bald beendigen. Für Magendrücken ist Enzian ebenfalls sehr gut.

Auf größeren Reisen, wenn man tagelang oft schlecht ißt, noch schlechter trinkt und todmüde und halbkrank am Ziel ankommt, leistet ein winziges Fläschchen Enzian-Tinktur, tropfenweise auf Zucker zu Rate gezogen, treffliche, unbezahlbare Dienste.

Übelkeiten und Anfälle von Ohnmacht entfernt ein Kaffeelöffel Tinktur in Wasser genommen; sie erwärmt, weckt auf, bringt Körper und Geist wieder in Frieden.
Enzian, zu Tee verwertet, tut ähnliche Dienste.

Man übergießt die geschnittenen Wurzeln – etwa einen Teelöffel voll – mit zwei Tassen siedendem Wasser und trinkt den Absud als Tee schluckweise eine halbe Stunde vor den Mahlzeiten.

Den gleichen Zweck erfüllt aber auch das Enzianpulver, von dem man dreimal täglich eine Messerspitze voll jeweils eine halbe Stunde vor dem Essen einnimmt.

Erdbeere *(Fragaria vesca)*

Die wilde Erdbeere kommt am häufigsten in Waldschlägen und Hainen vor; als Kulturpflanze wird sie aber auch in Gärten oder auf Feldern angebaut. Die Walderdbeere, deren Früchte zwar kleiner sind, ist jedoch deutlich intensiver im Geschmack und in der Wirkung als die Gartenerdbeere. Die Blütezeit der Erdbeere ist von April bis Juni; die Blüten werden aber schon im April oder Mai gesammelt.

Welcher Genuß, wenn als Nachspeise der erste Teller kühlender Erdbeeren auf den Tisch gebracht wird! Nicht

allein die Früchte dieses kleinen, so überaus fruchtbaren Pflänzchens sind gerne gesehen; auch die Blätter sammelt und trocknet manche Mutter, denn Erdbeerblätter sind ein gutes, gesundes und überaus billiges Nährmittel.

Wie bereitet sie diesen Tee? Sie nimmt Erdbeerblätter, soviel sie mit drei bis vier Fingern fassen kann, schüttet ungefähr einen Viertelliter siedendes Wasser darauf und deckt es gut zu. Nach 15 Minuten gießt sie den Tee ab und hat reinen Erdbeerblättertee. Dann mischt sie daran heiße Milch, etwas Zucker, und der Trank ist fertig. Würde die Mutter statt des dritten oder vierten Teiles der Erdbeerblätter Waldmeister *(Asperula odorata)* nehmen, so würde der Tee an Geschmack und Gehalt gewinnen.

Die Erdbeeren selbst sind als Gesundheitsmittel gar nicht zu unterschätzen. Man gebe sie besonders Rekonvaleszenten, die große Schwäche und Entkräftigung nach schwerer Krankheit spüren; man gebe sie in Verbindung mit anderen Nahrungsmitteln. Wer im Sommer längere Zeit hindurch, gleichsam zum Kurgebrauch, täglich z.B. einen Schoppen Milch mit einem halben Schoppen Erdbeeren vermischt oder täglich zweimal ein Stück gutes Roggenbrot mit je einem Viertelschoppen Erdbeeren genießt, wird bald die überaus wohltuende Wirkung verspüren, die neben der Kräftigung auch in der Blutreinigung besteht. Werden die Erdbeeren eingekocht wie Kirschen, Weichseln usw., dann kann obige Kur mit bestem Erfolg selbst im Winter vorgenommen werden.

Bei innerer Hitze leisten Erdbeeren im Sommer selbst Kranken die besten Dienste. Welch herrlich kühlendes Labsal kann dem Lechzenden damit gereicht werden!

Grieß- und Steinleidenden empfiehlt man vielfach, täglich gleichmäßige Portionen von Erdbeeren zu essen. Dasselbe gilt für Leberleidende (täglich zu verschiedenen Mahlzeiten, bis zu zwei Schoppen) und für solche, die mit Ausschlägen behaftet sind (morgens und nachmittags je einen Schoppen).

Fenchel *(Foeniculum officinale)*

Fenchel wird meist angebaut, wächst aber in Südeuropa auch wild an Felsen und sonnigen, steinigen Abhängen. Die Pflanze wird bis zu zwei Meter hoch und hat eine große, fleischige Wurzel. Die Blätter sind schmal und gefiedert. Die zu Dolden angeordneten Blüten sind grün-gelb. Ihre Blütezeit ist von Juli bis September. Als Heilmittel dienen die Wurzeln und die Früchte der Pflanze. Die Fenchelkörner enthalten ätherisches Öl mit dem typischen Fenchelgeruch, der dem von Anis sehr ähnlich ist.

Die Fenchelkörner dürfen in keiner Hausapotheke fehlen, da das Leiden, dem sie Abhilfe schaffen können, so häufig vorkommt: die Kolik mit krampfartigen Zuständen. Schnell siede man einen Löffel voll Fenchel in einer Tasse Milch 5–10 Minuten lang und gebe den Heiltrank dem Kranken so warm wie möglich (jedoch nie zu heiß, damit man im Inneren nichts verbrennt). Die Wirkung ist meist sehr gut und sehr schnell. Die rasch sich verbreitende Wärme stillt die Krämpfe, und die Kolik verschwindet nach und nach. Äußerlich soll ein warmer Aufschlag von Wasser und Essig (halb und halb) auf den Unterleib gelegt werden.

Fenchelpulver, wie Gewürz auf Speisen gestreut, vertreibt die Gase aus dem Magen und den unteren Regionen. Das Pulver wird gewonnen, indem man Fenchelkörner im

Ofen röstet (dörrt) und in einer gewöhnlichen Kaffeemühle mahlt. Fenchelöl kauft man in der Apotheke.

Fenchel, als Augenwasser verwendet, klingt manchem Geheilten, der dies liest, nicht mehr neu. Man koche einen halben Eßlöffel Fenchelpulver ab und wasche mit dem Absud ungefähr dreimal pro Tag die Augen aus.

Reinigender und stärkender noch wirken die Augendämpfe. Da ich bei jedem Kopfdampf wegen der Lösung im Inneren stets einen, mindestens aber einen halben Löffel Fenchelpulver verwende, so ist eigentlich mit jedem Kopfdampf ein solcher Augendampf verbunden.

Ähnliche Wirkung wie mit Fenchel erzielt man mit Anis und Kümmel. Öfter werden zwei oder gar sämtliche drei Heilkörner miteinander vermischt, zusammen gemahlen und benützt.

Eine sehr gute krampflösende Wirkung zeigt Fenchel auch bei Husten.

Gänsefingerkraut oder Anserine *(Potentilla anserina)*

Das Gänsefingerkraut, das in ganz Europa sehr weit verbreitet ist, hat gefiederte, an den Rändern stark gezackte Blätter mit einer seidigen, weiß behaarten Unterseite. Die großen gelben Blüten wachsen einzeln auf einem langen kahlen Stengel. Die Blütezeit ist von Mai bis Juli. Für Heilzwecke wird stets die ganze Pflanze mitsamt der Wurzel verwendet.

Das Gänsefingerkraut wächst, wie sein Name besagt, da am besten, wo Gänse sich gerne aufhalten. Man trifft es besonders häufig in der Nähe von Häusern und Wegen.

Viele Leute haben ihm nach seiner Wirkungsweise den Namen Krampfkraut gegeben, denn Tee von Anserinekraut ist ein vortreffliches Mittel bei Krampfanfällen, seien sie im Magen, Unterleib oder wo immer.
Bei Beginn der Anfälle, besser noch bei den sich zeigenden Symptomen der Krämpfe, gebe man dem Kranken täglich dreimal recht warme Milch (so warm sie der Kranke ertragen kann), in der das Kraut (so viel mit drei Fingern zu fassen ist) wie zu Tee abgebrüht wird.

Doppelte Wirkung erzielt der, welcher solchen Tee einnimmt und zugleich auf die krampfhaften Stellen Überschläge mit dem im Wasser angeschwellten oder abgebrühten Kraut macht. Als Auflage kann auch Absud von Kamille benützt und dazu Tee von Anserine getrunken werden, beides jedoch warm.

Keine Familienmutter soll es unterlassen, einen hinlänglichen Vorrat solchen Krautes zu sammeln und zu trocknen. Sie weiß selbst zu beurteilen, wie schmerzhaft häufig vorkommende Krampfanfälle sind und wie es noch größeren Schmerz bereitet, Angehörige leiden zu sehen, ohne helfen zu können.

Äußerlich wird das Gänsefingerkraut aufgrund seiner entzündungshemmenden Wirkung bei Haut- oder Zahnfleischentzündungen angewendet. Hierfür benützt man den Absud zum Gurgeln bzw. als getränkte Auflagen bei Entzündungen.

Hafer *(Avena sativa)*

Hafer wird schon seit Jahrhunderten als Kulturpflanze angebaut. Im Gegensatz zu anderen Getreidesorten trägt der Halm, der bis zu einem Meter hoch werden kann, keine Ähren, sondern Rispen mit zahlreichen kleinen Ährchen. Als Heilmittel verwendet man sowohl das Haferkorn als auch das ausgedroschene Haferstroh.

Der Hafer zeichnet sich durch seinen hohen Gehalt an Mineralstoffen und Vitaminen aus. Das Stroh ist vor allem ein ausgezeichneter Kieselsäurelieferant, und man verwendet es äußerlich als Badezusatz oder innerlich als Teeaufguß. Die Getreidepflanze hilft daher bei rheumatischen Erkrankungen, bei Gicht sowie aufgrund ihrer harntreibenden Wirkung bei Nieren- und Blasenleiden.

Auch Kneipp war der Ansicht, daß der Hafer nicht nur als Kost in der Kur, sondern als tägliche Mahlzeit gegessen werden sollte:

> **Der Hafer galt einst als ein vorzügliches Ernährungsmittel, und wer recht kräftig und ausdauernd werden wollte, der genoß viele aus Hafermehl bereitete Speisen. Aber leider haben die Luxusartikel den Hafer größtenteils verdrängt. Wenn ich 50 Kinder mit Haferkost ernähren könnte und sie nach zwei Jahren neben 50 andere stellen würde, die Speisen aus reinem Kunstmehl** [unter Kunstmehl versteht Kneipp das Mehl, das ohne die wertvolle Kleie gemahlen worden ist; Anmerk. d. Verfs.] **erhielten, wie verkümmert an Körper- und Geisteskraft würden die letzteren im Vergleich mit den ersteren dastehen!**
> **Ein tüchtiges Sieden entzieht den Haferkörnern – auf gleiche Weise kann Gerste behandelt und gebraucht werden – die innewohnende Kraft. Ein Liter Hafer wird 6–8mal mit frischem Wasser gewaschen, dann in zwei Litern Wasser so lange abgekocht, bis dieses zur Hälfte eingesotten ist. In den abgegossenen Absud rührt man zwei Löffel Honig und läßt die Mischung noch einige Minuten kochen. Dieses Getränk, nahrhaft und leichtverdaulich, ist für Rekonvaleszenten, die durch Krankheiten übermäßig entkräftet und geschwächt wurden, ein vorzügliches Nährmittel und ein wahres Labsal. Wie oft bedaure ich es, daß man derlei**

armseligen Kreaturen, die doch vor allem neues, gesundes Blut brauchen, alle möglichen, nur nicht solche Getränke bereitet!

Jetzt kommen wir zum Haferstroh. Das Haferstroh hat für die menschliche Natur eine großartige Wirkung. Es wäre gut, wenn jedermann ungefähr 5–6 Tassen solchen Tees im Monat trinken würde, er wäre ihm ein Schutz gegen viele Gebrechen. Tee von Hagebutten und Haferstroh ist gut für Nierenleidende.

Die Auflagen von warmem Haferstroh-Absud sind ebenfalls von großer Wirkung bei Unterleibsbeschwerden, Koliken usw.

Hagebutten

Die Hagebutten sind die roten Früchte der Heckenrose *(Rosa canina)*, auch Hundsrose genannt. Sie ist fast überall in Europa verbreitet und an Waldrändern, Hecken und Wegen zu finden. Der Strauch der Heckenrose trägt ovale, gezahnte Blätter und zahlreiche Dornen. Die großen Blüten tendieren in der Farbe von Weiß bis kräftig Rot. Ihre Blütezeit ist im Juni und Juli, die Früchte kann man erst im Oktober abnehmen. Die Hagebutte hat eine behaarte Oberfläche, innen ist sie fleischig und enthält Samen.

Will man die Früchte selbst sammeln, so pflückt man nur Garten- oder Waldhagebutten und nicht solche von Büschen, die an Straßengräben oder in der Nähe davon wachsen. Diese Früchte nämlich sind von minderer Qualität und zudem deutlich mit Schadstoffen belastet.
Man verwendet die Hagebutten nicht allein für die köstlich schmeckenden Marmeladen, sondern auch als Heilmittel. Sie

zeichnen sich vor allem durch ihren hohen Vitamin-C-Gehalt aus. Die Früchte werden ausgekernt, die Hülsen getrocknet und daraus der Tee bereitet. Zwei Teelöffel Hagebutten werden mit einer Tasse siedendem Wasser überbrüht und der Aufguß kurz aufgekocht. Dann läßt man ihn etwa eine Stunde ziehen und seiht ihn ab. Der Tee, von dem man täglich drei Tassen trinkt, reinigt die Nieren und die Blase und verhindert die Steinbildung. Der hohe Vitamin-C-Anteil schützt vor Infektionskrankheiten, indem er die Abwehrkräfte steigert.

Heidelbeere *(Vaccinium myrtillus)*

Die Heidelbeere, auch Blaubeere genannt, ist in Mittel- und Nordeuropa weit verbreitet. Bei uns findet man sie wild wachsend im Unterwuchs von Laub- und Nadelwäldern oder angebaut in Gärten. Der kleine, maximal 50 cm hohe Strauch hat ovale, gezahnte Blätter. Aus den Blüten bilden sich nach der Blütezeit, im Mai und Juni, kleine, runde, schwarzblaue Beeren, die mit einer Reifschicht überzogen sind. Als Heilmittel können sowohl die Blätter dienen, die man im Juni oder Juli sammelt, als auch die Beeren, die im August geerntet werden.

Kein Haus sollte sein, das nicht eine gute Portion Heidelbeeren dörrt und fürs Jahr aufbewahrt. Sie sind gar zu vielem nütze.

Man bringt Heidelbeeren, soviel man mit 2–3 Händen fassen kann, in ein Glas und gießt guten, echten Branntwein darauf. Je längere Zeit (selbst Jahre lang) die angesetzten Beeren stehen, um so schärfer wird und wirkt die Medizin solchen Beerengeistes.

Wer an leichten Diarrhöen (Durchfall) leidet, nehme von Zeit zu Zeit einige getrocknete rohe Heidelbeeren, kaue und schlucke sie. Sehr oft genügt dieses leichteste Mittelchen.

Die ausgezeichnete Heilwirkung beruht auf dem Gerbstoff Tannin, den die Beere enthält. Statt der getrockneten Beeren kann man auch Heidelbeertee trinken, für den man zwei Teelöffel getrockneter Beeren mit einer Tasse heißem Wasser übergießt und kurz aufkochen läßt. Von diesem Tee trinkt man je nach Bedarf 1–2 Tassen über den Tag verteilt.

Äußerlich, als Mundspülung angewendet, hilft der Tee bei Entzündungen des Zahnfleischs oder des Rachens.

Heftige, andauernde Durchfälle mit großen Schmerzen stillt ein Löffel Heidelbeerbranntwein, genommen in 1/8 Liter warmen Wassers. Nach 8–10 Stunden kann man die gleiche Medizin nochmals nehmen. Ein drittes Mal wird kaum mehr notwendig sein.

Unter den Tinkturen unserer Hausapotheke ist die Heidelbeer-Tinktur die erste und unentbehrlichste. Sie dient in dem oben genannten Fall und ist einer der wärmsten Freunde des Unterleibes. Die Dosis richtet sich nach dem Grad des Übels: Die kleinste beträgt 10–12 Tropfen auf Zucker, die stärkere etwa 30 Tropfen, die stärkste und größte einen Kaffeelöffel, in warmem Wasser oder Wein (6 Löffel voll) genommen.

Heublumen

Heublumen gehören mit zu den bekanntesten Kneippschen Heilmitteln. Der Name führt jedoch leicht in die Irre:

Zahlreiche mündliche und schriftliche Berichte haben mich belehrt, daß viele Leute nicht wissen, was sie sich unter »Heublumen« vorzustellen haben: Unter Heublumen sind alle Gräserabfälle, also Stengel, Blätter, Blüten und Samen, zu verstehen.

Heublumen haben also nichts mit Blumen im herkömmlichen Sinn zu tun. Diese Gräserabfälle entstehen beim Mähen der Wiese. Trocknet das Gras, so kann man auch den typischen Heugeruch wahrnehmen. Vor allem der pflanzliche Duft- und Wirkstoff Kumarin erzeugt diesen Duft. Doch auch die Heilwirkung geht vom Kumarin aus, indem es, von der Haut aufgenommen, das Bindegewebe anregt.
Gehalt und Wirkung dieser Mischung hängen davon ab, wie viele heilende Kräuter auf der Wiese wachsen.

An dieser Stelle möchte ich im allgemeinen auf die Verwendung von Heublumen hinweisen:
Bei erfrorenen Gliedern und bei krampfhaften Unterleibserscheinungen haben mich die »angeschwellten«, d.h. heiß überbrühten Heublumen nie im Stich gelassen. Bei Rheumatismus und Gicht leisten Wickel und Hemden, in warmen Heublumenabsud eingetaucht, vortreffliche Dienste.

Heutzutage erhält man auch den Kneipp-Heusack, der eine vielseitige Anwendung in Kuren erfährt, aber auch zu Hause gut angewendet werden kann, in der Apotheke. Er gibt intensive Wärme ab, fördert dadurch die Durchblutung und regt somit den Stoffwechsel an.

Es würde mich aber jener nicht recht verstehen, der bei den genannten Krankheitserscheinungen mit den Heublumen allein auszukommen meinte.

Holunder, Schwarzer *(Sambucus nigra)*

Holunder ist fast in ganz Europa verbreitet. Der Holunderstrauch, der eine beachtliche Höhe erreichen kann, wächst in feuchten Wäldern, Gebüschen, Gräben und in Gärten. Seine Äste haben eine graubraune Rinde und enthalten im Inneren ein weißes Mark. Der

Rand der ovalen Blätter ist gezahnt. Die weiß-gelblichen Blüten, die im Juni und Juli blühen, bilden dichte Dolden und verströmen einen süßen Duft. Nach der Blütezeit, im August und September, zeigen sich die schwarz-violetten Beeren, die in Trauben herabhängen. Im Gegensatz zum giftigen Roten Holunder, ist der Schwarze Holunder ein bewährtes Heilmittel.

Dem Hause am nächsten stand in den guten alten Zeiten der Holunderbusch; jetzt ist er vielfach verdrängt und ausgerottet. Es sollte kein Wohnhaus geben, wo er nicht gleichsam als Hausgenosse in der Nähe wäre oder wieder in die Nähe gezogen würde; denn am Holunderbaum sind wirksam die Blätter, die Blüten, die Beeren, die Rinde und die Wurzeln.

Zur Frühjahrszeit versucht die kräftige Natur manche Stoffe, die sich im Körper den Winter über angesammelt haben, zu entfernen. Wer kennt nicht diese Zustände, die sogenannten Frühlingskrankheiten, wie Ausschläge, Durchfall, Kolik und ähnliches? Wer durch eine Frühlingskur Säfte und Blut reinigen und verlegene Stoffe in leichter und natürlicher Weise ausscheiden will, der nehme 6–8 Blätter des Holunderbaumes, schneide sie klein, wie man Tabak schneidet, und lasse den Tee etwa zehn Minuten lang sieden. Dann nehme er in der ganzen Kurzeit täglich morgens nüchtern eine Tasse solchen Tees, eine Stunde später sein Frühstück. Dieser einfachste Blutreinigungstee säubert den Körper in vortrefflicher Weise und ersetzt die Pillen u.a., die in feinen Schächtelchen heutzutage die Runde machen und oft ganz sonderbare Wirkung tun. Wie im Frühling, so kann diese Kur auch zu jeder anderen Jahreszeit vorgenommen werden. Selbst die gedörrten Blätter liefern einen guten Tee zur Auflösung und Reinigung.

Wer hat nicht schon von Holunderblüten zubereitete Kuchen gegessen? Viele Leute backen dieselben gerade zu

der Zeit, in welcher der Baum im weißen Frühlingsschmuck prangt, und sagen, diese Blütenkuchen schützen vor Fieber.

Die Blüten kann man auch für den Tee verwenden, für den man einen Teelöffel Blüten mit einer Tasse heißem Wasser übergießt und zehn Minuten ziehen läßt. Täglich trinkt man bis zu drei Tassen davon. Die Blüten enthalten ätherische Öle sowie Schleim- und Gerbstoffe und gelten daher als schweißtreibendes Mittel. Neben fieberhaften Erkrankungen hilft der Holunderblütentee auch bei Erkältungen.

Auch die Holunderblüte reinigt, und es wäre gut, wenn in jeder Hausapotheke eine Schachtel gedörrter Blätter aufbewahrt würde. Der Winter ist lang, und es kann Fälle geben, in denen ein derart lösendes und schweißtreibendes Mittelchen überaus treffliche Dienste leistet. Schaden kann solcher Tee niemals bringen.

Die Beere, welche zur Herbstzeit häufig gekocht und als Brei gegessen wird, wurde von den Alten hochgeschätzt als Blutreinigungsmittel. Meine selige Mutter hat alle Jahre 14 Tage bis 3 Wochen lang eine solche Holunderkur vorgenommen. Wird die Beere mit Zucker oder besser mit Honig eingekocht, so dient diese Masse zur Winterszeit besonders solchen Leuten vorzüglich, die wenig Bewegung haben, die mehr zu ruhiger, sitzender Lebensweise verurteilt sind. Ein Löffel voll von solchem Eingekochten, in ein Glas Wasser gerührt, gibt den herrlichsten Trunk ab, reinigt den Magen, wirkt auf die Urinausscheidung und günstig auf die Nieren.

Viele Landleute dörren die Beeren. Man verkocht diese gedörrten Beeren zu Brei oder man siedet sie ab zu Tee oder ißt sie dürr; in allen Formen wirken sie sehr gut bei heftigem Durchfall.

Die Wurzel, als Tee zubereitet, hat eine wasser- und harntreibende Wirkung, wird aber heutzutage kaum noch verwendet.

Huflattich *(Tussilago farfara)*

Der Huflattich ist sehr weit verbreitet und findet sich vor allem an feuchten Orten wie Flüssen oder Bächen, auf steinigem, lehmigem Boden, Äckern, Gräben und Bahndämmen. Die Blätter sind herz- bzw., wie der Name besagt, hufeisenförmig. Ihr Rand ist gezahnt und die Blattunterseite mit einem weißen Filz überzogen. Die kräftig gelben Blüten zeigen sich auf den etwa 30 cm hohen Stengeln der Wiesenpflanze. Ihre Blütezeit ist zwischen Februar und April.

Der Schöpfer hat manches Kraut und manche Pflanze wachsen lassen, die man wenig achtet oder gar verachtet, so daß man eine Freude hat, einer solchen Pflanze einen Fußtritt geben zu können. Dieses Schicksal trifft auch den Huflattich, weil er gewöhnlich als das reine Unkraut gilt. Wer aber diese Pflanze kennt, wird sie hochschätzen und als vorzügliches Hausmittel behandeln.

Der Huflattich enthält vor allem Schleim- und Gerbstoffe, Salze sowie ätherisches Öl. Er ist eines der wirksamsten Heilmittel gegen Husten und andere Atemwegserkrankungen.

Zum Reinigen der Brust und zum Säubern der Lungen ist es sehr ratsam, Huflattichtee zu trinken. Engbrüstigkeit und Husten kann recht leicht durch diese eine Pflanze behoben werden.

Für den Tee überbrüht man einen gehäuften Eßlöffel voll Blätter oder Blüten mit 1–2 Tassen heißem Wasser, läßt den Absud zehn Minuten ziehen und süßt ihn je nach Belieben mit Honig oder Zucker. Man trinkt davon 2–3 Tassen am Tag.

Eine ähnliche Wirkung haben in Tee getränkte Auflagen auf die Brust:

> **Sie ziehen die Hitze aus, hemmen Schwächen oder entfernen Fieber.**

Huflattich hat auch schmerzstillende und entzündungshemmende Eigenschaften. Auflagen aus den Blättern helfen bei Wunden und Entzündungen der Haut:

> **Vorzüglich wirken diese Blätter auf offene Entzündungen gelegt; sie nehmen die Hitze, die Röte und ziehen die schädlichen Stoffe nach außen.**
> **Diese Huflattichblätter können auch im Schatten getrocknet, zu Pulver gerieben und als solches eingenommen werden; täglich zwei- bis dreimal jedesmal eine Messerspitze voll; dieses Pulver kann sogar zu den Mahlzeiten genommen werden.**

Johanniskraut *(Hypericum perforatum)*

Das Johanniskraut wächst in ganz Europa wild an Hecken, Wiesen und lichten Wäldern. Die Stengel können bis zu einem Meter hoch werden. Die Blätter sind oval und haben einen glatten Rand. Hält man diese Blätter an das Licht, so zeigen sich zahlreiche durchsichtige Tüpfelchen, die der Pflanze ihren Beinamen gaben (*perforatum*, d.h. wie durchlöchert). Im Juli und August zeigen sich die goldgelben Blüten.

> **Das Johanniskraut führte seiner großen Wirkung wegen früher den Namen Hexenkraut.**

Diese Pflanze besitzt mehrere wertvolle Eigenschaften: Sie wirkt entzündungshemmend, schmerzlindernd, beruhigend und krampflösend. Kneipp schreibt zudem:

> **Dieses Heilkraut übt besonderen Einfluß aus auf die Leber; sein Tee ist ihr vorzügliches Heilmittel.**

Den Tee bereitet man, indem man zwei Teelöffel der Blüten und Blätter mit einer Tasse heißem Wasser übergießt. Von diesem Tee trinkt man täglich 1–2 Tassen.

Eine kleine Beimischung von Aloe-Pulver erhöht die Wirkung, die sich im Urin zeigt und der daher oft ganze Flocken unreiner Krankheitsstoffe mitschwemmt.

Johanniskraut hilft zudem bei Erschöpfung, nervöser Unruhe, Depressionen, Schlafstörungen sowie Wechseljahrsbeschwerden.

Mütter, denen kleine Bettnässer viel Arbeit und Sorge bereiten, wissen von der stärkenden Wirkung dieses Tees manches zu berichten.

Das Johanniskraut kann nicht nur als Tee, sondern auch als Extrakt oder Öl verwendet werden. Beide Produkte sind in der Apotheke erhältlich. Für das Öl werden die frischen Blüten mit reinem Oliven- oder Leinöl übergossen und in einer verschlossenen Flasche 10–14 Tage lang an das Sonnenlicht gestellt.
Bei allen Erkrankungen, zu deren Heilung das Johanniskraut verwendet wird, muß jedoch erwähnt werden, daß man keine sofortige Wirkung erwarten darf. Eine erste Linderung aller genannter Beschwerden stellt sich erst etwa nach 10–14 Tagen ein; für eine richtige und andauernde Heilwirkung jedoch muß das Kraut mindestens 4–6 Wochen lang angewendet werden.

Während des Gebrauchs von Johanniskraut darf sich der Patient keinesfalls übermäßig dem Sonnenlicht aussetzen. Das enthaltene Hypericin macht den Körper sehr empfindlich gegenüber der Sonneneinstrahlung. Daher wären Hautentzündungen und Sonnenbrand unmittelbare Folgen.

In Ermangelung von Johanniskraut wende man für all die genannten Zustände die Schafgarbe an.

Kamille *(Matricaria chamomilla)*

Die Kamille ist in Europa und in Asien verbreitet. Sie ist sowohl am Meer als auch im Bergland zu finden und wächst gerne auf sandigem Boden, an Wegen, Wiesen und Feldern. Der Stengel der Pflanze kann bis zu 50 cm hoch werden. Die Blätter sind gefiedert mit schmalen, spitz zulaufenden Fransen. In der Zeit zwischen Mai und Juli zeigt sich die allseits bekannte gelb-weiße Kamillenblüte. Man muß jedoch die Echte Kamille von der medizinisch wertlosen Hundskamille *(Anthemis arvensis)* unterscheiden: Die Echte Kamille hat im Gegensatz zur Hundskamille einen kegelförmigen, hohlen Blütenboden und zeichnet sich durch den intensiven, angenehmen Kamillenduft aus. Zu Heilzwecken werden nur die Blüten verwendet.

Die Kamille ist wohl eine der bekanntesten Heilpflanzen überhaupt. Ihre Blüten enthalten vor allem ätherische Öle mit dem Wirkstoff Azulen, dem blauen Blütenöl. Neben der bekannten entzündungshemmenden Eigenschaft der Kamille wirkt sie auch krampflösend und wundheilend.
Die Pflanze findet sowohl äußerlich als auch innerlich Verwendung. Am zweckmäßigsten ist die Anwendung des Kamillenabsuds. Für diesen Tee übergießt man zwei Teelöffel Kamillenblüten mit einer Tasse heißem Wasser und läßt den Absud fünf Minuten ziehen. Davon trinkt man täglich etwa 2–3 Tassen warm und schluckweise.

Kamillentee ist ein vorzügliches Mittel bei vielerlei Beschwerden und Erkrankungen: So hilft er bei Erkältung, besonders wenn diese von fieberartigen Zuständen begleitet wird, bei Magenleiden, bei Krampfzuständen, bei Menstruationsbeschwerden sowie bei Blähungen.

Als Gurgel- und Mundspülwasser verwendet, lindert und heilt der Tee Entzündungen des Zahnfleischs sowie des Mund- und Rachenraums und ist daher beispielsweise bei Hals- und Mandelentzündungen zu empfehlen. Sehr gute Wirkung hat auch die

Inhalation von Kamillendampf bei Schnupfen und Rachenentzündung.

Eine bessere Wundheilung erzielt man durch einen Kamillenverband. Hierfür wird das Verbandstuch in Kamillenabsud getränkt und die Wunde damit umwickelt.

Gegen Hämorrhoiden oder Unterleibsbeschwerden (z.B. während der Periode) helfen Bäder mit Kamillenzusatz vorzüglich.

Für alle äußerlichen Anwendungen kann man statt des Kamillenabsuds auch gebrauchsfertige Kamillenextrakte aus der Apotheke verwenden, die denselben Zweck erfüllen.

Kampfer *(Laurus camphora)*

Viele kennen Kampfer als Heilmittel in Form von Kampferöl oder Kampfer-Alkohol. Der Kampfer wird als ätherisches Öl aus dem Holz des ostasiatischen Kampferbaumes gewonnen.

Kampfer wirkt lindernd, erweichend und schmerzstillend. Kampfer-Alkohol dient nur äußerlich zum Einreiben bei Quetschungen, Verrenkungen, rheumatischen und krampfhaften Zuständen. Viele benutzen ihn zur Stärkung und Kräftigung irgendeines Gliedes; sie tun vollkommen recht. Kampferöl erweist sich als vortrefflich zum Einreiben bei Rheumatismus und Rückenbeschwerden und lindert die großen Schmerzen, welche Gichtarten und ähnliche Geschwülste und Verknorpelungen verursachen.

Königskerze *(Verbascum thapsiforme)*

Die Königskerze, auch Wollkraut oder Wollblume genannt, gehört zur Familie der Rachenblütler. Sie ist vor allem in Mittel- und Südeuropa heimisch, wo sie auf Wiesen, Hügeln und Wegrändern wächst, bevorzugt auf sonnigen Plätzen. Der Stengel dieser auffälligen Pflanze, die bis zu zwei Meter hoch werden kann, trägt längliche, filzige Blätter, deren Größe nach oben hin kleiner wird. An der Spitze des Stengels zeigen sich im Juli und August die goldgelben Blüten, die eine Ähre bilden. Zu Heilzwecken werden nur die Blüten verwendet, die man gleich nach dem Aufblühen aus dem Kelch zupft.

Die Blüten enthalten hauptsächlich Pflanzenschleim und den Wirkstoff Saponin.

Die Blüten des Wollkrautes werden von den Landleuten fleißig gesammelt. Sie wissen, daß diese zur Winterszeit wirksames Gurgelwasser und noch wirksameren Tee abgeben bei Halsgebrechen, Katarrhen, Verschleimungen der Brust, Atemnot.

Für den Tee überbrüht man zwei Teelöffel der Blüten mit einer Tasse heißem Wasser und läßt den Aufguß etwa zehn Minuten kochen. Der Tee, von dem man täglich zwei Tassen warm trinkt, kann noch mit Honig gesüßt werden.

Ich mische unter die Blüten des Wollkrautes in der Regel noch die der Malve (halb und halb); solcher Tee wirkt auf die Schleimauflösung noch nachhaltiger und kräftiger.

Äußerlich angewendet, nützt man die entzündungshemmende und schmerzlindernde Eigenschaft der Königskerze zur Behandlung von Hautausschlägen, Hämorrhoiden und Juckreiz. Der Wollkraut-Tee dient in diesen Fällen entweder zum Reinigen der Haut oder als Mittel für Umschläge und Kompressen.

Kümmel *(Carum carvi)*

Die allseits bekannte Gewürzpflanze ist in Europa weit verbreitet und wächst zum Teil wild auf Wiesen, wird in vielen Ländern aber auch angebaut. Der kantige Stengel des Kümmels kann 50–80 cm hoch werden. Die gefiederten Blätter bilden Fransen und stehen kreuzartig vom Stengel ab. Im Mai und Juni blühen die weißen oder rosafarbenen Doldenblüten; im August und September zeigen sich die sichelförmigen, gerippten Früchte, die wir vor allem als Gewürz verwenden.

Die Früchte enthalten aromatisch riechende ätherische Öle. Doch die Kümmelsamen dienen nicht nur als Gewürz, sondern sind auch ein vorzügliches Heilmittel. Die Eigenschaften des Kümmels sind denen des Fenchels sehr ähnlich. Er wirkt appetitanregend, verdauungsfördernd, krampflösend und bewirkt die Ausleitung von Gasen. Daher hilft Kümmel bei Blähungen, Koliken, Verdauungsstörungen, Magenkrämpfen. Bekannt ist auch seine Förderung der Milchbildung bei stillenden Müttern.
Für die Verwendung als Tee wird ein Teelöffel Kümmelsamen mit einer Tasse heißem Wasser übergossen, dann läßt man den Absud etwa zehn Minuten ziehen. Anschließend wird der Tee schluckweise warm getrunken.

Lavendel *(Lavendula officinalis)*

Lavendel wächst vor allem in den Mittelmeerländern und wird meist großflächig auf Feldern angebaut. Die Blätter des Lavendels sind lang und schmal; die Blüten sind zu Büscheln angeordnet und haben eine blau-violette Farbe. Ihre Blütezeit ist von Juli bis September. Für Heilzwecke werden die herrlich duftenden Blüten gesammelt, die ätherisches Öl mit dem wichtigen Bestandteil Linalool enthalten.

Der Lavendel wird hauptsächlich von der Parfüm- und Kosmetikindustrie verwendet. Doch er hat nicht nur einen wunderbaren Duft, sondern das Öl der Blüten ist zudem auch als Heilmittel verwendbar. Das Lavendelöl, Kneipp nannte es auch Spiköl (abgeleitet vom früher gebräuchlichen botanischen Namen *Lavendula spica*), hat eine krampflösende, antiseptische, verdauungsfördernde und beruhigende Wirkung.

Spiköl oder Lavendelöl ist in jeder Apotheke leicht zu kaufen. Es darf unter den Hausmitteln nicht fehlen.
Täglich zweimal je fünf Tropfen auf Zucker eingenommen, befördert es die Verdauung und macht einen guten Appetit. Wer an Blähungen leidet, an Kopfweh infolge von aufsteigenden Gasen, an Übelkeiten, nehme Spiköl wie oben angegeben. Bei Gemütsleiden habe ich es sehr oft mit bestem Erfolg verwendet.

Sehr zu empfehlen sind auch Bäder mit Lavendelöl. Sie haben eine hautreinigende Wirkung und regen den Blutkreislauf an.

Leinsamen *(Linum usitatissimum)*

Der Lein, dessen Samen fast bekannter als die Pflanze selbst sind, ist in Mittel- und Südeuropa weit verbreitet. Bei uns wächst er kaum noch wild, sondern wird meist angebaut. Der dünne Stengel, aus dessen Fasern der Leinenstoff für Kleidung hergestellt wird, kann bis zu einem Meter hoch werden. An ihm wachsen wechselständig die schmalen Blätter. Aus den blauen Blüten, die von Juni bis August blühen, gehen im August/September die runden Kapseln hervor, die etwa zehn ovale, rötlich-braune Leinsamen enthalten. Als Heilmittel werden nur die Samen der Pflanze verwendet.

Die Leinsamen enthalten das fette Leinöl und viel Pflanzenschleim. Sie finden sowohl innerlich als auch äußerlich Verwendung.

Innerlich angewendet dienen sie zur Darmregulierung und sind eines der einfachsten und wirksamsten Mittel gegen Verstopfung. Hierfür nimmt man 1–2 Teelöffel am besten geschrotete Leinsamen mit einem Glas Wasser ein. Ebenso kann man die Leinsamen auch mit etwas Quark oder Joghurt und etwas Honig mischen, was gleichzeitig auch eine leichte Zwischenmahlzeit ist.
Während chemische Abführmittel, die über einen längeren Zeitraum genommen werden, oft genau das Gegenteil bewirken und eine starke Reizung des Darms herbeiführen können, wirken die Leinsamen ganz natürlich: Durch das enthaltene Öl gewinnt der Stuhl an Volumen und wird weicher. So wird die Ausscheidung erleichtert und die Darmtätigkeit angeregt.
Es ist jedoch darauf hinzuweisen, daß man keine sofortige Wirkung erwarten kann. Die Leinsamen sollten möglichst über mehrere Wochen oder auch Monate eingenommen werden. Da sie vollkommen schadlos sind, werden anfangs dreimal täglich zwei Eßlöffel voll zu jeder Hauptmahlzeit eingenommen, später dann einmal täglich drei Eßlöffel zu einer Mahlzeit.
Leinsamen enthalten zudem eine äußerst geringe Menge an Blausäure. Diese besitzt eine schmerzstillende Eigenschaft und wirkt beruhigend auf die Schleimhäute. Deshalb werden die Leinsamen bei Katarrhen, beispielsweise bei Bronchial- oder auch Magen-Darm-Katarrhen, angewendet.

Äußerlich nutzt man die Leinsamen als Umschläge bzw. Pflaster. Sie wirken kühlend, lösend, schmerzlindernd und heilend und helfen daher bei Entzündungen und Geschwülsten. Für das Pflaster verrührt man die gemahlenen Samen mit heißem Wasser zu einem Brei und legt diesen warm auf.
Ebenfalls für die äußerliche Anwendung geeignet ist das Leinöl, das in der Apotheke erhältlich ist.

Lindenblüten *(Flores tiliae)*

Die Linde, einer der wichtigsten Waldbäume, ist in ganz Europa heimisch. Wir unterscheiden die Sommerlinde (*Tilia grandifolia*) und die Winterlinde (*Tilia parvifolia*). Wie der lateinische Name schon sagt, hat die Sommerlinde größere, breite Blätter und die Winterlinde, die etwa 14 Tage später als die Sommerlinde blüht, kleinere. Die Blütezeit ist im Juni und Juli. Die Blüten sind grüngelb und sitzen auf einem langen Stiel. Die zwei Linden-Arten sind sich sehr ähnlich, und beider Blüten werden auch medizinisch verwendet.

Die Lindenblüten sind ein altbekanntes Heilmittel. Sie enthalten neben dem ätherischen Öl u.a. auch Pflanzenschleim.

Fast nur noch ältere Leute der alten Schule sammeln die einst so geliebten Lindenblüten. Sie haben ganz recht und mögen nur treu und konservativ bleiben.

Der Lindenblütentee ist neben dem Holundertee der bekannteste Schwitztee.

Für den Tee übergießt man einen Teelöffel Blüten mit einer Tasse heißem Wasser und läßt ihn einige Minuten ziehen. Der Tee, von dem man 2–3 Tassen pro Tag warm trinkt, kann mit Honig gesüßt werden.

Über das Schwitzen, bei dem der mißhandelte Körper vielmehr ausgepreßt wird, habe ich meine Sonderansichten. Dagegen verwende ich die Blüten sehr gerne für die den Schweiß erzeugenden und das Schwitzen ersetzenden Dämpfe.

Trefflich wirkt solcher Tee bei altem Husten, bei Verschleimungen der Lunge und Luftröhre sowie bei Unterleibsbeschwerden, die ihren Ursprung in der Verschleimung der Nieren haben.

Lungenkraut *(Pulmonaria officinalis)*

Das Lungenkraut, das fast in ganz Nord-, Mittel- und Südosteuropa verbreitet ist, findet man hauptsächlich in Laubwäldern und Gebüschen. Der Stengel der behaarten Pflanze wird 30–50 cm hoch. Die kräftigen Blätter haben eine ovale, spitz zulaufende Form und sind meist unregelmäßig weiß gefleckt. Die Blütezeit ist von März bis Mai. Anfangs haben die Blüten eine rote, später dann eine bläuliche Färbung. Als Heilmittel dienen sowohl die Blätter als auch die Blüten.

Wie der Name schon sagt, findet das Lungenkraut vor allem bei Erkrankungen der Atmungsorgane seine Anwendung, was hauptsächlich auf den schleimhaltigen Bestandteilen der Pflanze beruht.
Als Tee zubereitet, hilft das Lungenkraut bei Husten, Halsentzündung und Heiserkeit. Hierfür werden drei Teelöffel des Krauts mit einer Tasse heißem Wasser übergossen. Der Tee, von dem man pro Tag drei Tassen schluckweise warm trinkt, kann mit Honig gesüßt werden. Statt des Krauts kann man auch das Lungenkraut-Pulver aus der Apotheke für den Tee verwenden.

Malve *(Malva sylvestris)*

Die Malve, die fast überall auf der Erde verbreitet ist, wächst entweder wild an Wegrändern, Zäunen und Hecken oder als Kulturpflanze im Garten. Der Stengel der Pflanze ist behaart und kann bis zu einem Meter hoch werden. Die großflächigen Blätter sind in drei bis fünf dreieckige Lappen eingeteilt und haben einen gezahnten Rand. Von Juni bis September blühen die malvenfarbigen (pinkfarbigen) Blüten, deren fünf keilförmige Kronblätter am Rand deutlich eingebuchtet sind. Für Heilzwecke werden die Blätter und Blüten der Pflanze verwendet.

Die Malve enthält neben Pflanzenschleim auch Gerbstoffe.

Unter den Blumen im Garten dürfen die Malven nicht fehlen. Als der gute Schöpfer ihre uns erfreuende Blüte malte, hat er mit der Farbe in jedes Blättchen einen Tropfen Heilkraft gegossen.
Die Malvenblüten, als Tee bereitet, heilen Halsgebrechen und lösen Verschleimungen auf der Brust.

Für den Malventee übergießt man 2–3 Teelöffel der Malve mit einer Tasse heißem Wasser und läßt den Absud etwa zehn Minuten ziehen. Pro Tag trinkt man schluckweise bis zu drei Tassen des warmen Tees, den man auch mit Honig süßen kann.
Sehr wirksam ist es auch, bei Entzündungen von Mund oder Zahnfleisch den Tee als Gurgelwasser zu verwenden.

Gewöhnlich mischt man die Malvenblüten mit jenen des Wollkrautes.
Zur Verwendung bei Dämpfen, mögen sie zum Einatmen oder insbesondere als Ohrendämpfe dienen, erweist sich die Malve als sehr nützlich.

Mandelöl

Das süße Mandelöl soll unter den Ölen der Hausapotheke einen der ersten Plätze einnehmen. Es wirkt bei verschiedenen Leiden und Gebrechen, innerlichen wie äußerlichen, lindernd, kühlend und lösend.

Bei Verschleimungen in der Luftröhre, im Magen löst es auf und stellt in letzterem Fall den Appetit und die Verdauung wieder her.
Bei Entzündungen, besonders bei der gefürchteten Lungenentzündung, kühlt es. Solche Kranke sollen täglich drei- bis viermal je einen Kaffeelöffel Mandelöl einnehmen.

Äußerlich angewendet dient dieses Öl vorzüglich bei den verschiedenen Ohrenleiden. Bei Ohrensausen, Ohrenreißen, Ohrenkrampf, bei verhärtetem Ohrenfett ist Mandelöl das beste mir bekannte schmerzstillende, eventuell auflösende Mittel. Man gieße 6–8 Tropfen in das leidende Ohr und verstopfe dieses mit Baumwolle.

Wer durch Erkältung, Zugluft, rheumatische Zustände am Gehör gelitten hat, gieße den einen Tag in das Ohr 7–8 Tropfen, den anderen Tag in das andere ebensoviel und verstopfe jedesmal die Öffnung. Nach einigen Tagen kann man, mit lauwarmem Wasser das innere Ohr ausspülend, nach dem Erfolg forschen. Besser noch ist der Patient daran, welcher sich durch einen Sachverständigen sachte mit einem Ohrenspritzchen behandeln läßt.

Geschwülste mit großen Hitzen (Entzündungen) sollen mit Mandelöl zart eingerieben werden; es lindert den stechenden Schmerz und kühlt die brennende Hitze.

Die sogenannten Schrunden der Landleute, die manchmal recht weh tun, die durch Sitzen, Liegen, Reiten usw. entstandenen Wunden, mögen diese was für immer einen Körperteil peinigen, werden durch Anwendung (gelindes Einreiben) mit süßem Mandelöl vortrefflich behandelt.

Minze siehe Pfefferminze

Mistel *(Viscum album)*

Diese Schmarotzerpflanze, die insbesondere auf alten Bäumen gut gedeiht, ist gleichwohl eine treffliche Heilpflanze.

Die Pflanze ist vor allem im Norden Europas verbreitet. Die Mistel zapft mit ihren Wurzeln die Rinde ihres Wirtes, auf dem sie sich niedergelassen hat, an und saugt teilweise dessen Nährstoffe auf. Dennoch ist die Mistel nur ein Halbschmarotzer, da ihre immergrünen Blätter Chlorophyll (Blattgrün) enthalten, mit dem sie die organische Substanz selbst herstellen kann. An den stark verzweigten Stengeln wachsen ovale Blätter, die sich paarweise gegenüberstehen. Aus den kleinen gelb-grünen Blüten, die im März und April blühen, bilden sich dann die weißen, gummiartigen Beeren. Zu Heilzwecken verwendet man die ganze Pflanze und sammelt sie im Herbst und Winter.

Ihre Heilwirkungen erstrecken sich in erster Linie aufs Blut, und ich kann den Müttern nicht genug ans Herz legen, recht gute Bekanntschaft mit diesem Kraut zu machen.

Die Mistel ist vor allem als blutdrucksenkendes Mittel bekannt.

Tee von Mistel stillt Blutflüsse. Ich könnte eine Reihe von Fällen aufzählen, bei denen eine einzige Tasse zur Stillung genügt hat. Auch bei anderen Störungen im Blutumlauf kann diese Pflanze und ihr durchaus unschädlicher Tee zu Rate gezogen werden.

Für den Misteltee übergießt man zwei Eßlöffel Misteln mit einer Tasse heißem Wasser und läßt den Aufguß am besten über mehrere Stunden hinweg ziehen. Pro Tag trinkt man bis zu drei Tassen davon.

Mit Misteln kann man (zur Hälfte) Zinnkraut mischen; auch Santala, ein rotes Pulver, dient gut zur Beimengung; siehe »Santala«.

Gute Erfahrungen bei Gelenk- und Gefäßerkrankungen hat man auch mit Injektionen von verdünntem Mistelextrakt gemacht. Diese Spritzen dürfen selbstverständlich nur vom Arzt verabreicht werden.

Nelkenöl

Das Nelkenöl wirkt ähnlich wie das Mandel- und das Salatöl, mit denen es auch häufig vermischt wird. Als besonders dienlich hat es sich mir erwiesen gegen faule Gase und verdorbene, faule Säfte und Stoffe im Magen. In der Regel nimmt man das Nelkenöl auf Zucker, täglich ein- bis zweimal je 4–6 Tropfen.

Pfefferminze und Wasserminze

(Mentha piperita und Mentha aquatica)

Die Pfeffer- und Wasserminze sind verwendbar und in ihren Wirkungen wenig verschieden. Der Wasserminze, die stärker wirkt, gebe ich den Vorzug.

Die Pfefferminze, die eine Kreuzung aus mehreren Minzarten zu sein scheint, ist schon seit Jahrhunderten fast überall auf der Erde verbreitet und als bewährtes Heilmittel bekannt. Bei uns wächst sie nicht wild, sondern wird angebaut. Der kantige Stengel der Pflanze wird in der Regel 60–80 cm hoch. Die kurzstieligen, paarweise angeordneten Blätter haben eine ovale, spitz zulaufende Form und sind am Rand scharf gezahnt. Blätter und Stengel können auch oft statt dem dunklen Grün eine leicht violette Farbe haben. Zwischen Juli und September zeigen sich die ährenbildenden violetten Blüten. Als Sammelgut dienen die Blätter der Pfefferminze.

Die Wasserminze, auch Bachminze genannt, wächst in Gräben, Wiesen, Sümpfen und bevorzugt nasse Böden. Auch die Wasserminze hat einen kantigen Stengel, an dem die Blätter paarweise angeordnet wachsen. Die Blätter sind wie bei der Pfefferminze gezahnt, haben jedoch eine behaarte Blattunterseite. Die Blüten bilden Köpfchen und blühen hellviolett an den Enden der Stengel.

Beide Minzarten haben als wesentlichen Bestandteil ätherisches Öl, in dem wiederum das bekannte Menthol enthalten ist. Die zwei Pflanzen haben anregende, verdauungsfördernde, krampflösende und leicht schmerzstillende Eigenschaften.

Die Minze zählt zu den Hauptmitteln, welche den Magen stärken und die Verdauung befördern. Schon der würzige Geruch zeigt an, daß dieses Kräutchen bezüglich seiner Heilkraft einen vornehmen Platz einnehmen müsse.

Wer Minzenkräuter bei heftigem Kopfweh auf die Stirn bindet, wird bald schon ein Nachlassen und eine Beruhigung fühlen.

Praktischer und einfacher in der Handhabung ist hier das Pfefferminzöl, das äußerlich angewendet wird. Damit reibt man bei Kopfweh die Schläfen und die Stirn ein oder tupft es als juckreizstillendes Mittel auf die Haut (Achtung, nicht in die Augen bringen!). Das Öl ist in der Apotheke erhältlich.

Minzentee, jeden Morgen und jeden Abend eine Tasse, befördert die Verdauung und macht das Aussehen gesund und frisch.

Sehr gute Wirkung zeigt der Tee auch bei Blähungen, Koliken und starkem Aufstoßen. Zudem fördert er auch die Funktion der Gallenblase. Für den Tee überbrüht man zwei Teelöffel Minzblätter mit einer Tasse siedendem Wasser.

Denselben Dienst tut das Pulver, wenn ich täglich ein bis zwei Messerspitzen davon in Speisen oder in Wasser nehme. Durch Krankheit sehr Geschwächte, bei jeder Kleinigkeit vom Herzklopfen Befallene, viel an Übelkeiten und häufigem Erbrechen Leidende sollen den Tee und das Pulver der Minze gebrauchen.

Minzentee, in halb Wasser und halb Wein bereitet, mehrere Tage hindurch täglich eine Tasse genommen, nimmt übel und faul riechenden Atem.

Minzenabsud, mit Essig bereitet, von Zeit zu Zeit löffelweise (1–2 Kaffeelöffel) genommen, stillt Blutbrechen.
Minzen, in Milch wie Tee bereitet und warm getrunken, nehmen Unterleibsschmerzen.

Daß doch jede Hausfrau diesen edlen Pflänzchen neben der Raute ein Eckchen im Garten anweisen möchte! Sie lohnen die Mühe allein schon durch den ungemein erfrischenden Wohlduft, den sie bei jeder Berührung freigebigst in unsere Hand legen.

Raute *(Ruta graveolens)*

Die Raute, die auch Garten- oder Weinraute genannt wird, stammt aus den Mittelmeerländern. Bei uns wird sie teilweise in Gärten angebaut, ist aber auch wild wachsend an Mauern oder Hängen zu finden. Die Stengel der Pflanze sind etwa 70 cm hoch und tragen länglich gefiederte Blätter. Die grün-gelben Blüten bilden Rispen und sind löffelartig geformt. Ihre Blütezeit ist im Juni und Juli.

Diese edle, heilkräftige Pflanze ist leider noch allzu wenig bekannt, das heißt in ihren vorzüglichen Wirkungen anerkannt. Die Pflanzen reden zu uns durch ihren Geruch. Wie klar und durchdringend meldet die Raute ihren guten Willen, uns Menschen zu helfen und verschiedenes Leid zu lindern, als wenn jedes der kleinen Blättchen gleichsam ein Zünglein wäre.
Die Raute wirkt, wie und wo immer sie angewendet wird, stärkend und kräftigend.

Hauptwirkstoff der Raute ist das enthaltene ätherische Öl.
Wer nur ein Blättchen kaut, kann diese Wirkung alsbald auf der Zunge verspüren. Dazu erquickt sein Geschmack

die ganze Mundhöhle; er tut wohl und hält an wie Weihrauchduft, der ein Haus erfüllt.

Bei Eingenommenheit des Kopfes, bei Schwindel bewährt sich der Tee von Raute vortrefflich; nicht minder bei Atmungsbeschwerden, Herzklopfen und allen Unterleibsbeschwerden (z.B. Krämpfen), die in der Schwäche des Gesamtkörpers oder einzelner Organe ihren Grund haben. Ich empfehle diesen Tee insbesondere allen jenen Personen, die zu den genannten Schwächen, zu Krämpfen, Hysterie usw. Anlage verraten.

Für die Zubereitung des Tees wird ein Teelöffel Rautenblätter mit einer Tasse heißem Wasser übergossen. Täglich sollte man nicht mehr als eine, höchstens zwei Tassen davon trinken, denn die Raute kann giftige Wirkungen zeigen und sollte daher, wenn überhaupt, dann nur sehr vorsichtig angewendet werden. Für Allergiker und Schwangere eignet sie sich nicht.

Wer Raute in Alkohol ansetzt, kann statt des Tees bei den aufgeführten Übeln täglich (höchstens) zweimal 10–12 Tropfen auf Zucker nehmen. Rautenöl wird ebenso genommen. Die Zubereitung geschieht folgendermaßen: Gedörrte Rautenblättchen werden zerquetscht und in ein Glas gebracht. Darauf gießt man feineres Salatöl und stellt das Glas längere Zeit an die Wärme. Später gießt man den Inhalt ab und nimmt ihn, wie angegeben, tropfenweise.

Rosmarin *(Rosmarinus officinalis)*

Rosmarin, der ursprünglich aus den Ländern des Mittelmeerraumes stammt, wächst dort auch heute noch wild. Bei uns wird er als Kulturpflanze angebaut. Der Busch kann eine Höhe von bis zu zwei Metern erreichen. Seine immergrünen Blätter sind schmal, fast nadelartig und haben einen nach unten gerollten Rand. Die Blattoberseite ist grün, die Unterseite hingegen weiß bzw. silbrig. Im April und Mai zeigen sich die kleinen, lippenförmigen Blüten in einer hellblau-violetten Farbe. Zu Heilzwecken werden die aromatisch riechenden Blätter verwendet, die man in der Zeit zwischen Juni und August sammelt.

Der Rosmarin enthält neben Gerb- und Bitterstoffen ätherische Öle mit einer kampferartigen Substanz. Dieser Rosmarin-Kampfer ist vor allem für seine kreislaufanregende Wirkung bekannt. Deshalb wird diese Pflanze besonders bei Kreislauf- oder Nervenschwäche angewendet, aber darüber hinaus auch bei Verdauungsbeschwerden sowie bei Schmerzen in Muskeln und Gelenken.

Ein Sträußchen von Rosmarin darf am Hochzeitstage keinem Gast fehlen. Eine Schande aber wäre es nicht minder, wenn dem Sammler für die Hausapotheke dieses würzige Kraut entginge.

Rosmarin ist ein vorzügliches Magenmittel. Als Tee zubereitet und getrunken, reinigt er den Magen von Verschleimungen, bewirkt guten Appetit und gute Verdauung. Wer gerne das Medizinglas auf seinem Tisch prangen sieht, diesen Tröster in Krankheiten, der fülle ein solches mit Rosmarintee und nehme morgens und abends je 2–4 Eßlöffel voll. Der Magen wird nicht mehr lange in der Verschleimung steckenbleiben.

Für den Tee überbrüht man einen Teelöffel der Rosmarinblätter mit einer Tasse heißem Wasser. Pro Tag trinkt man 2–3 Tassen davon schluckweise.
Ein vorzügliches Mittel ist dieser Tee auch, wenn er äußerlich als Reinigungsmittel für die Haut oder Kopfhaut verwendet wird. Er erfrischt die Haut, heilt Ausschläge und regt die Durchblutung an.

Rosmarinwein, in kleinen Portionen getrunken, hat sich als treffliches Mittel gegen Herzgebrechen bewährt. Er wirkt beruhigend und bei Wassersucht stark auf Ausscheidung durch den Urin.

Des weiteren ist dieser Wein zur Stärkung von schwachen, alten Leuten bestens geeignet.

Man nehme täglich morgens und abends 3–4 Eßlöffel oder ein kleines Weingläschen von dem angenehmen Trank, an den man sich bald gewöhnen wird. Zur überaus einfachen Zubereitung schneide man eine Handvoll Rosmarin möglichst klein, bringe das Zerschnittene in eine Flasche und gieße diese mit gutem, gelagertem Wein (am besten Weißwein) auf. Nach einem halben Tag schon ist der Abguß als Rosmarinwein verwendbar. Dieselben Blättchen können zu einem neuen Ansatz nochmals verwendet werden.

Gegen Gelenk- oder Muskelbeschwerden hilft das Einreiben mit Rosmarinöl, -alkohol oder -salben. Diese Produkte sind in Apotheken erhältlich. Sehr großer Beliebtheit erfreuen sich auch die belebenden Rosmarinbäder (z.B. Rosmarin-Ölbad) bei Erschöpfungszuständen. Diese Bäder sollten daher nicht am Abend vor dem Schlafengehen verwendet werden.

Salatöl

Salatöl ist jede Art von Öl, die zu Bereitung der Speisen, besonders des Salates, verwendet wird. Im Handel nennt man es gewöhnlich Tafelöl, Tischöl oder Speiseöl. Die edelste, vorzüglichste dieser Sorten bildet das reine, feine Ölivenöl. Die Art der Anwendung ist dieselbe wie jene des Mandelöls.

Salbei *(Salvia officinalis)*

Salbei, der vor allem im südlichen Europa vorkommt, wächst zwar auch bei uns teilweise wild auf kalkreichen Böden, wird aber meist angebaut. Der vierkantige, filzige Stengel der Pflanze kann bis zu einem Meter hoch werden. Die Blätter, ebenfalls weißlich behaart, haben eine länglich-ovale Form, eine angerauhte Oberfläche und einen leicht gezahnten Rand. Im Juni und Juli zeigen sich die lippenförmigen, violetten oder auch bläulichen Blüten. Für Heilzwecke werden die stark aromatisch riechenden Blätter verwendet, die man im Mai und Juni sammelt.

Wer ein Gärtchen am Hause hat, wird, wenn er es neu anlegt, den Salbeistock nicht vergessen; er ist eine hübsche Zierpflanze.

Doch Salbei (hier ist stets der Gartensalbei gemeint) ist nicht nur eine Zier- oder Gewürzpflanze, sondern hat auch eine vorzügliche, fast kann man sagen umfassende Heilwirkung. Die Pflanze gehört zu Kneipps meistverwendeten Heilkräutern. Sie hat eine stark verdauungsfördernde sowie schweißhemmende Eigenschaft, wirkt anregend auf Leber und Gallenblase und unterstützt die Wundheilung.

Oft habe ich es gesehen, daß Vorübergehende ein Blatt nahmen und damit die schwarzen Zähne rieben. Dieses besagt, daß Salbei reinigende Kraft besitzt. Verschleimungen im Gaumen, Hals und Magen entfernt Tee von Salbei.

Bei Entzündungen im Mund- und Rachenraum sowie bei Beschwerden des Zahnfleischs eignet sich Salbeitee hervorragend als Gurgelwasser. Für den Tee überbrüht man zwei Teelöffel Salbeiblätter mit einer Tasse heißem Wasser. Täglich trinkt man davon 2–3 Tassen.

Alte, eiternde Wunden, mit Absud von Salbei ausgewaschen oder überbunden, heilen sicher und schnell.

Wurde früher der Salbei den schwangeren Frauen für einen guten Geburtsverlauf gegeben, so hilft er auch heute noch bei Beschwerden im Unterleib und während der Wechseljahre (hier schätzt man besonders seine schweißhemmende Wirkung).

Salbei, den man wie Tee in Wasser und Wein absiedet und trinkt, reinigt Leber und Nieren.

Kräftiger sind die genannten Wirkungen, wenn Salbei mit Wermut vermengt (halb und halb) und die Mischung als Tee zubereitet wird.

Pulver dieser Heilpflanze, wie Pfeffer, Zucker oder Zimt auf Speisen gestreut, leistet bei den aufgeführten Leiden dieselben Dienste wie der Tee.

Santala

Santala ist ein rotes Pulver vom Sandelholzbaum, eigentlich zum Rotfärben dienend; es kann in der Apotheke gekauft werden.

Ich mische dieses ganz harmlose Mittelchen stets mit dem Tee von Misteln, indem ich zu einem Eßlöffel Mistelblätter zwei Messerspitzen Santala nehme und so die Wirkung besagten Tees verstärke.

Schafgarbe *(Achillea millefolium)*

Die Schafgarbe, die zu den Korbblütlern zählt, wächst bei uns überall wild auf Wiesen, Wegrändern, Gräben und Äckern. Diese oft auch als Unkraut verkannte Pflanze ist leicht zu erkennen. Ihre verästelten Stengel werden bis zu 70 cm hoch. Wie der Name »*millefolium*«, d.h. tausendblättrig, schon besagt, sind die Blätter der Schafgarbe ganz fein eingeschnitten, so daß jedes einzelne Blatt wie ein Blättergespinst aussieht. Zwischen Juni und Oktober blühen die weißen Doldenblüten. Als Heilmittel wird das ganze Kraut verwendet, das man von Juni bis Oktober sammeln kann.

Die Schafgarbe enthält wie die Kamille ein ätherisches Öl von blauer Farbe, das Azulen, sowie Gerb- und Bitterstoffe. Diese Bestandteile haben eine gute Heilwirkung auf den Magen und den Darm. Daher hilft die Pflanze, innerlich angewendet, bei Appetitlosigkeit, Krämpfen in Bauch und Unterleib sowie bei Entzündungen von Magen und Darm. Darüber hinaus regt sie auch die Tätigkeit der Galle und der Leber an.

Für den Schafgarbentee überbrüht man zwei Teelöffel des Krauts mit einer Tasse heißem Wasser. Es sollten nicht mehr als 1–2 Tassen pro Tag davon getrunken werden.

Die Schafgarbe ist schon seit Jahrhunderten als Heilmittel der Frauen bekannt. Sie hilft bei Menstruationsbeschwerden oder bei unregelmäßiger Periode.

Äußerlich angewendet, z.B. zum Reinigen von Wunden, unterstützt der Tee die Heilung und wirkt entzündungshemmend. Gute Erfolge zeigen sich auch bei der Behandlung von Schuppenflechte.

Kneipp weist ferner darauf hin, daß bei allen Erkrankungen, für deren Heilung man Johanniskraut verwendet, die Schafgarbe eine gute Alternative zu diesem ist.

Schlüsselblume *(Primula officinalis)*

Die Schlüsselblume, im Volksmund auch Himmelschlüssel genannt, ist in ganz Europa verbreitet. Man findet dieses Primelgewächs auf Wiesen, an Abhängen und Waldrändern. Der Stengel, an dessen Fuß die Blätter eine Rosette bilden, ist etwa 10–20 cm hoch. Die ovalen Blätter sind auf der Blattoberseite leicht runzelig, die Unterseite ist behaart. Im April und Mai blühen die hübschen gelben, trichterförmigen Blüten. Da die Pflanze unter Naturschutz steht, darf sie nicht ohne behördliche Erlaubnis gesammelt werden. Für Heilzwecke werden sowohl die Wurzeln als auch die Blüten und Blätter verwendet.

Nur die dunkelgelbe Schlüsselblume hat Wert für die Hausapotheke. Schon der Geruch verrät, daß in all diesen Blütenkelchen eine besondere Heilflüssigkeit stecken müsse. Kaut man zwei bis drei dieser gelben Trichterchen, so fühlt man recht gut, welch medizinischen Gehalt sie bergen.

Die Schlüsselblume hat harntreibende und reinigende Eigenschaften. Der Stoff Saponin, der in der Wurzel enthalten ist, wirkt schleimlösend und stillt daher Husten.

Wer Anlage hat zur Gliederkrankheit [z.B. Rheuma, Gicht] **oder schon an diesem Gebrechen leidet, trinke längere Zeit hindurch täglich eine Tasse Schlüsselblumentee. Die heftigen Schmerzen werden sich lösen und allmählich ganz verschwinden.**

Für den Tee werden zwei Teelöffel der Pflanze mit einer Tasse heißem Wasser überbrüht und zehn Minuten lang gekocht. Pro Tag trinkt man etwa 1–2 Tassen davon.

Spitzwegerich *(Plantago lanceolata)*

Die Wegerichgewächse kommen auf der ganzen Welt vor, wo man sie an Wegen, Wiesen und Abhängen findet. Der Spitzwegerich wird etwa 30–50 cm hoch. Am Fuß des kahlen Stengels bilden die länglich-lanzettförmigen Blätter eine Rosette. Die weißen Blütenähren zeigen sich zwischen April und September.

Zu Heilzwecken verwendet man die Blätter des Spitzwegerichs, die neben dem Pflanzenschleim auch Kieselsäure sowie Bitter- und Gerbstoffe enthalten.

Wenn die Landleute sich bei ihren Arbeiten verwunden, so suchen sie rasch Blätter vom Spitzwegerich und ruhen nicht mit Drücken und Kneten, bis das etwas störrische Blatt sich einige Tropfen auswringen läßt. Diese bringen sie entweder direkt in die frische Wunde, oder sie befeuchten damit ein Läppchen, das sie an den wunden Teil bringen.

Verweigert das Blatt seine Heilkraft, läßt es sich bloß mürbe und etwas feucht reiben, so legen die Leute die mürben Blätter selbst auf. Ist dabei Gefahr der Blutvergiftung? Das kennt der Spitzwegerich nicht. Ein solcher Verband ist der erste, aber manchmal der beste Notverband, denn die Heilung solcher Wunden geht rasch vor sich. Wie mit Goldfäden näht der Wegerichsaft den klaffenden Riß zu, und wie sich an Gold nie Rost ansetzt, so flieht den Spitzwegerich jede Fäulnis und faules Fleisch.

Die Wirkung dieser Pflanze nach innen ist nicht minder vorteilhaft. Daß doch Hunderte von Menschen im Frühjahr oder Sommer diese Heilblätter sammeln, zerquetschen, die Säfte auspressen und trinken würden! Zahllose innere Gebrechen, die aus dem unreinen Blut wie Giftpilze hervorschießen, würden nicht eintreten.

Der Spitzwegerich gilt nämlich als ein hervorragendes Mittel zu Blutreinigung und -verbesserung. Darüber hinaus wirkt er harntreibend und ist somit nicht nur gut für Nieren und Blase, sondern entschlackt den ganzen Körper.

Die gedörrten Blätter von Spitzwegerich geben gleichfalls eine prächtige Teepflanze ab gegen innere Verschleimung.

Der Spitzwegerichtee ist daher ideal zur Behandlung von Husten, Heiserkeit, Halsschmerzen und asthmatischen Erkrankungen. Hierfür überbrüht man drei Teelöffel der Blätter mit einer Tasse heißem Wasser. Pro Tag trinkt man etwa drei Tassen warmen Tee, den man je nach Belieben auch mit Honig süßen kann.

Mit gedörrten Spitzwegerichblättern kann zu Tee sehr gut das Lungenkraut *(Pulmonaria officinalis)* verbunden werden (halb und halb).

In der Apotheke kann man den Tee auch als fertige Mischung bzw. in Pulverform kaufen. Eine praktische Alternative zum Spitzwegerichtee ist auch der gebrauchsfertige Spitzwegerichsaft, der ebenfalls in der Apotheke erhältlich ist.

Sumpfklee siehe Bitterklee

Tausendgüldenkraut *(Erythraea centaurium)*

Das Tausendgüldenkraut, das zur Familie der Enziangewächse gehört, ist fast in ganz Europa verbreitet. Man findet es an Waldrändern und Wiesen, und zwar bevorzugt auf sandigem, feuchtem Boden.

Der Stengel, an dessen Fuß die eiförmigen Blätter eine Rosette bilden, wird etwa 30–40 cm hoch. Die Blätter im oberen Bereich sind kleiner und haben eine eher längliche Form als die unteren.

Im Juli und August blühen die rosa Blüten, die eine Dolde bilden. Zu Heilzwecken wird das ganze Kraut verwendet.

Welch merkwürdige Namen unsere Voreltern manchem Kräutchen beilegten! Sie kannten eben noch deren Wert. Unser Kraut muß bei ihnen in hoher Geltung und Schätzung gestanden sein. Seine Verwendung kündigt schon der sehr bittere Geschmack an, der es begleitet.

Die Pflanze enthält vor allem den Bitterstoff Glykosid, der besondere Wirkung auf die gesamte Tätigkeit des Magens hat.

Tee von Tausendgüldenkraut leitet die Magenwinde aus, verdrängt unbrauchbare und ungesunde Säuren, unterstützt und verbessert die Magensäfte, wirkt vorteilhaft auf Nieren und Leber. Es ist das beste Mittel gegen Sodbrennen.

Zudem fördert die Pflanze den Appetit und regt die Verdauung an.

Für den Tee wird ein Teelöffel des Krauts mit einer Tasse Wasser übergossen. Den Aufguß läßt man 6–10 Stunden lang ziehen und trinkt den Tee dann kalt eine Viertel- oder eine halbe Stunde vor den Hauptmahlzeiten, pro Tag etwa zwei Tassen.

Wer an Störungen im Blut, besonders an Blutmangel, Blutwallungen usw. leidet, suche Rat und Hilfe beim Tausendgüldenkraut.

Äußerlich angewendet hilft das Tausengüldenkraut aufgrund seiner entzündungshemmenden Eigenschaft bei Wunden, Hautausschlägen oder Entzündungen. Bei diesen Erkrankungen verwendet man den Absud der Heilpflanze für Umschläge oder zum Reinigen.

Der Name lautet auf eine hohe Summe; die Hilfe spendet das Kräutchen einem jeden umsonst.

Veilchen *(Viola odorata)*

Das Veilchen ist überall in Europa verbreitet, es wächst an Wegen, Gebüschen und Hecken oder schmückt Beete im Garten.

Aus der kurzen Wurzel der Pflanze wachsen am Boden kriechende Ausläufer. Die Blätter sind herzförmig und haben einen gezahnten Rand. Im März und April zeigen sich die violetten Blüten, die den herrlichen Veilchenduft verströmen.

Das Veilchen kennt jedermann, und wer hat sich nicht an seinem Duft erfreut? Dieses liebliche Frühlingsblümchen soll mit seinem Heilduft auch unsere Hausapotheke erfüllen.

Die Bestandteile der Pflanze sind Pflanzenschleim, ätherisches Öl, Gerbstoffe, entzündungshemmende Salizylsäure sowie der Wirkstoff Saponin.

Wenn zur beginnenden Frühlingszeit infolge des oftmaligen Witterungswechsels die Kinder starken Husten oder Keuchhusten bekommen, koche die besorgte Mutter eine Handvoll grüner oder gedörrter Veilchenblätter (auch die Wurzeln des Blümchens können benutzt, müssen aber vor dem Absieden zerquetscht werden) in einem Viertelliter siedendem Wasser ab und gebe dem Kind nach je zwei bis drei Stunden jedesmal 2–3 Löffel solchen Tees. Erwachsene heilen den alten Keuchhusten, wenn sie den Tee dreimal am Tag (je eine Tasse) nehmen.

Schwindsüchtigen lindert er ebenfalls den Husten und unterstützt die Schleimauflösung. Er dient wie eine Medizin und soll auch so genommen werden, d.h. alle zwei bis drei Stunden 3–5 Eßlöffel.

Der Tee dient ferner bei Kopfweh und großer Hitze im Kopf. Man befeuchte zugleich einen Lappen mit Veilchen-

blättertee und binde ihn an die Stirn, oder noch besser, man wasche den Kopf, besonders den Hinterkopf, mit dem Absud. Ich kenne Fälle, in denen bald Ruhe und Schlaf eintraten.

Bei geschwollenem Hals ist dieser Tee ein probates Gurgelwasser; man tauche zugleich den anzuwendenden Halswickel statt in gewöhnliches Wasser in den Absud.

Veilchenblätter, zerquetscht und überbunden, kühlen und verteilen erhitzte Geschwülste, in Essig abgekocht dient solcher Absud, wenn man ihn zu Auflagen benutzt, zur Heilung von Fußgicht.

Erfreue dich an dem Wohldufte und dem herrlichen Blau manches schönen Veilchensträußchens! Verwahre aber auch einen kleinen Vorrat des Heilkräutchens in deiner Hausapotheke, daß es dem Kranken dufte noch zu einer Zeit, in der das Frühlingsblümchen längst verblüht ist!

Vogelknöterich *(Polygonum aviculare)*

Es wächst ein Kräutlein ganz unbeachtet, gewöhnlich um die Häuser herum, besonders in den Bauerngehöften, auch am Rande der Gassen, das den Namen »Wegtritt« führt. Auch Knöterich wird es genannt, weil an jedem Glied ein kleiner Knoten ist. Man nennt dieses Kräutlein Wegtritt, weil man gewöhnlich auf demselben geht.

Die Pflanze, die von einem Stock viele Ausläufer hat, kann über einen halben Meter lang werden. Die Blätter variieren stark in der Form. Die grün-weißen Blüten zeigen sich von Juli bis Oktober. Für Heilzwecke dient das ganze Kraut, jedoch ohne die Wurzeln.

Hauptwirkstoff der Pflanze ist die enthaltene Kieselsäure, die eine harntreibende Eigenschaft mit sich bringt.

Wie dieses Kraut Nieren- und Blasensteine austreibt, so wirkt es auch reinigend nach innen, wie auf Nieren, so auf Leber, Magen und Brust. Der Wegtritt hat große Wirkung bei Steinleiden, wenn täglich eine oder zwei kleine Tassen Wegtritt-Tee getrunken werden.

Für den Tee wird ein Teelöffel des Krauts mit einer Tasse heißem Wasser übergossen und 10–15 Minuten aufgekocht. Pro Tag trinkt man bis zu drei Tassen davon schluckweise.

Gute Dienste leistet der Vogelknöterich aufgrund seines Gerbstoffgehalts auch bei Durchfall.

Es kann dieses Kräutlein nicht genug empfohlen werden.

Wacholder *(Juniperus communis)*

Der Wacholder ist überall in Europa verbreitet und wächst in Nadelwäldern, auf Heiden und an Berghängen, bevorzugt auf steinigem Boden. Der Strauch, der zur Familie der Zypressengewächse gehört, ist etwa zehn Meter hoch, kann aber vereinzelt sogar die Höhe eines Baumes erreichen. Der stark verzweigte Stamm hat eine rauhe, rotbraune Rinde. Die Blätter, die wie Nadeln aussehen, bilden Quirle. Aus den Blüten entstehen zunächst grüne Beeren, die erst im darauffolgenden Jahr die bekannte blauschwarze Farbe annehmen. Die Blütezeit ist im April und Mai. Zu Heilzwecken dienen hauptsächlich die Beeren, die erst im reifen, d.h. blauschwarzen Zustand gesammelt werden, aber teilweise auch das Holz des Wacholders.

Die Wacholderbeere enthält ätherisches Öl, Bitter- und Gerbstoffe sowie auch Zucker.

Die Wacholderbeere, wer kennt sie nicht? Als Räucherwerk verbreitet sie in Zimmern und Gängen einen angenehmen Geruch und verbessert die Luft.
Wenn es gilt, einen Raum, worin ansteckende Kranke oder Tote lagen, zu desinfizieren, dann lobe ich mir stets Wacholderdampf. Der räumt mit allen Pilzen, und wie die fliegenden Anstecker und Krankheitserzeuger heißen, gründlich auf.

Ähnliche Wirkung übt der Wacholder im Innern des menschlichen Organismus aus. Die Beere räuchert gleichsam den Mund und den Magen und feit gegen Ansteckung. Wer im Dienste Schwerkranker durch Heben, Tragen, Bedienen, Anhören derselben der Ansteckungsgefahr Tag und Nacht preisgegeben ist, kaue stets einige Wacholderbeeren (6–10 am Tag). Sie bereiten guten Geschmack im Mund und tun gute Dienste bei der Verdauung. Sie verbrennen gleichsam die schädlichen Miasmen, Ausdünstungen usw., wenn diese durch Mund und Nase eindringen wollen.

Solche, die an schwachem Magen leiden, mögen das folgende Verfahren einhalten, gleichsam eine kleine erprobte Kur mit Wacholderbeeren machen:
Den ersten Tag sollen sie mit 4 Beeren beginnen, den zweiten Tag mit 5 Beeren fortfahren, den dritten Tag sollen sie 6, den vierten 7 Beeren kauen und so mit Tagen und Beeren bis auf 12 (Tage) und 15 (Beeren) auf- und dann wieder auf 5 Beeren heruntersteigen, beim Absteigen jeden Tag eine Beere auslassend.
Viele kenne ich, deren gasgefüllter und infolgedessen geschwächter Magen durch diese einfache Beerenkur gelüftet und gestärkt wurde.

Darüber hinaus werden auch Appetit und Verdauung durch die Wacholderbeere angeregt.

Bei Stein-, Grieß-, und Leberleiden haben die Wacholderbeeren seit alten Zeiten einen guten Ruf, ebenso in all jenen Fällen, wo es gilt, faule Gase, wässerige und schleimige Stoffe aus dem Körper zu entfernen.

Die Beere hat eine stark harntreibende Wirkung und beeinflußt den Stoffwechsel. Sie wird daher vor allem bei Gicht, Rheuma und Wassersucht angewendet.

Bei vorhandenem Nierenleiden darf das Heilmittel nur mit Erlaubnis des Arztes verwendet werden, da es durch das ätherische Öl zu Nierenreizung kommen kann. Auch gesunde Personen sollten die Wacholderbeere nie länger als über einen 4–6wöchigen Zeitraum einnehmen. Hält man sich jedoch an die Vorgaben, zeigt die Beere gute Wirkung.

Neben den Beeren benutze ich die jungen Sprossen des Wacholderstrauches zu Tee bei Anfängen der Wassersucht, desgleichen zur Reinigung des Blutes.

Für den Tee übergießt man einen Teelöffel getrockneter und zerquetschter Beeren mit einer Tasse heißem Wasser. Pro Tag trinkt man davon etwa 2–3 Tassen.

Alternativ zum Wacholdertee oder zu den getrockneten Beeren kann man auch Wacholdersirup oder -öl aus der Apotheke verwenden.

Wasserminze siehe Pfefferminze

Wegtritt siehe Vogelknöterich

Wegwarte *(Cichorium intybus)*

Der Wegwart wartet auf den, der ihn in seine Hausapotheke einheimsen will, auf jedem Wege.

Die Pflanze ist überall in Europa verbreitet und wächst an Wegrändern, Hecken, auf Wiesen und Brachland.

Er heißt auch Sonnenwirbel, da seine Blätter sich stets der Sonne zukehren. Wenn man ihn ansieht, den guten Wegwart mit seinem verkümmerten Stengel und den zerzausten Blättchen, so kommt er einem vor wie ein Struwwelpeter unter den Pflanzen.

Der Stengel ist in der Tat stark verästelt. Die Blätter bilden unten eine Rosette, nach oben hin werden sie kleiner und spärlicher.

Nur die blaue Blüte, etwas heller als die Kornblume, bringt ihn wieder etwas in Kredit und Achtung.

Die Blütezeit ist im Juli und August.

Wie das Kraut und die Blüten, so sind auch die Wurzeln zu Heilzwecken dienlich. Man sticht sie am leichtesten bei Regenwetter aus.

Das Aussehen täuscht gar oft; auch beim Wegwart ist es so, denn sein Inneres ist golden.

Die Pflanze enthält unter anderem Bitterstoffe und Insulin und wirkt daher verdauungsfördernd, harntreibend und anregend auf Leber, Galle sowie auf den Stoffwechsel.

Tee von Wegwartkraut hebt Verschleimungen im Magen, nimmt überflüssige Galle, reinigt Leber, Milz und Nieren und führt die kranken Stoffe durch den Urin aus. Man nehme zu diesem Zweck (es kann auch geschehen, um den durch irgendwelche Nahrung usw. verdorbenen

Magen wieder instand zu setzen, um die Verdauung zu fördern) während drei bis vier Tagen täglich zwei Tassen, die eine vor dem Frühstück, die andere abends.

Für den Tee überbrüht man einen Teelöffel des Krauts mit einer Tasse heißem Wasser.

Bei Magendrücken, auch bei schmerzlichen Entzündungen am Körper, lege man auf den Magen und auf die schmerzenden Stellen mit heißem Wasser abgebrühte und in ein Tuch gehüllte Wegwart-Kräuter und -Blüten und erneuere diese Auflagen täglich zwei- bis dreimal.

Die Kräuter werden sehr oft in Alkohol angesetzt. Dieser Wegwartsprit behebt das Schwinden, wenn man die schwindenden Glieder täglich ungefähr zweimal gut damit einreibt.

Von der Heilkraft der Wegwarte sagt man nämlich, daß sie eine gute und stärkende Wirkung auf die Knochen und Muskeln hat.

Wermut *(Artemisia absinthium)*

Wermut, der ursprünglich aus dem Mittelmeergebiet stammt, ist überall in Europa verbreitet und wächst entweder wild an Wegrändern, auf Ödland und Bergen oder wird teilweise auch angebaut. Der Strauch, der bis zu zwei Meter hoch werden kann, ist stark verzweigt. Die silbrig-weiß behaarten Blätter sind gefiedert und haben eine längliche Form. In der Zeit von Juli bis September zeigen sich kleine, gelbe Blütenköpfchen. Für Heilzwecke wird das ganze Kraut verwendet.

Die Heilkraft des Wermuts ist hauptsächlich auf die beiden Inhaltsstoffe, das ätherische Öl und das Bittermittel, zurückzuführen. So hat die Pflanze verdauungsfördernde, anregende und wurmtreibende Eigenschaften.

Wermut zählt mit zu den bekanntesten Magenmitteln. Er leitet die Magenwinde aus, verbessert und unterstützt die Magensäfte und hilft so guten Appetit und gute Verdauung bereiten, mag er als Tee oder als Pulver genommen werden.

Für den Tee überbrüht man einen Teelöffel des Krauts mit einer Tasse heißem Wasser. Pro Tag trinkt man davon eine Tasse warm und schluckweise. Von dem Pulver nimmt man eine Messerspitze voll ½–1 Stunde vor den Hauptmahlzeiten ein.

Trotz der hervorragenden Heilkraft des Wermuts darf diese Pflanze, die bei einer Überdosierung giftig wirkt, nie über einen längeren Zeitraum verwendet werden. Es kann zu Vergiftungserscheinungen des Nervensystems kommen, angefangen von Kopfweh oder Schwindel bis hin zu Krämpfen, Empfindungs- und Bewußtlosigkeit. Wird der Wermut jedoch richtig, d.h. nicht länger als 2–3 Wochen und in der angegebenen Dosis, angewendet, so hilft er die aufgeführten Erkrankungen zu heilen.

Gegen üblen Geruch aus dem Munde, wenn derselbe vom Magen ausgeht, wirkt Wermut vortrefflich.

Wer an der Leber leidet (Melancholie), der greife statt nach der Prise Tabak einmal oder zweimal am Tage nach dem Döschen mit Wermutpulver und streue den Inhalt der beiden Finger auf den ersten Löffel Suppe oder wie Pfeffer an eine Speise. Die abnehmende Gelbsucht wird bald die Verbesserung der Galle anzeigen, und der Kranke, dem die verfangene faule Luft und die oft noch fauleren Säfte gleichsam den Atem zuschnüren, wird wieder freier aufschnaufen.

Wermut kann auch zu einer Tinktur verwendet werden, die sehr lange hält, ohne zu verderben. Wie ein einziges

Körnchen Weihrauch, das auf der Kohle glimmt, ein ganzes Zimmer mit Wohlgeruch erfüllt, so vermag ein Blättchen Wermut den Inhalt einer ganzen Alkoholflasche mit bitterem Geschmack anzuhauchen – ein Zeichen, wie stark die Tinktur ist und wirkt.

Reisende, die viel von Magenbeschwerden und Übelkeiten geplagt werden, sollten ihr Fläschchen mit Wermut-Tinktur als treuen Begleiter nie vergessen. Hiervon wird ein kleines Gläschen wieder vor den Hauptmahlzeiten eingenommen.

Wermut-Tee hat manchen Augenleidenden auch schon als Augenwasser gute, ja die besten Dienste geleistet.

Kneipp verwendete dieses Augenwasser bei Entzündungen der Bindehaut oder des Lids.

Wollkraut siehe Königskerze

Zinnkraut siehe Ackerschachtelhalm

Zwergholunder siehe Attich

Tee-Rezepte

Kneipp wandte für häufig vorkommende Krankheiten stets bewährte Teemischungen an. Eine kleine Auswahl davon hat er in seinen Büchern aufgeführt.
Auch hier muß darauf hingewiesen werden, daß sich der Tee nur für die Heilung und Linderung leichter Beschwerden eignet. Niemals kann er einen Besuch beim Arzt ersetzen!

Leberleiden, kranker Magen:
Wacholderbeeren 8–10 Stück (gestoßen), Zinnkraut 3 g, Wermut 2 g

Wassertreibender Tee, z.B. bei Wassersucht:
Attichwurzeln 3 g, Rosmarin 3 g, Zinnkraut 3 g
Oder: Holunderblüten 3 g, Attichwurzeln 3 g, Wacholderbeeren 8–10 Stück (gestoßen)

Verschleimung der Lunge oder Luftwege:
Spitzwegerich 3 g, Huflattich 3 g, Lungenkraut 4 g
Oder: Veilchenblätter 3 g, Johanniskraut 3 g, Brunnenkresse 4 g
Oder: *Foenum graecum* 3 g, Spitzwegerich 3 g, Fenchel 3 g

Nierenleiden:
Hagebutten 3 g, Haferstroh 7 g

GUTES MAGENMITTEL:
Angelikawurzeln 3 g, Fenchel 2 g, Augentrost 4 g

(Auch Enzian, entweder allein oder mit anderen auf den Magen wirkenden Kräutern, ist gut; jedoch nimmt man nur wenig, höchstens 1g, denn er ist scharf.)

TEE MIT SCHWEISSTREIBENDER WIRKUNG
Wollkrautblüten 3 g, Holunderblüten 3 g, Lindenblüten 3 g

VERSTOPFUNG:
Dornschlehblüten 7 g, Augentrost 3 g
(bei sehr hartnäckigen Verstopfungen kann man auch Aloe in Honig sieden)

KOLIKARTIGE ZUSTÄNDE, STARKE ERKÄLTUNG:
Pfefferminze 2 g, Wollkraut 4 g, Lindenblüten 3 g

KRAMPFARTIGE ZUSTÄNDE, SCHWINDELANFÄLLE:
Fenchel 3 g, Anserine (= Gänsefingerkraut) 3 g, Raute 3 g

Diese wenigen Tee-Rezepte mögen hier angeführt sein, um sich einigermaßen orientieren zu können, in welchen Krankheitsfällen die verschiedenartigen Kräuter als Teesorten zu verwenden sind und welche sich für die Erkrankungen am besten eignen.

4. Teil

Die Bewegungstherapie

Einleitung

Altbekannt ist das Sprichwort, daß in einem gesunden Körper ein gesunder Geist wohne. Wenn das wahr ist – und ich bezweifle das durchaus nicht –, so haben wir mit Rücksicht auf den Zustand unseres Geistes eine doppelte Pflicht, unseren Körper kräftig und gesund zu erhalten. Es ist eine Tatsache, daß wenn der Körper krank ist, auch der Geist durch den Druck, den die Krankheit auf unser Gemüt ausübt, darunter leidet.

Wie nun bei einem Uhrwerk alle Räder ineinandergreifen müssen, und wie, wenn auch nur das kleinste Teilchen nicht richtig funktioniert, das ganze Werk stillsteht, so ist es auch beim Menschen. Alles an ihm hat seine Bestimmung. Wenn nun aber auch nur ein Teil des Körpers in seiner vollen Tätigkeit gehemmt wird, so leidet nicht selten der ganze Mensch darunter.
Man warte deshalb nicht, bis man krank ist, um etwas für seinen Körper zu tun, sondern pflege ihn schon in seiner Gesundheit durch regelmäßige Diät, Bewegung und körperliche Übungen.

Kneipp kommt es vor allem auf eine ganzheitliche Gesundheitspflege und Vorsorge an. Somit greifen seine Ratschläge und Heilmethoden stets ineinander; so auch in dem Bereich der Bewe-

gungstherapie. Man darf hier nicht von dem Begriff Bewegung im herkömmlichen Sinn ausgehen, denn es handelt sich keinesfalls nur um eine Art »Sportprogramm«. Wenn auch im folgenden Kapitel Kneipps Gymnastik-Übungen aufgezeigt werden, so geht die Bewegungstherapie noch darüber hinaus.
Kneipp wußte auch von der großen Bedeutung der »Umgebung des Körpers«. Er sah beispielsweise die Wichtigkeit körperlicher Abhärtung oder den bedeutsamen Einfluß des Lichts auf den Menschen. Auf diese Aspekte soll in den folgenden Kapiteln noch näher eingegangen werden.

Gymnastische Übungen

Wir kennen nun die verschiedenartigsten Heilmethoden und ihre Anwendung, und ich glaube, daß die Ratschläge, die ich gegeben, genügen dürften. Doch möchte ich gerne über einen Punkt sprechen, von welchem sehr viel die Rede ist; das ist die Gymnastik.

Gymnastische Übungen machten schon unsere Vorahnen, und wir lesen, daß die alten Germanen und die Römer derartige Übungen zur Kräftigung der Muskeln anstellten. In der Tat stärkt die Arbeit die Muskeln, und wir können täglich die Wahrnehmung machen, daß diejenigen Menschen, die niemals schwere Arbeiten verrichten, keine Muskelkraft besitzen. Für Beamte, Büromenschen, Privatiers und solche, die niemals Gelegenheit bekommen, ihre Muskeln zu kräftigen und ihre Gelenke biegsam zu erhalten, erachte ich die Hausgymnastik für ein gutes Mittel.

Für schwere gymnastische Übungen bin ich jedoch niemals; besonders rate ich Herzkranken entschieden davon ab. Viele glauben, je mehr sie tun, desto besser sei es; das ist aber falsch. Alles muß mit Maß und System geschehen, wenn es günstig auf unseren Organismus wirken soll.

Hätte Kneipp zu seinen Lebzeiten gewußt, welche Entwicklung es im Sport und welche Erfindungen es in der boomenden Fitneßbranche innerhalb der letzten Jahre gegeben hat, so würde er wohl mehr als staunen. Immer neuere und modernere Techniken überschwemmen den Markt. Teure Geräte versprechen angeblich kleine Wunder.

Um so verblüffender ist es, daß Kneipp bereits vor über 100 Jahren mit seinen einfachen gymnastischen Übungen, die ohne technischen und finanziellen Aufwand durchzuführen sind, gute Erfolge mit entsprechender Wirkung erzielt hat:

> **All diese Übungen scheinen mir am zweckmäßigsten, weil ich schwere Übungen nicht liebe. Ich möchte mit der Darstellung dieser Übungen nur einige Anhaltspunkte geben, wie schwächliche Personen und solche, welchen es an körperlicher Tätigkeit fehlt, durch Gymnastik ihren Körper stählen und kräftigen können.**

Kneipp empfiehlt, diese Gymnastik nicht unmittelbar nach dem Essen zu machen, sondern erst 2–3 Stunden danach. Für besonders geeignet hält er es, die Übungen am Morgen gleich nach dem Aufstehen durchzuführen.

Kopfdrehen

Übung

> **Bei aufrechter Haltung, und ohne die Schulter mitzubewegen, dreht man den Kopf abwechselnd so weit wie nur möglich nach links und rechts, bis man über die Schulter hinwegsieht. Die Bewegung ist ruhig auszuführen.**

Wirkung

Diese Übung ist gut bei steifem Nacken, um ihn allmählich gelenkiger zu machen.

Kopfdrehen

Rumpfdrehen

Rumpfdrehen

Übung

Die Füße stehen fest auf dem Boden, etwa schulterbreit auseinander. Der Körper ist aufrecht, und mit waagerecht ausgestreckten, wie zum Beten gefalteten Händen macht man die Drehung des Oberkörpers nach rechts und links, ohne die Beine mitzubewegen. Der Kopf folgt der Bewegung des Oberkörpers.

Rumpfbeugung vor- und rückwärts und nach links und rechts

Übung

Die Hände werden auf die Hüfte gestützt, die Beine stehen fest und leicht gegrätscht.

Die Schultern sind sowohl bei der Rück-, Vor- und Seitwärtsbeugung ganz ruhig zu halten. Die Übungen müssen in ruhigem Tempo geschehen. Beim Vor- und Rückwärtsbeugen atmet man tief ein, beim Strecken wieder aus.

VOR- UND RÜCKWÄRTS

NACH LINKS UND RECHTS

WIRKUNG

Diese Übungen bewähren sich sehr gut bei Hämorrhoiden, Verstopfung, Schwäche des Unterleibs sowie Schwäche der Rückenmuskeln. Auch bei seitlichen Rückgratverkrümmungen erzielt man damit guten Erfolg zur Heilung; doch darf hier die Seitwärtsbeugung nur nach einer Seite hin gemacht werden, nämlich nach der der Krümmung.

Hand-Übung

ÜBUNG

Hat man ein steifes Handgelenk, oder ist dasselbe nicht recht gelenkig [so z.B. nach der Abnahme eines Gipses], so versuche man, wenn eine vollständige Steifheit nicht schon Jahre besteht, mit Hilfe der brauchbaren Hand die Beugung des steifen Hangelenkes nach vorn und nach hinten. Auch Drehbewegungen nehme man vor. Man muß das Handgelenk natürlich alle Tage etwas mehr beugen.

Unterstützend kann vor der Übung ein warmes Hand- oder Armbad mit darauffolgendem kaltem Guß genommen werden.

Wirkung

Nach und nach läßt sich eine derartige Gelenksteifheit beseitigen.

Schulterheben

Übung

Das Schulterheben geschieht bei herabhängenden Armen. Die Schulter wird langsam und kräftig so hoch als möglich gehoben und langsam wieder gesenkt. Man macht die Übung entweder mit beiden Schultern zugleich oder zuerst mit der einen und dann mit der anderen. Eingeatmet wird beim Heben, ausgeatmet beim Senken der Schultern.

Bewegung der Schultern nach vorne und hinten

Man stemmt die Hände auf die Hüften und bewegt den Ellenbogen nach vor- und rückwärts; dadurch werden die Schultern mitgezogen. Die Haltung des Oberkörpers und Kopfes muß aufrecht bleiben.

Wirkung

Bei Schwäche der Schultermuskulatur ist das sogenannte Schulterheben gut. Diese Übung ist nicht schwer und bietet für die Atmungstätigkeit der Lungen manche Vorteile.

Armheben vorwärts und seitwärts

Übung

Armheben seitwärts

Die vollständig gestreckten Arme werden langsam seitwärts bis zur waagerechten, dann bis zur senkrechten Haltung gehoben.

Armheben vorwärts

Die nach vorne gestreckten Arme werden langsam bis zur waagerechten und dann bis zur senkrechten Stellung emporgehoben, wobei die Arme um die Körperbreite voneinander entfernt bleiben. Die inneren Handflächen sind einander zugekehrt.

Bei beiden Übungen atmet man beim Heben der Arme ein und beim Senken aus.

Wirkung

Diese Übungen dienen zu Erweiterung der Brusthöhle und zur Förderung des Atmens.

Schwingen der Arme

Übung

Seitwärtsschwingen der Arme

Die Hände werden zur Faust geschlossen, bis zur waagrechten Stellung emporgehoben, dann bis zur senkrechten Stellung aufwärtsgeschwungen und rasch wieder an die Beine herabgelassen.

Das Einatmen erfolgt beim Heben, das Ausatmen beim Senken der Arme.

Ebenso verfährt man beim Armschwingen nach vorn und nach hinten, nur daß die Arme bloß bis zur waagerechten Stellung kommen und dann nach hinten geschwungen werden, so weit es möglich ist.

ARMHEBEN SEITWÄRTS

ARMSCHWINGEN VOR- UND RÜCKWÄRTS

Die Armschwingungen können auch mit Hanteln gemacht werden, jedoch sollen diese nicht zu schwer sein.

Armkreisen

ÜBUNG

Beim Armkreisen (Trichterform) wird mit den ausgestreckten, waagerecht gehobenen Armen eine kreisartige Bewegung gemacht, ohne die Arme einzuziehen.

Das Kreisen wird von hinten beginnend nach vorn gemacht.

Beim großen Armkreisen (Mühle) kreist man die Arme in großem Bogen, entweder vorwärts oder rückwärts beginnend. Die Übung kann ebenfalls mit Hanteln verstärkt werden.

TRICHTERFORM MÜHLE

Wirkung

Bei einem Formfehler des Brustkorbes, bei gebückter Haltung oder Verkrümmung des Rückgrats werden diese Übungen gute Dienste leisten.

Handbeugen und -strecken

Übung

Bei ausgestreckten Armen macht man eine Faust und beugt sie nach oben und unten. Dies kann auch mit der Hantel geschehen. Beim Seitwärtsbeugen wird die ausgestreckte Hand zur Daumen- oder Kleinfingerseite hin geneigt.

Wirkung

Diese Übungen sowie das Beugen und Strecken der Finger sind gut beim Schreibkrampf, bei Zuckungen, nach ermüdender Tätigkeit der Hände und bei Gelenksteifheit.

Beugen und Strecken der Hand

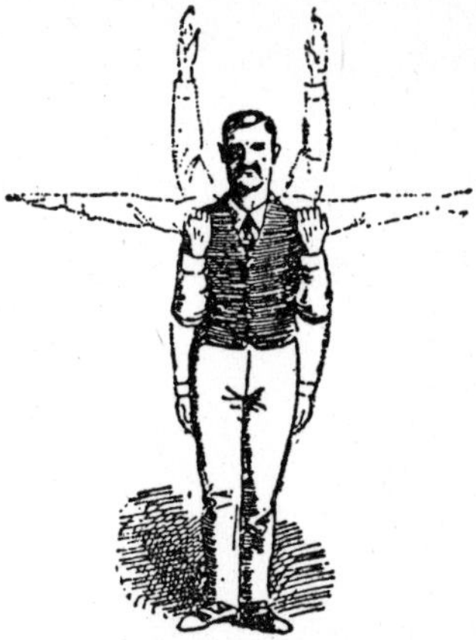

Beugen und Strecken der Arme

Armbeugen und -strecken

Übung

Der Oberkörper ist aufrecht, die Arme werden so gebeugt, daß die Fingerspitzen die Schultern vorne berühren. Von der Beugehaltung aus streckt man die Arme vor-, rück- und seitwärts sowie auf- und abwärts.

Die Übung kann auch nur mit einem Arm durchgeführt werden.

Die Arme können auch nach hinten abwärts gestreckt werden, wobei wieder berücksichtigt werden muß, daß mit dem Strecken das Ausatmen und mit dem Beugen das Einatmen zusammenfallen muß. Die Hände werden auf dem Rücken gefaltet; dann wer-

Abwärtsstrecken der Arme rückwärts

den die Arme langsam kräftig nach unten gestreckt und die Schultern nach hinten und unten gezogen.

Armstoßen

Übung

Beim Armstoßen werden die Hände zur Faust geballt und durch einen kräftigen Stoß in gerader Linie vorwärts, seitwärts, auf- und abwärts gestreckt. Wie bei den Armstreckungen kann auch beim Armstoßen die Übung mit dem rechten oder linken Arm allein ausgeführt werden.

Abwärtsstrecken

Wechselarmiges Stossen

Das Unterarmschlagen geschieht auf zweierlei Art, mit Rist- und Kammhaltung; mit Risthaltung, wenn der Handrücken nach oben, mit Kammhaltung, wenn der Handrücken nach unten gekehrt ist.
Bei den Seitwärtsbewegungen der Arme wird tief eingeatmet und beim Vorwärtsbewegen ausgeatmet.

Unterarmschlagen mit Risthaltung

Die Arme werden waagerecht ausgestreckt, die Unterarme einwärts gebeugt, so daß die Fingerspitzen sich berühren; dann werden die Unterarme mit Schwung oder auch langsam gestreckt, aber immer in waagerechter Haltung.

Unterarmschlagen mit Kammhaltung

Den Unterarm beugt man so, daß die Fingerspitzen die Schulter berührt; die Oberarme bleiben waagrecht. Die Beu-

Risthaltung

Kammhaltung

gung kann entweder mit Schwung oder langsam ausgeführt werden.

Wirkung

All diese Übungen dienen vorzüglich bei schlaffer Haltung, krummem Rücken, Asthma und Atembeschwerden.

Beinheben, Beinschwingen und Beinkreisen

Übung

Diese Übungen werden seitwärts, vor- und rückwärts sowie auch schräg vorwärts und schräg rückwärts ausgeführt. Ein Stuhl kann als Stütze dienen.

Beinheben

Die Hände auf die Hüften gestützt, wird das rechte oder linke Bein langsam in die angegebenen Richtungen gehoben. Der Oberkörper bleibt ganz ruhig und gerade. Das Standbein darf nicht gebeugt werden; die Fußspitze ist etwas nach außen gerichtet, um das Stehen zu erleichtern. Das gehobenen Bein läßt man eine kurze Zeit in dieser Haltung und zieht es dann langsam zurück.

Beinheben seitwärts

Vor- und Rückwärtsschwingen

Beinschwingen

Das Beinheben geschieht langsam, während das Beinschwingen kräftig und rasch ausgeführt wird; darin liegt der Unterschied der Übungen.

Beinkreisen

Beinkreisen

Das rechte oder linke Bein wird nach vorne gehoben und mit gleichmäßiger Bewegung nach außen, hinten, innen und wieder nach vorne geführt, so daß die Bewegung einen Kreis bildet.

Wirkung

Bei Steifheit des Hüftgelenkes und für Hartleibige sind diese Übungen sehr zu empfehlen. Im übrigen regen sie sehr an und kräftigen die Muskeln.

Kniebeugen und Knieheben

Übung

Kniebeugen

Die Hände werden auf die Hüften gestützt. Die beiden Knie beugen sich ruhig und gleichmäßig, bis Ober- und Unterschenkel einen rechten Winkel bilden. Bei dieser Beugung ist ein Heben der Fersen notwendig, bis man auf den Zehen steht; der Oberkörper bleibt in aufrechter Stellung. Personen, die nicht gut stehen können, dürfen sich eines Stuhles als Stütze bedienen; sonst werden die Übungen frei ausgeführt.

Kleine Kniebeuge

Kniebeuge im Wechsel

Kniebeuge im Wechsel

Ein Bein wird ein paar Fußlängen vorgestellt und so gebeugt, daß das Knie fast auf den Boden kommt. Das andere Bein bleibt stehen und wird dabei leicht gedehnt.

Knieheben

Das Knieheben ist eigentlich nicht schwer, aber dadurch, daß man nur auf einem Bein steht, für manche ohne Stütze nicht leicht.

Das Knie wird so hoch wie möglich gehoben und dann das Bein ausgestreckt.
In ähnlicher Weise ist das Unterschenkelheben auszuführen. Der Unterschenkel wird weit nach hinten gebeugt, so daß die Fersen dem Gesäß möglichst nahe kommen. Der übrige Körper bleibt in ruhiger, aufrechter Haltung. Diese Übung kann entweder mit Schwung oder langsam ausgeführt werden.

Knieheben und Beinstrecken

Unterschenkelheben

Wirkung

Die Gelenke des Fußes oder das Kniegelenk sind häufig in ihrer Bewegungsfähigkeit mehr oder weniger beeinträchtigt. Die Übung ist daher bei Ungelenkigkeit des Knie- oder Fußgelenkes zu empfehlen.

Übungen mit dem Stab

Die verschiedenartigsten Übungen lassen sich mit einem Stab machen. Selbstverständlich sind dabei die Arme am meisten beschäftigt, obwohl einige Übungen auch die

Beine betreffen. Der Stab hierfür ist aus Holz [eine Alternative dazu könnte beispielsweise auch ein Besenstiel sein; Anmerk. d. Verfs.] **oder, für kräftige Personen, auch aus Eisen. Die Länge des Stabes sollte 1,30 m betragen.**
Diese Übungen sind mehr für Gesunde als für Kranke gedacht.

Ausgangsposition für alle Übungen
Man hält den Stab waagerecht vor sich mit abwärts gestreckten Armen. Die Hände sind etwa zwei Kopfbreiten voneinander entfernt, der Handrücken schaut nach vorne.

AUSGANGSPOSITION

Stabheben und -senken

ÜBUNG
Stabheben
Der Stab wird vorwärts bis zur waagerechten Haltung der Arme, dann über den Kopf gehoben und wieder zurückgebracht. Das Einatmen geschieht beim Heben, das Ausatmen beim Senken.

KOPFÜBERHEBEN

STABSENKEN NACH RÜCKWÄRTS

Stabsenken

Für das Stabsenken wird der Stab, wenn er über dem Kopf ist, nach hinten gesenkt, bis der Stab die Schultern berührt. Von da werden die Arme am Rücken abwärts gesenkt und zurück nach vorne. Bis man eine Fertigkeit hat, nimmt man den Stab weit, um die Rückenbeugung der Arme leichter ausführen zu können.

Eine Variante dieser Übung ist das Stabüberheben: Hier werden die Arme nicht gebeugt, sondern der Stab mit gestreckten Armen von vorne nach hinten über den Kopf bis zum Rücken hinunter gebracht.

Stabüberheben

Stabsteigen

Übung

Der Stab wird waagerecht mit gestreckten Armen, die Handrücken zeigen nach vorne, nach unten gehalten.

Der rechte oder linke Fuß steigt nun mit oder ohne Beugung des Rumpfes auf den Stab zwischen die beiden Hände, wobei das Knie kräftig gehoben wird.

Aufsteigen am Stab

Aus dieser Übung heraus folgt das Stabübersteigen:

Der Fuß wird mit schwungvollem Anheben der Knie über den Stab, ohne diesen zu berühren, hinübergehoben und die Fußspitze leicht auf den Boden gesetzt. Dann folgt das Zurücksteigen. Eine Beugung des Rumpfes ist zu vermeiden.

Stabhalten

Übung

Der Stab wird quer über den Rücken gelegt und mit beiden gebeugten Armen gehalten; die nach vorne gerichteten Hände werden zur Faust geballt, und die Haltung der Übung ist fertig.
Hier erhält der Körper eine leichte Vorwärtsbeugung, die Schultern werden nach hinten gezogen, und die Brust tritt frei hervor. Dann geht man mit großen Schritten vorwärts. Die Beinmuskulatur muß kräftig angespannt sein, und beim Gehen hat die Fußspitze den Boden zuerst zu berühren.

Straffgehen mit Stabhalten rücklings

Eine Variante davon ist der Ausfallschritt beim Heben: Die Haltung des Stabes ist wie bei der oberen Übung, mit dem rechten oder linken Fuß macht man jedoch einen Ausfallschritt nach vorne. Der Oberkörper neigt sich nun vor, das hintere Bein ist gestreckt. Die Übung wird wechselweise mit dem rechten und dem linken Bein gemacht.

Ausfall mit Stabhalten rücklings

Wirkung

Alle diese Übungen haben großen Einfluß auf unsere Muskeln und auf die Tätigkeit der Organe und werden bei der heranwachsenden Jugend so manchen Fehler in der Haltung des Körpers oder auch Formfehler des Brustkastens fernhalten oder verbessern.

Schwing-Übungen

Diese Übungen hat sich Kneipp von der Gartenarbeit abgeschaut:

Axthauen

Übung

Man stellt die Beine etwa schulterbreit auseinander, die Arme werden senkrecht in die Höhe gehoben und die Hände zur Faust geballt. Aus dieser Stellung schwingt man die Arme kräftig abwärts, während der Rumpf gleichzeitig gebeugt wird. Beim Vorwärtsbeugen und bei der Wucht des Schwingens der Arme geben die Knie etwas nach und beugen sich ein wenig, während beim Aufschwingen Kopf und Rumpf sich leicht nach hinten beugen.

Axthauen

Drehschwingen

Drehschwingen

Übung

Diese Drehschwingung ist eine Bewegung, wie sie der Landmann beim Mähen macht. Die Arme werden waagerecht nach vorne gehoben und seitwärts geschwungen. Der rechte Arm bleibt beim Schwung gestreckt, und der linke beugt sich im Ellbogengelenk vor der Brust, und dann umgekehrt. Der Rumpf neigt sich durch die leichte Drehung des Hüftgelenkes etwas nach vorne.

Wirkung

Kneipp empfiehlt diese Übungen vor allem solchen den Leuten, die eine sitzende Tätigkeit verrichten.

Durch die Arbeit vermehrt sich die Kraft, und je kräftiger der Mensch ist, um so mehr darf er auf Gesundheit und Ausdauer rechnen. Unstreitig sind daher die Landleute die glücklichsten Menschen: Sie arbeiten im hellen Sonnenlicht, sie genießen die beste Luft, und durch die Arbeit wird die Körperkraft erhalten und vermehrt. Je gesünder und kräftiger der menschliche Leib ist, um so frischer und leistungsfähiger wird der Geist sein.

Übung und Erhaltung der Körperkraft

Das Spazierengehen

Viele glauben, wenn sie von Zeit zu Zeit ihren Spaziergang machen, dann hätten sie für die Erhaltung und Vermehrung der Körperkräfte ihre Schuldigkeit getan; aber ich behaupte: Es reicht dieses durchaus nicht. Beim Spazierengehen werden nur die Beine und Füße im Tragen geübt.

Das gilt jedoch nur für jene Art von Spaziergängen, wie sie gewöhnlich gemacht werden. Es gibt aber auch solche, die allerdings sehr dazu beitragen können, die Kraft des Körpers zu heben und die Gesundheit zu festigen. Dies ist zum Beispiel der Fall, wenn man ziemlich rasch geht und dabei vielleicht noch einen Weg hat, der eine Anhöhe hinaufführt oder doch sonst mühsam ist. Es empfiehlt sich sehr, bei solchen Spaziergängen den Körper, der leider nur zu oft bei der Arbeit eine gebeugte Stellung einnimmt, recht gerade zu halten und die Brust herauszustrecken. Bietet sich Gelegenheit, so kann man auch hie und da einen Sprung über einen Graben machen oder sonst irgendwelche Anstrengung der Muskeln vornehmen.

Ich möchte an dieser Stelle darauf aufmerksam machen, beim Spazierengehen und besonders beim Bergsteigen den Mund geschlossen zu halten und nur durch die Nase Atem zu holen.

Auch die *Lungengymnastik* kann mit dem Spaziergang leicht verbunden werden. Man bleibe unterwegs einige Minuten stehen und ziehe ganz langsam, tief Atem holend, die frische Luft ein, halte sie ein wenig und atme sie dann ebenso langsam wieder aus. Am günstigsten geschieht dies in einem Wald. Anfangs mache man diese Lungenübung nur einige Male hintereinander und strenge sich vor allem nicht zu sehr dabei an; später dann öfter. Was die Wirkung dieser Lungengymnastik angeht, so wird dadurch alle schlechte Luft aus den Lungen herausgeschafft, und frische, reine Luft dringt ein. Das ist für die Blutbildung sowie für dessen Reinigung sehr wichtig.

Der Einfluß des Lichtes auf die Gesundheit

Betrachte man eine Pflanze, die an einem dunklen Ort oder im Keller gewachsen ist, wo nur spärliches Licht hindringen konnte: Sie sieht ganz verkümmert aus, blaß ist die Farbe, ungenießbar sind die Früchte, und wie leicht verwelkt sie! Man kann allgemein sagen: Was am Sonnenlicht aufwächst, entwickelt sich gesund, kräftig und vollständig; was in der Dunkelheit wächst, ist und bleibt verkümmert.

Wenn nun das Licht eine solche Macht ausübt, warum sollte es dann nicht auch besondere Einwirkung auf den menschlichen Körper und Geist haben? Welch düstere Stimmung bringt ein trüber Tag bei einem kranken Menschen hervor! Auch der Gesunde fühlt sich nicht so behaglich. Aber wie wohltuend wirkt es, wenn nach einigen Regentagen wieder das freundliche Sonnenlicht scheint! Es läßt sich mit Recht behaupten, daß Helligkeit und Sonnenlicht sehr dazu beitragen, eine gute Stimmung im Menschen hervorzubringen, und somit auf Gemüt und Körper wesentlich einwirken.

Man könnte vielleicht sagen: Wenn man die Sonne entbehrt, hat man doch einen Ersatz durch das künstliche Licht. Man hat es hierin allerdings zu außerordentlichen Erfindungen gebracht. Mit der Zeit hat man viele Brenn- und Beleuchtungsmaterialien erfunden, die viel helleres Licht geben. Ob man aber dabei nicht der menschlichen Natur und im besonderen dem Augenlicht sehr geschadet hat, wird man wohl bejahen müssen. Den klaren Beweis hierfür geben die vielen Leute, die jetzt Augengläser tragen. Ich kann mich nicht erinnern, daß ich als Knabe je einen jungen Menschen mit Brille gesehen habe.
Betrachten wir die Leute, Kinder wie Erwachsene, die an der vollen Tageshelle und im Sonnenschein aufwachsen und arbeiten: Welch gesunde Augen haben diese Leute im Vergleich zu vielen Bewohnern der Großstädte oder denen, die in dunklen Werkstätten arbeiten!
Ich bin der vollsten Überzeugung: Wenn die Natur des Menschen durch Helligkeit und Sonnenlicht abgehärtet ist, dann wird jedermann sein gutes Augenlicht haben; ist dies nicht der Fall, dann ist der Körper verkümmert, und mit ihm auch das Auge. Es soll also das Möglichste getan werden, daß man der Helligkeit und des Sonnenlichtes nicht entbehre, denn das Auge und der Körper werden dann in einem viel besseren Zustand sein.

Die Luft und ihre Beziehung zur Gesundheit

In durstigen Zügen atmet der Mensch Stoffe ein, die zum Leben so notwendig sind, daß er ohne diese nur kaum nennenswerte Zeit bestehen kann. Sind in der Luft, die man einatmet, nur solche Stoffe vorhanden, wie sie der Mensch braucht, dann darf man auf eine gute Gesundheit rechnen. Leider halten sich in der Luft noch viele unreine, ungesunde Stoffe auf.

Deshalb geht auch der Städter so gern aufs Land, um dort eine reinere und gesündere Luft einzuatmen, wodurch besseres Blut und bessere Säfte gebildet werden.

Wem seine Gesundheit lieb und teuer ist, der biete das Möglichste auf, daß er in reiner Luft seine Zeit zubringe, und vermeide aufs Sorgfältigste, schlechte, verdorbene Luft einzuatmen.

Methoden der Abhärtung

Den Abgehärteten greift nichts an, den Verweichlichten bringt jedes Blatt Papier in Aufregung. Ein abgehärteter Körper besitzt auch den größten Schutz vor den Krankheiten der Seele.

Woher stammt die Empfindsamkeit der jetzigen Generation, woher die auffallend schnelle Empfänglichkeit für alle möglichen Krankheiten? Diese Frage erscheint mir von besonderer Wichtigkeit, und ich zögere nicht zu sagen, daß diese Übelstände vor allem von dem Mangel an Abhärtung herrühren. Die Verweichlichung der heutzutage lebenden Menschen hat einen hohen Grad erreicht [man mache sich bewußt, daß Kneipp diese Worte schon vor über 100 Jahren schrieb! Anmerk. d. Verfs.]. Die Schwächlichen, die Blutarmen und Nervösen, die Herz- und Magenkranken bilden fast die Regel, die Kräftigen und Kerngesunden die Ausnahme. Man fühlt sehr empfindlich jeden Wechsel der Witterung; der Übergang der Jahreszeiten geht nie ohne Schnupfen und Katarrh vor sich; selbst der schnelle Eintritt von der kalten Straße ins warme Zimmer bleibt nicht ungerächt.

Einen kleinen Beitrag zur Heilung solcher Notstände mögen die wenigen schuld- und gefahrlosen Mittel bieten, die ich zur Abhärtung der Haut, des ganzen Körpers und einzelner Körperteile biete. Es wurden diese Mittel bereits von zahllosen Personen, von manchen mit anfänglichem kopfschüttelndem Lächeln, akzeptiert, später aber mit bejahendem Nicken und mit sichtlichen Erfolgen praktiziert.

Das Barfußgehen

Das Barfußgehen hat für die menschliche Natur eine so hohe Bedeutung, daß, wenn jeder seine Wichtigkeit kennen würde, er das Barfußgehen nie vollständig einstellen würde. Um kräftige, gut gedeihende, widerstandsfähige Kinder heranzuziehen, wird es kaum ein Mittel geben, welches das Barfußgehen übertrifft.

So unterlasse es auch du nicht, von Zeit zu Zeit einige Minuten barfuß zu gehen! Kannst du es nicht im Freien, so kannst du es in deiner Wohnung, oder du kannst es in deinem Schlafzimmer tun. Was hindert, abends unmittelbar vor dem Schlafengehen oder in der Frühe beim Aufstehen zehn Minuten, eine Viertelstunde lang diese Promenade zu machen? Diese könnte die ersten Male, damit der plötzliche Beginn nicht zu stark empfunden wird, in den Strümpfen, später mit bloßen Füßen geschehen. Immer wirst du die vortrefflichen Wirkungen empfinden.

Glücklich ist derjenige, der seine Füße für jede Temperatur abgehärtet hat, unglücklich aber der, dessen Füße und Körper ganz verweichlicht sind. Die Füße müssen die Last des ganzen Körpers tragen, und deshalb ist es notwendig, daß sie dazu abgehärtet sind. Der Barfußgeher bekommt nie kalte Füße, somit sind sie immer blutreich und kräftig.

Durch das Barfußgehen werden nicht bloß der Blutlauf geregelt und die Füße gestärkt, sondern es wirkt auch auf den ganzen Unterleib ein. Wie viele kamen und klagten über Blasenleiden und andere Blasenkrankheiten! Aber kein einziger war unter ihnen, der durch Barfußgehen seine Füße gehörig abgehärtet hatte.

Gehen im nassen Gras bzw. auf nassen Steinen

Eine besondere, überaus wirksame Art des Barfußgehens ist das Gehen im nassen Gras, ganz gleich, ob dieses durch Tau, Regen oder Wasseraufguß genäßt ist. Je nässer das Gras ist, je länger die Übung fortgesetzt und je öfter sie wiederholt werden kann, desto vorzüglicher wird der Erfolg sein.
In der Regel dauert der Graslauf eine Viertel- bis Dreiviertelstunde. Diese Übung kann ich jung und alt, Gesunden und Kranken ungehindert empfehlen.

Eine Alternative zum Gehen im nassen Gras ist das Gehen auf nassen Steinen: Das Steinpflaster, die Größe spielt hier keine Rolle, wird am besten mit einer Gießkanne mit Wasser benetzt. Nun tritt man für 3–5 Minuten auf den Steinen umher.

Die Hauptsache besteht lediglich darin, daß die Steine naß sind und daß man nicht ruhig auf denselben stehe, sondern in ziemlich rascher Bewegung gehe.
Ich empfehle diese Übung all jenen, die eine solide Abhärtung beginnen wollen. Selbst der Schwächste und Empfindlichste möge sich nicht abschrecken lassen!
Wer an kalten Füßen leidet, Halsbeschwerden und Erkältungen leicht zugänglich ist oder Kopfweh hat, trete oft diese Steinwanderung an.

Gehen im neugefallenen Schnee

Größere Wirkung noch wird erzielt durch das Gehen im neugefallenen Schnee. Ich bemerke ausdrücklich: im neugefallenen, frischen Schnee, nicht in altem, starrem, festgefrorenem Schnee. Zudem soll diese Wanderung nie angetreten werden bei schneidend kaltem Wind.

Eine kleine Überwindung kosten nur die ersten Minuten des Beginnens; später zeigt sich von Unbehagen oder besonderer Kälte keine Spur mehr. Die regelmäßige Dauer dieses Schneeganges ist 3–4 Minuten. Ich betone ausdrücklich: Es darf nicht stillgestanden, es muß gegangen werden.

Niemals darf das Schneegehen stattfinden, wenn nicht der ganze Körper warm ist. Wer friert oder fröstelt, der suche zuerst durch Arbeit oder Bewegung die normale Leibeswärme sich zu verschaffen. Personen, die an Fußschweiß, offenen Füßen, aufgesprungenen oder eiternden Frostbeulen leiden, können selbstverständlich niemals im Schnee gehen.

Die Schneetour kann im Herbst z.B. ersetzt werden durch einen Gang im Gras mit Reif.

Gehen im Wasser

Diese einfache Übung hat eine vielseitige Wirkung

Sie dient zum einen der Abhärtung, sie wirkt günstig auf die Nieren und auf die Ableitung des Harns, sie wirkt recht gut auf die Brust, erleichtert das Atmen und leitet Gase aus dem Magen, und sie wirkt besonders gegen Kopfschmerzen.

Man kann dieses Abhärtungsmittel anwenden, indem man in einer Badewanne (oder einem Schaff) im kalten Wasser (anfangs bis über die Knöchel) Bewegung macht. Wirksamer ist es, wenn die Abhärtung gesteigert wird und man bis an die Waden im Wasser geht, am wirksamsten, wenn das Wasser bis zu den Knien reicht.

Kneipp empfiehlt anfangs eine Dauer von einer Minute, später dann 5–6 Minuten.

Je kälter das Wasser, um so besser. Nach solcher Anwendung ist Bewegung zu machen.

Abhärtung der Arme und Beine

Man steht im kalten Wasser bis an oder über die Knie, nicht länger als eine Minute. Nach dem Bekleiden der Füße entblößt man die Arme bis zu den Achseln und hält auch diese eine Minute in das kalte Wasser.

Besser tut derjenige, der beide Übungen zu gleicher Zeit vornimmt. Die Übung kann auch so vorgenommen werden, daß die Füße in einem eigenen Gefäß am Boden und die Arme in einem anderen, z.B. auf einem Stuhl erhöhten, Behältnis gebadet werden.

Diese Übung erfordert, daß der Körper sich normal warm fühlt, nicht fröstelt.

Man trägt ja eifrig Vorsorge, daß die Lebensmittel nicht ausgehen; soll denn nicht auch eine der ersten Sorgen, nach der Sorge für die Seele, die sein, daß man seine Gesundheit erhält? Die Pflicht der Selbsterhaltung fordert dazu auf, und gewiß bleibt keiner ohne Strafe vor seinem Schöpfer, wenn er eines der edelsten Güter, seine Gesundheit, leichtsinnig vernachlässigt. Möge darum jeder gesunde Mensch das tun, was ich zur Erhaltung der Gesundheit angeraten habe.

5. Teil

Die Ernährungslehre

Einleitung

Wird der Körper durch Bewegung gekräftigt und die Muskulatur gestärkt, so muß er ebenfalls gut ernährt werden. Auch hier zeigt sich wieder, wie eng die Bereiche der Kneipp-Therapie miteinander verknüpft sind und aufeinander aufbauen:

> **Die nährenden Bestandteile des Blutes sind die eigentlichen Bausteine, aus welchen sich das Gewebe des Körpers aufbaut. Damit aber die Bausteine nicht ausgehen, müssen neue Materialien herbeigeschafft werden in Form der Nahrungsstoffe, die wir zu uns nehmen: Je kräftiger unsere Nahrung, desto besser das Material zum Bau unseres Gesamtorganismus.**

Schon damals war es Sebastian Kneipp bewußt, welche große und wichtige Rolle die Ernährung für die Gesundheit des Menschen spielt. Zwar waren zu seiner Zeit noch keine exakten chemischen und biologischen Analysen der Nahrung und ihrer Bestandteile möglich, wie es heutzutage der Fall ist, doch kannte Kneipp den wertvollen Nutzen der einfachen und natürlichen Ernährung. Er sah den Zusammenhang von qualitativ schlechter Nahrung und der Häufung von Krankheiten. Ist die Nahrung jedoch vollwertig, ist der Körper auch leistungsfähiger:

> **Wie es nun einen großen Unterschied macht, ob man in einem festen, starken Haus oder in einer morschen, baufälligen Hütte wohnt, so ist es auch für den menschli-**

chen Geist etwas ganz anderes, ob der Leib gesund und kräftig oder gebrechlich und schwach ist. Es erscheint daher von großer Wichtigkeit, daß der Körper aus dem besten Material aufgebaut werde. Nur dann ist er fest und ausdauernd, und nur dann fühlt sich der Geist wohl darin.

Die richtige Ernährungsweise

Gerade die Nahrung soll so beschaffen sein, daß sie unserem Körper recht viele brauchbare Stoffe zuführt. Es ist notwendig, daß die Nahrung aus verschiedenen Nahrungsmitteln gemischt ist. Die Einseitigkeit in der Kost liebe ich nicht. Ein und dieselbe Speise tagtäglich genossen wirkt auf den Magen nicht gut. Zu große und langandauernde Einförmigkeit im Genuß von Speisen oder gänzlicher Mangel an Gewürzen raubt den Appetit, bringt Ekel vor dem Essen hervor, ja reizt selbst zum Erbrechen.

Die erste Frage, die wir zu beantworten haben, lautet: Was sollen wir essen und trinken? Heutzutage ist es wirklich schwer, richtig zu wählen, nachdem uns so vielerlei geboten ist. Es wird aber niemandem an Nahrungsmitteln fehlen können, die seinen Leib gesund und stark machen; nur muß er vernünftig genug sein, die guten auszuwählen. Nimmt er andere, so wird seine Kraft nicht lange halten.
Bei mir gilt die Hauptregel: trockene, einfache, kräftige, nicht verkünstelte und durch scharfe Gewürze verdorbene Hausmannskost und als Getränk Wasser.

Maß im Essen

Man lebt nicht, um zu essen und zu trinken, sondern man ißt und trinkt, um zu leben!
Es gibt Leute, die recht viel essen und glauben, wenn der Magen nicht ganz gefüllt wäre, so hätten sie nicht hinlänglich Nahrung genommen. Für die menschliche Natur reicht eine kleine Portion aus, um sie gut zu nähren und in der Kraft zu erhalten, vorausgesetzt, daß diese kleine Portion gut ausgenützt wird. Wenn man aber recht viele Speisen zu sich nimmt, die weder gut verdaut noch gehörig ausgenützt werden, dann hat man einen großen Teil umsonst gegessen. Es kommt daher viel darauf an, daß man die Natur an wenig gewöhnt und daß dieses wenige gut ausgenützt werde.
Mit Recht sagt auch das Sprichwort: Ein Vielfraß wird nicht geboren, sondern nur erzogen. Man kann die Natur an alles gewöhnen und auch so, daß sie gierig nach dem verlangt, was sie umbringt.

Wie oft soll man essen?

Viele glauben, ohne vier- bis fünfmal zu essen könne man nicht bestehen. Am vernünftigsten scheint es mir zu sein, täglich dreimal zu essen: morgens, mittags und abends. Ißt man zu oft, dann bekommt der Magen nie Ruhe. Ist er immer gefüllt, wird er auch beständig ausgedehnt. Er zehrt nie ganz auf, was er enthält. Von der einen Essenszeit bis zur anderen soll im Magen aufgeräumt werden. Man mache es sich also zur Gewohnheit, dreimal täglich zu essen. Das reicht vollständig aus. Recht regelmäßig leben bringt das beste Gedeihen. Je nahrhafter die Kost ist, um so kleiner sei die Portion.

Kneipp merkt jedoch an, daß Personen mit schwachem Magen hier eine Ausnahme sind. Sie sollen öfter essen, da sie bei jeder Mahlzeit nur ganz kleine Portionen genießen dürfen. Größere Mengen kann ihr schwacher Magen nicht bewältigen.

Ernährung der Kinder

Kinder brauchen viele Nährstoffe, wenn das Wachstum Fortschritte machen soll. Aber sie benötigen auch die abwechslungsreichste Kost.
Der Hauptgrundsatz ist: Wähle Milch und Mehlspeisen für die Kinder! Wer den Kindern hitzige, gewürzte und saure Speisen gibt, wird Verdauungsstörungen verursachen. Mit der Fleischkost aber soll ja nicht zu früh angefangen werden, und es sollen überdies die Fleischspeisen stets mit Mehlkost verbunden werden. Auch der Konditor soll dem Kinde nicht bekannt sein; diese Sachen machen nur einen schlechten Magen und faule Zähne.
Von großer Wichtigkeit ist aber auch, daß ihnen eine entsprechende, nicht zu große Portion gegeben wird; denn der Appetit der Kinder ist gewöhnlich recht groß, und wenn sie sich satt essen, haben sie meistens zuviel gegessen.
Die Eltern sollen also große Sorge tragen, daß ihre Kinder eine recht einfache, gesunde und nahrhafte Kost bekommen, und zwar vorherrschend Mehlkost mit Milch.

Kneipp liegt auch nach heutigen Erkenntnissen mit seinen Empfehlungen goldrichtig: Denn schon für Säuglinge, die eine angeborene Milchverträglichkeit haben, ist Milch, zu Anfang die Muttermilch, die ideale Nahrung.
Ein Problem, das Kneipp weitgehend unbekannt gewesen sein dürfte, ist die gewürzte Kinder-/Babynahrung. Die Industrie setzt meist dieser Kost vor allem Salz und Zucker zu, obwohl die Säug-

linge gewürzte und ungewürzte Nahrung nicht unterscheiden können. Die Kinder werden so bereits in jungen Jahren an das ungesunde Würzen mit Salz, bzw. Süßen mit Zucker, gewöhnt.

Die Kost der Kranken

Während bei den gesunden Menschen das Bedürfnis zu Nahrungsaufnahme je nach den Umständen von Arbeit und Ruhe, Klima, Alter, Geschlecht oder Gewohnheit abhängt, richtet sich dieses Bedürfnis bei den Kranken nach dem Grad des veränderten Stoffwechsels. Die Art der Zersetzung der Gewebe, die Leistungsfähigkeit der Verdauungsorgane wirken bei dem kranken Menschen entscheidend. Ein mit Fieber behafteter Kranker muß gewiß aufmerksamer behandelt werden als einer ohne Fieber.

So verschiedenartig die Krankheiten sind, so verschiedenartig sind auch die Nahrungsstoffe, welche den Kranken gereicht werden sollen. Die Kost soll bei fieberhaften, akuten Krankheiten so leicht wie nur möglich sein, weil das Verdauungsvermögen mehr oder weniger stark beeinträchtigt ist. Es ist notwendig, daß die Krankenkost dünnflüssig ist; sie darf niemals dick und kompakt sein.

Manche Krankenpfleger oder -pflegerinnen fragen fortwährend, ob der Patient nicht etwas essen wolle; sie nötigen ihn fast zum Essen und meinen, damit ihre Pflicht getan zu haben. Die Regelmäßigkeit im Essen und Trinken fördert die Verdauung ungemein und ist deshalb sehr zu raten. Besser ist es, wenn der Kranke wenig und öfter als auf einmal zuviel ißt. Bei wohltuendem Schlaf soll man den Patienten der Nahrung halber nicht aufwecken, sondern lieber warten, bis er von selbst erwacht.

Nährmittel

Brot

Das Brot ist wohl das unentbehrlichste Nahrungsmittel und auch das älteste. Die Brotsorten sind gar mannigfach. Ich empfehle immer das Kleienbrot. [Mit Kleienbrot bzw. Kraftbrot meint Kneipp das Vollkornbrot, bei dem das ganze Korn, also auch die Schalen, verwendet werden. In diesem Brot, das mindestens zu 90 % aus Vollkornmehl hergestellt sein muß, sind im Gegensatz zu den Auszugsmehlen die wertvollen Vitalstoffe des vollen Korns noch enthalten. Anmerk. d. Verfs.]
Ein berühmter Arzt klagte mir, daß das Lebensalter der Menschen bedeutend kürzer werde, weil man die Kleie vom Mehl gesondert habe. Die meiste Kraft ist in der Hülse des Korns. Von der Hülse bis zur Mitte nimmt der Nährwert immer mehr ab. Man macht viel Gebrauch von dem Auszugsmehl oder Kunstmehl; man kann aber sagen, es ist das meiste und beste an Kraft und Güte verlorengegangen, und nur ein armseliger Nährstoff ist in diesem feinen Mehl übriggeblieben.

Oft höre ich den Vorwurf, daß das sogenannten Kraftbrot den Darm reize. Doch selbst bei den reizbarsten Gedär-

men habe ich niemals Durchfall bemerkt; ich habe im Gegenteil bei Verstopfung durch den Genuß von Kraftbrot einen täglichen, gleichmäßigen Stuhlgang zuwege gebracht. Ich behaupte sogar, daß die Kraftbrotesser von Verstopfung und Hämorrhoiden verschont bleiben.

Gutes Kraftbrot, aus Weizen hergestellt, hat keine Säure und ist deshalb sehr verträglich. Das Weizenmehl ist auch das vorzüglichste für die Mehlspeisen.
Ziemlich gleich kommt dem Weizen auch der Dinkel, der in kälteren Gegenden leichter gedeiht und an Nährgehalt hinter dem Weizen kaum zurücksteht.

Roggen ist etwas gröber und wird, was den Wert betrifft, kaum von einem anderen Brot aus irgendeiner anderen Getreideart übertroffen, weder an Schmackhaftigkeit noch an Nährstoffen.

Eier

Eier wurden allgemein für recht nahrhaft und gesund gehalten und deshalb Gesunden wie Kranken empfohlen. Ich bin jedoch der Meinung, daß das Urteil über die Eier viel günstiger ist, als sie es in Wahrheit verdienen. Aufgefallen ist mir schon oft, daß manche Leute, die viele Eier gegessen haben, doch so armselig daran waren.

Auch ist es ein Elend mit den unvernünftigen Müttern! Wie oft schon habe ich gesagt: »Eier taugen nicht für Kinder.« Aber da meinen sie, wenn die Herzblättchen nicht alle Tage drei bis vier Henneneier verschlucken, sei alles schon verloren!
Roh oder halbweich gekocht gegessen, mögen die Eier am besten wirken, hartgesotten sind sie schwer verdaulich.

Auch hier liegt Kneipp mit seiner Skepsis gegenüber dem häufigen Verzehr von Eiern richtig. Eier enthalten neben stark säurebildenden Inhaltsstoffen auch viel Cholesterin, das bei häufigem Genuß zu erhöhtem Blutdruck, Arterienverkaltung sowie weiteren Erkrankungen führen kann. Daher sollten auf keinen Fall mehr als 1–2 Eier pro Woche verzehrt werden, zumal sie ja auch in versteckter Form in anderen Nahrungsmitteln wie Kuchen, Nudeln, Keksen, Fertigprodukten usw. enthalten sind.

Fette und Öle

Das Fett nährt wohl, aber es bietet dem Körper keine Stoffe, die ihn ausdauernd machen. Viele Tausende glauben, gerade die Butter sei dem Körper besonders zuträglich. Doch die Butter ist ein recht geringwertiges Nährmittel, und je älter sie wird, desto wertloser wird sie auch. Jeder schätze also die Milch hoch und die Butter recht gering. Ebenso wie die Butter ist auch das Schmalz ein recht armseliges Nährmittel. Wo Fette von Tieren nicht gebräuchlich sind, werden diese durch Öle ersetzt.
Dennoch sind Fette wie Öle notwendig zum Stoffwechsel.

Es besteht auch heute noch kein Zweifel daran, daß Fette ein Grundbaustein der Ernährung sind und in unserem Körper wichtige Aufgaben erfüllen. Das Problem besteht jedoch darin, daß die Menge an Fett, die wir täglich zu uns nehmen, bei weitem ein gesundes Maß überschreitet. Versteckte Fette lauern vor allem in Fleisch, Wurst, Käse, Süßigkeiten usw. Die Folgen einer zu fettreichen Ernährung zeigen sich vor allem in Erkrankungen des Stoffwechsels.

Fleisch

Das Fleisch soll selbst in seinen verschiedenen Arten nicht unsere einzige Nahrung sein. Es ist festgestellt, daß bei denen, die sich hauptsächlich von Fleisch nähren, leichter verschiedene Krankheiten, besonders gern Entzündungen, entstehen und gefährlicher werden können als bei anderen, die vorzugsweise vegetarisch leben. Ebenso bilden sich bei den Fleischessern häufiger Ausschläge.

Zum Fleisch werden auch noch hitzige, scharfe Sachen hinzugenommen, was bei Mehlspeisen nicht notwendig ist. Hinzu kommt noch, daß Gemüse, das man mit den Fleischspeisen genießt, oft in der falschen Art und Weise zubereitet wird. Nur wenig Gemüse wird im ursprünglichen Zustand genossen; meistens wird es 2–3mal umgewandelt durch Sieden, Dünsten oder Braten, ehe es gegessen wird.

Aus dem Gesagten können wir den Schluß ziehen, daß der Genuß von Früchten und Pflanzen vorzuziehen sei und der Fleischgenuß hinter diesem zurückstehe. Da jedoch auch das Fleisch ein gutes Nahrungsmittel ist, so wird man am besten tun, neben vegetarischer Kost zeitweise auch dieses zur Speise zu wählen.

Immer wieder gibt es Diskussionen um die Frage, ob nun eine vegetarische Ernährung gesünder sei als eine mit Fleisch. In diesem Punkt gehen die Meinungen oft weit auseinander. Tatsache ist es jedoch, daß Fleisch kein lebensnotwendiges Nahrungsmittel ist und eine rein vegetarische Kost keine Mangelerscheinungen hervorruft.

Gerade in letzter Zeit ist Verunsicherung über die Qualität des Fleisches groß geworden. Fälle von BSE oder der Schweinepest sorgen fast täglich für Schlagzeilen. Deshalb wird geraten, beim Einkauf streng auf die Qualität und Herkunft des Fleisches zu achten. Zudem sollte Fleisch nicht öfter als 1–2mal pro Woche auf dem Speiseplan stehen.

Gemüse

Es gibt ja die verschiedenartigsten Gattungen von Gemüse, feinere und gewöhnlichere. Alle Pflanzen, die wir als Gemüse verwenden, haben mannigfaltige Stoffe, von denen unsere Natur so viel an sich zieht, wie sie nötig hat. Wenn auch der weniger Bemittelte sich nicht Trüffel und die feinsten Gemüsearten verschaffen kann, so kann er sich doch auf billige Weise recht nahrhafte Sorten bereiten. Ich zähle zu diesen die Kartoffeln, das Kraut, die Rüben, den Spinat usw.

Vor allem schätze ich das Kraut, nicht deshalb, weil es in Deutschland so beliebt ist, sondern weil es wirklich ein gutes Nahrungsmittel ist und man so vielerlei Gerichte daraus machen kann. Natürlich gilt dies nur für die Gesunden; magenkranke Personen vertragen es sehr selten.

Warum empfiehlt man den Blutarmen viel grünes Gemüse, besonders Spinat? Weil es eisenhaltig und deshalb zur Bildung und Vermehrung des Blutes vorteilhaft ist.

Besonders für die Fleischesser ist das Gemüse notwendig, weil Fleisch allein nicht gut längere Zeit genossen werden kann. Gemüse verliert durch Kochen aber viel an Nährwert, weshalb es ratsam ist, dieses wenn möglich in rohem Zustand zu genießen.

Gemüse ist ein wesentlicher Bestandteil einer gesunden Ernährung. Dabei kommt es vor allem auf Frische und Qualität an. Die Qualität wird bestimmt durch: natürlichen und biologischen Anbau, die richtige Reife des Gemüses, Herkunft, d.h. einheimisches Gemüse ist frischer und nährstoffreicher als importiertes, und die passende Saison. Konserven sind kein Ersatz für Frischgemüse!

Hülsenfrüchte

Nährstoffreich sind auch die Hülsenfrüchte, also Erbsen, Bohnen, Linsen. Möchte sich doch jeder diese Hülsenfrüchte recht häufig zur Speise wählen, da sie zur Erhaltung und Kräftigung der Gesundheit viel mitwirken.
Früher nährten sich die armen Leute besonders im Winter vielfach von Erbsen, und sie hatten ein großes Vertrauen auf diese Hülsenfrucht. Ich fordere daher auf, dieses Nährmittel, das zu den besten gehört, in den Haushalt wieder einzuführen und in der Woche 2–3mal wenigstens eine Portion Erbsen zu gebrauchen.

Hülsenfrüchte haben einen hohen Eiweißanteil. Vorteilhaft ist auch ihre lange Haltbarkeit ohne nennenswerte Einbußen im Nährwertgehalt.

Käse

Aus der Milch wird Käse bereitet. Der Käse enthält gleichfalls viele Nährstoffe, aber diese haben verschiedene Umwandlungen durchgemacht und viele Zusätze, hauptsächlich Salz, erhalten. Viele können den Käse nicht vertragen, besonders schwächliche und kranke Personen.

Für den Verbraucher ist es wichtig, auf die Qualität des Käses zu achten. Hier gibt es große Unterschiede, die sich auch im Geschmack zeigen. Traditionell hergestellter Rohmilchkäse hat ein wesentlich intensiveres Aroma und aufgrund der hohen Milchqualität mehr Nährstoffe als abgepackte, oft mit vielen Konservierungsstoffen versehene Massenware.

Kartoffeln

Für die menschliche Ernährung haben die Kartoffeln eine so hohe Bedeutung, daß sie geradezu unentbehrlich geworden sind. Doch mußten sie dasselbe Schicksal erleiden wie so manche Kräuter und andere Nährmittel; sie wurden vielfach heruntergesetzt und als Nahrung verworfen. Wer aber ihren Wert erkennt und sich zu Nutzen macht, wird sie gewiß nicht gering achten. Ich bin mit Kartoffeln und Brot aufgezogen worden und war schon mit 18 Jahren ein Mordskerl!
Wo der allgemeine Fleischgenuß nicht ist, verbindet man mit fast allen Mehlspeisen die Erdäpfel. Dem Fleischesser sind sie immer ein willkommenes Gemüse.

Kartoffeln stellen auch heute noch ein Grundnahrungsmittel dar. Völlig zu Unrecht galten sie eine Zeitlang als Dickmacher. Kartoffeln sind ein Kraftspender, sie liefern dem Körper wichtige Nähr- und Vitalstoffe wie Eiweiß, Kohlehydrate, Mineralstoffe und Vitamine. Leider erfahren diese Stoffe durch die verschiedenen Verarbeitungsweisen wie Kochen, Braten und Backen Verluste. Am geringsten sind die Einbußen der Nährstoffe in der gedämpften Kartoffel, der Pellkartoffel.

Milch

Die Milch ist von der Kindheit bis zum höchsten Alter das erste und beste Nährmittel. Sie enthält zahlreiche Nährstoffe, die für den Menschen notwendig sind, wird überdies leicht verdaut und gut vertragen.

Jetzt möchte vielleicht jemand einwenden, daß es sehr viele Leute gibt, die Milch nicht vertragen können; dem einen widersteht sie, einem anderen verursacht sie Magensäure und Beschwerden. Ich habe schon oft Leuten, denen die Milch große Beschwerden machte, geraten, sie sollten jede Stunde einen Löffel voll nehmen. Auf diese Weise gelang es. Die Natur konnte so viel verwerten, und die Kranken erholten sich dabei auffallend. Bei recht schwächlichen, kranken Leuten ist es sogar gut, die Milch mit Wasser zu verdünnen, ähnlich wie bei ganz kleinen Kindern.

Soll unsere blutarme Generation wieder in einen besseren Zustand kommen, dann muß auch die Milch höher geschätzt und entsprechend gebraucht werden. Die Milch kann in der Küche vielseitig verwendet werden, und wo immer dies geschieht, bringt sie einen Schatz von Nährstoffen mit.

Obst

Unstreitig ist das Obst das angenehmste und älteste Nahrungsmittel des Menschen. Heute noch ist es wegen seines feinen Aromas und der milden organischen Säuren in Verbindung mit sehr wohlschmeckenden Zuckerarten eine Freude. Der Genuß unreifer Früchte ist freilich ver-

werflich und gefährlich, da ihre Säuren nicht gesund sind.
Das Obst ist am zuträglichsten und besten im ungekochten Zustand. Daß das Obst besonders bekömmlich ist, beweisen die Kinder, die dafür eine besondere Vorliebe haben.

Aus dem Obst lassen sich viele Gerichte und Präparate machen. Das Obst wird zum Beispiel auch gedörrt und ist in diesem getrockneten Zustand wiederum ganz vorzüglich. Doch man soll es stets nur in kleinen Portionen und diese aber regelmäßig nehmen.
Wird das Obst gekocht, so soll es nur mit Dampf zubereitet werden und vor allem nicht zu viele Gewürze bekommen. Die Einmachfrüchte sind als sehr kühlend bekannt und daher auch Kranken zuträglich.

Sollen die Äpfel und andere Obstarten geschält oder ungeschält genossen werden? Beim Getreide wurde schon angeführt, daß die Haut mancher Früchte den meisten Gehalt hat. Auch beim Obst ist es so. Der Grund mag darin liegen, daß jenes, was am meisten dem Sonnenschein und der Einwirkung der freien Luft ausgesetzt war, am besten ausgebildet ist und daher auch die größte Kraftfülle hat. Deshalb sollte man das Obst, wenn möglich, mit der Schale genießen.

Ebenso wie das Gemüse ist auch das Obst ein wichtiger Bestandteil der gesunden Ernährung. So mannigfaltig die Obstsorten sind, so unterschiedlich ist auch ihr Gehalt an verschiedenen Vitaminen, Mineral- und Faserstoffen. Wiederum spielt die Qualität des Obstes eine große Rolle bei Geschmack und Nährstoffgehalt. Hier gilt das gleiche, was schon unter dem Stichwort Gemüse gesagt wurde.

Süßigkeiten, Backwerke und Desserts

Einige Worte kann ich mir nicht versagen über die sogenannten feinen Backwerke und Konditorsachen. Der Wert dieser Backwerke ist natürlich sehr groß in den Augen der Liebhaber solcher Sachen. Manches Fräulein spart seinen Appetit noch auf und läßt die eigentliche Mahlzeit vorbeigehen, um beim Dessert tüchtig zugreifen zu können.

Wenn man nun wirklich diese wertlosen Leckereien als Nachtisch gebrauchen will, so sorge man wenigstens dafür, daß man sie nicht als Hauptsache und die Hauptsache als Nebensache betrachte! Eine Mutter, die aus lauter Zärtlichkeit ihren Kindern Süßigkeiten und Konditorsachen gibt, gilt bei mir nichts, und solche Mütter dürfen ja nicht glauben, daß sie ihren Kindern einen Dienst erweisen. Aus pädagogischen Rücksichten mag man hie und da den Kindern eine solche Freude bereiten, um sie folgsamer und aufmerksamer zu machen; zu oft darf es aber nicht geschehen.

Die einen sehen im Zucker einen wertvollen Energiespender, die anderen nennen ihn einen Schadstoff. Doch in der Tat ist der Zucker für den Körper vollkommen wertlos und muß ausschließlich zu den Genußmitteln gerechnet werden. Leider ist er in fast jedem Lebensmittel enthalten. Man findet ihn nicht nur in Schokolade, Bonbons oder Kuchen, sondern auch in Joghurt, Getränken, Kondensmilch, Ketchup usw.

Ein Übermaß an Süßem macht nicht nur dick, sondern ist auch Ursache für vielerlei Erkrankungen und zudem extrem schädlich für die Zähne.

Getränke

Das Wasser, wie es uns Gott gegeben, ist das beste Getränk! Die Menschheit war aber von jeher bemüht, sich selbst noch andere Getränke zu verschaffen, und diese hat man dann vielfach dem vom Schöpfer Gebotenen vorgezogen. Durch das, was die Menschen sich bereiten, beabsichtigen sie nicht bloß den Durst zu stillen, sondern sie wollen der Natur auch vorzügliche Nährstoffe durch das Getränk bieten. Ob ihnen dies durch ihre künstlichen Getränke gelingt, wollen wir jetzt sehen.

Zu geistigen Getränken sei folgendes noch angemerkt: Der Alkohol ist der größte Feind der Natur. Die Heiden schon haben ihre Söhne zu Betrunkenen als abschreckende Beispiele geführt!

Genieße nur wenig davon, und gewöhne dich nie so daran, daß du ein Bedürfnis danach fühlst, sonst bist du schon auf dem verderblichen Weg, von dem du nur schwer wieder abzubringen bist. Viel besser aber bist du noch daran, wenn du dich ganz von derartigen Getränken fern hältst, dann bleibt die Natur unverdorben und in gutem Stande.

Bier

Das Bier wird aus Getreide bereitet, in der einen Gegend mehr aus Weizen, in der anderen aus Gerste. Die Gerste erleidet viele Umwandlungen, bis sie endlich durch den Zusatz von Hopfen zu Bier wird. Ebenso ist es mit dem Weizen.

Man schützt so gern vor, daß man bei schwerer Arbeit Bier trinken müsse, damit man die Kraft habe, strengen Anforderungen gewachsen zu sein. Erhält nun das hergestellte Bier wirklich gute Nährstoffe für den Körper? Nein, nicht sehr viele. Der Biertrinker wird allerdings wohlgenährt; es setzt sich Fett bei ihm an, oft nur zuviel, so daß Fettsucht bei ihm eintritt. Das Bier frischt ihn auch auf, aber eine ausdauernde Kraft und somit ein langes Leben kann es ihm nimmer verleihen.

Durch das moderne Gesellschaftsleben hat sich die Sitte, recht viel Bier zu konsumieren, eingeschlichen, und man rühmt sich, möglichst viele Halbe vertilgen zu können! Wie aufgedunsen ist so ein Trinker! Rot und blau ist seine Gesichtsfarbe! Es kann auch gar nicht anders sein: Das Herz soll die Unmasse von Flüssigkeit aus dem Blut wieder fortschaffen, was eine erhöhte Tätigkeit in Anspruch nimmt; auch die Nieren haben mehr Arbeit und werden über Gebühr angestrengt. Denn das Bier ist eben auch ein Reizmittel, weil es Alkohol enthält, wenn auch verdünnt. Daher können auch viele Nieren-, Herz- und Leberleiden und auch andere Gebrechen auf das Biertrinken zurückgeführt werden.

Was die Stillung des Durstes betrifft, so möchte ich behaupten, daß es hier gerade die entgegengesetzte Wirkung hat. Trotz des vielen Bieres wird der Durst des Trinkers nicht gestillt. Die Ursache ist diese: Im Bier ist Alkohol, der ein kleines Feuer im Inneren des Menschen entzündet und Durst macht.

Dabei ist aber nicht gesagt, daß man gar kein Bier trinken, sondern nur, daß man im Bier nicht sein Heil suchen sollte. Warum soll ein Glas Bier, wenn es erwärmt und die Verdauung unterstützt, verworfen werden? Wenn du übrigens kein Bier trinkst, darfst du ohne Sorge sein; du wirst doch gedeihen, falls du nur deine Nahrung vernünftig wählst. Trinkst du aber Bier, so gehe über ein oder zwei Glas nicht hinaus!

Kaffee

Ein allgemein verbreitetes Getränk ist der Kaffee. Wer den Kaffee einmal liebgewonnen hat, so wird er nicht nur zum Frühstück, sondern auch des Nachmittags geboten. Es gibt sogar Leute, die ihn auch zur Abendmahlzeit verwenden.

Wenn ich so viel Geld hätte, daß ich den Anbau des Kaffees verhindern könnte, ich würde es sofort dafür verwenden. Denn die Kaffeestaude ist eine Giftpflanze, und somit ist auch die Bohne giftig. Beweis hierfür ist, daß aus Kaffeebohnen Gift gewonnen wird, das Coffein, von dem eine ganz kleine Portion ausreicht, um den stärksten Menschen rasch zu töten. Allerdings wird mancher sagen: Ich trinke viele Jahre hindurch Kaffee und fühle keine Nachteile. Ich gebe es zu: Wenn jemand eine gute Natur hat und eine kräftige, gesunde Kost genießt, dann wird ihm freilich der Kaffee nicht viel anhaben können.

Kaffee gehört zu den Reizmitteln und macht, daß man sich recht behaglich und wohl fühlt, solange seine Reizwirkung anhält. Ist diese vorüber, so fühlt man sich wie vorher. Da der Kaffee zu den Reizmitteln gehört, so bringt er auch, wenn er einmal zum Gewohnheitstrank geworden, die heftigsten Aufregungen hervor.

Schnaps

Wenn man dieses nichtsnutzige Getränk anklagen könnte, möchte ich gern dieser Vernichtung beiwohnen, und zwar aus folgenden Gründen: Erstens, weil der Schnaps gar keine Nährstoffe hat, zweitens das ärgste und stärkste Reizmittel ist, drittens durch seinen vielen Alkohol der Natur so unsäglich nachteilig ist, viertens nicht nur den Körper erfaßt und zu zerstören versucht, sondern auch die Geisteskräfte in den erbärmlichsten Zustand versetzt.
Der dauernde Mißbrauch von Alkohol hat bekanntlich schwere Folgen. Alkohol kann von der menschlichen Natur nicht verwertet, muß vielmehr auf verschiedene Weise wieder ausgeleitet werden. Was wird nicht alles in Mitleidenschaft gezogen: Das Zentralnervensystem, das Herz, die Nieren, die Leber, die Arterien, der Magen und der Darmkanal müssen oft schwer darunter leiden.

Die vielerlei Liköre, Gesundheits-Essenzen und wie all dieses Zeug heißt, sind nur heimliche Totengräber, die einem frühzeitig das Grab öffnen!

Tee

Auch der Tee gehört wie der Kaffee zu den aufregenden Genußmitteln, und man warnt vor Mißbrauch. Ich habe genug Beobachtungen angestellt und bin zu dem Resultat gekommen, daß Tee Nervenaufregung bewirkt und dem Körper nur wenige Nährstoffe bietet.

Wein

»Der Wein erfreut des Menschen Herz«, lautet ein Sprichwort, und ich will es auch gelten lassen, obwohl ich keinen Wein trinke oder nur in ganz seltenen Fällen davon nippe.
Der Wein ist unzweifelhaft eine Gabe Gottes und ein natürliches Getränk, soweit es reiner, unverfälschter Wein ist. Er frischt auf, er übt einen wohltuenden Reiz auf den Menschen aus und bewirkt eine heitere und leichtere Stimmung. Mäßig genossen, erwärmt er die Natur und dient deshalb zu guter Verdauung.
Wenn ich jemandem rate, was selten vorkommt, Wein zu trinken, so ist dies nur leichter Wein. Bei erschöpfenden Krankheiten erhält er den Kranken die Kraft und hilft zur Heilung mit. Die gute Wirkung des Weines schlägt aber in das Gegenteil um, wenn man Mißbrauch mit ihm treibt.

Wer seine Rettung im Wein sucht, der geht irre. Wie wenig derselbe ein Bedürfnis für den Menschen ist, zeigt sich an den Bewohnern der Gegenden, wo kein Wein wächst. Ich habe dort viele Leute kennengelernt, die 80 und noch mehr Jahre alt waren und doch in ihrem ganzen Leben nicht einen halben Liter Wein getrunken hatten. Es ist beim Wein wie beim Bier: Wer sich denselben nicht angewöhnt, entbehrt ihn auch nicht.

Ausgewählte Rezepte

Hier sollen einige Rezepte aufgeführt werden, die man in den modernen Kochbüchern in der Regel nicht mehr finden wird. Alle diese Rezepte wurden so im Original von Kneipp übernommen. Sie sind nicht nur schmackhaft, sondern tragen auch zur gesunden Ernährung des Körpers bei.
Besonders die Suppenrezepte empfiehlt Kneipp für Magen- und Fieberkranke sowie für die Genesung kranker Personen.

Brennesseln als Gemüse

Die Brennesseln werden gut gewaschen, im Wasser weichgekocht und mit Zwiebeln fein gewiegt.
Nun stellt man eine »helle Einbrenne«, auch »helle Mehlschwitze« genannt, her, indem man Butter [etwa 30 g] **in einem Topf zergehen läßt, etwas Mehl** [ca.40 g] **hineinschüttet und es hellbraun röstet. In dieser Mehlschwitze wird das Gewiegte gedünstet, mit Fleischbrühe** [ca. 1,5 Liter] **angerührt, gesalzen und gewürzt. Dann läßt man das Ganze gut aufkochen.**

Brunnenkresse-Suppe

Für die Brunnenkresse-Suppe stellt man wieder eine helle Mehlschwitze her (siehe Brennessel-Gemüse).

Die »helle Einbrenne« wird durch Beigabe von Fleischsuppe leicht gebunden und dann auf niedriger Hitze eine Stunde lang gekocht.
Vier bis fünf Hände voll Brunnenkresse werden verlesen, gewaschen und einige Minuten in Salzwasser gekocht. Darauf gießt man sie ab, vermischt sie mit drei bis vier Eigelben und einem Stück Butter und gibt es in die Suppe.
Die Suppe wird mit in Butter braun gerösteten Semmelwürfeln serviert.

Kerbelsuppe

Man läßt ein Stück Butter zergehen, gibt einige Löffel Mehl zu einer Einbrenne, füllt so viel Bouillon, als zur Suppe nötig ist, auf und läßt die Suppe bei niedriger Hitze aufschäumen.
Unterdessen hackt man einige Hände voll Kerbel recht fein, röstet ihn mit etwas Butter und gibt die gut abgeschäumte Suppe durch ein feines Sieb darüber. Jetzt quirlt man 4–5 Eigelbe mit einem Viertelliter Rahm klar, gießt sie durch und bindet damit die Suppe.
Die Suppe wird mit in Butter braun gerösteten Semmelwürfeln serviert.

Kleienbrot

Für das Kleienbrot, man könnte es auch allgemein als Weizen-Vollkornbrot bezeichnen, verwendet man Weizenmehl, das mitsamt der Kleie gemahlen ist. Es sei darauf hingewiesen, daß dieses Brot, das keinerlei Gewürze enthält, im Geschmack wahrscheinlich anfangs etwas gewöhnungsbedürftig ist.

Von dem Kleienmehl nimmt man 1, 2, 3 bis 4 Kilo (je nachdem, ob man für wenige oder mehrere Personen zu

backen hat) in eine Schüssel und macht mit heißem Wasser einen Teig an, der über Nacht an einem mäßig warmen Ort stehenbleibt. Weder Sauerteig, noch Salz, noch anderes Gewürz darf an den Teig kommen.
Am nächsten Tag formt man aus dem Teig kleinere, länglich runde Laibchen oder Wecken, bringt sie in den wie zum Backen gewöhnlichen Brotes geheizten Backofen [die Temperatur liegt in der Regel bei 200 °C; Anmerk. d. Verfs.] und läßt sie 1–1 1/4 Stunden in der Hitze.
Sogleich beim Herausnehmen stößt man das gebackene Brot für 3–4 Sekunden in siedend heißes Wasser, dann kommt es gleich wieder zur Trocknung in den Ofen. Bei dieser Behandlung, so habe ich erfahren, werden der Kleie alle Nährstoffe, insbesondere Zuckerstoffe, ausgezogen.
Das gebackene Brot werde an einem kühlen Ort aufbewahrt und, sollte die Kruste zu hart sein, mit einem feuchten Tuch umwunden.

Ich kenne viele, die mit Vorliebe dieses Brot essen und sagen, daß es bei Magen- und Verdauungsbeschwerden, insbesondere aber bei Hämorrhoiden vorzügliche Dienste leiste.
Andere habe ich gekannt, die das geschmack- und gewürzlose Brot beim ersten Verkosten sonderbar fad fanden, aber später mit fast leidenschaftlicher Vorliebe danach gegriffen haben.

Löwenzahn-Gemüse

Die Blättchen werden gewaschen, von den harten Spitzen befreit, eine Stunde in siedendem Wasser gekocht, dann abgeseiht und sehr fein gewiegt.
Hierauf gibt man etwas Butter mit etwas Salz in einen Topf. Darin wird nun das Gewiegte eine Weile gedämpft,

mit Mehl leicht bestäubt, etwas Wasser dazugetan und alles noch eine Viertelstunde gekocht.

Rahmsuppe

Man schneidet 20 Gramm Wecken fein in kochende Fleischbrühe und würzt das Ganze mit Petersilie, Zwiebel, Salz, Pfeffer und Muskatnuß.

Hat die Suppe ungefähr eine halbe Stunde gekocht, so rührt man sie durch ein Sieb und richtet sie mit einem Viertelliter Rahm, in den ein Eigelb geschlagen wurde, an.

6. Teil

Die Ordnungs-therapie

Natürlichkeit und Einfachheit

Die Menschheit ist weit von der einfachen, natürlichen Lebensweise abgewichen; sie hat in jeder Beziehung das Leben anders gestaltet, als es sein sollte.

Wenn man die moderne Lebensweise mancher Menschen sieht, wenn man die Verkehrtheiten betrachtet, die sie machen, so möchte man fast an dem gesunden Sinn der Menschheit und an ihrem logischen Denken zweifeln! Daher darf ich auch die bescheidene Hoffnung hegen, daß dieses Buch, das meinen Mitmenschen sagt, wie sie leben sollen, wenn sie selbst gesund und kräftig werden und bleiben wollen und ebensolche Nachkommen heranziehen wollen, nicht ohne Segen für die Menschheit bleiben wird. Dieses Buch will belehren, wie sie schlafen, wohnen und sich kleiden sollen usw., wenn sie ihre Gesundheit erhalten und den Krankheiten vorbeugen wollen.

So schreibt Kneipp in der Einleitung seines Buches »So sollt ihr leben!«

Mit der Ordnungstherapie will Kneipp den Menschen deutlich machen, wie wichtig auch ein natürlicher Lebensrhythmus für das Wohlbefinden von Körper und Seele ist. Kneipp war der Meinung, daß für einen kräftigen und belastbaren Körper nicht nur gesundheitliche Aspekte eine Rolle spielen, sondern dazu auch ein geordneter, stabiler Lebenswandel unentbehrlich ist. Grundlegende Punkte sind für ihn beispielsweise der Einfluß der Erziehung, der Wohnung, aber auch der Kleidung. Hier zeigt sich wieder die enge Verknüpfung zu den anderen, bereits aufgeführten Säulen der Kneipp-Therapie.

Natürlichkeit und Einfachheit ist die Hauptsache. So ist es mit der Lebensweise und den Nahrungsmitteln. Alles Verkünstelte und alles Gift, das der Natur leider heutzutage so häufig beigebracht wird, ist ihr zuwider.

Kleidung

Um bei der Kleidung das richtige zu treffen, diene folgendes zur Beachtung:
Ich glaube, es gehört zu den ersten Pflichten des Menschen in Betreff seiner Gesundheit, die Kleider so auf dem Leib zu tragen, daß sie nirgends fest gebunden und geschnürt werden. Der jugendliche Körper würde dadurch in der Entwicklung gehemmt und der Körper der Erwachsenen in der Erfüllung der Berufspflichten gehindert.
Alle Kleider, die man trägt, sollen von den Schultern getragen werden, und nur soweit sollen sie an den Körper angeschlossen werden, daß sie kein Hindernis bilden beim Gehen und Arbeiten. Besonders muß ich an dieser Stelle warnen vor der Unsitte, den Hals in einen engen Hemdkragen einzuzwängen. Das Blut wird in seinem freien Lauf gehindert, es treten Stauungen ein.

Ein großer Fehler in der Kleidung liegt besonders bei den Frauen. Alles Unsinnige, was die Modejournale bringen, äfft die heutige Frauenwelt nach! Sie bedenken gar nicht, wie schwer sie ihrer Natur schaden.

Ein Hauptübel unserer Zeit ist die Beschuhung: Nehmen wir als Beispiel die Modestiefel. Ich kann mir kein anderes Mittel denken, um seine Füße mit Gewalt zu ruinieren, als die jetzt üblichen Modeschuhe. Ganz unmöglich ist es, daß sich in solchen engen Schuhen die Füße gehörig entwickeln und daß eine richtige Blutzirkulation stattfinden kann.

Schon dem Kinde setzt man mit der Mode zu. Die Mütter werden einmal ein warmes Fegefeuer haben!
Auch eine Mutter soll nie vergessen, daß ihre Kinder Kleider gebrauchen, um sich zu bedecken und um sich gegen Kälte und Hitze zu schützen. Alles, was darüber ist, ist mehr oder weniger vom Übel.
Der Kopf bekomme also eine leichte Bedeckung, der Hals im Sommer gar keine, im Winter ein nicht zu dickes Halstuch, das nicht aus Wolle sein soll. Es soll auch ja nicht zu fest umgebunden werden. Ein Kind muß seinen Körper frei bewegen können; es darf in keiner Weise eingeengt sein. Daher soll man ihm niemals beengende Kleidung geben, sei es im Schuhwerk, in den Beinkleidern oder Röcken.
Kommt der Frühling, so haben die Kinder eine außerordentliche Freude daran, im Freien barfuß gehen zu können. Lasse sie getrost barfuß gehen! Wenn es die Kinder friert, so wissen sie schon die Wohnstube zu finden. Warte, bis sie selbst nach Schuhen und Strümpfen verlangen; du wirst aber mitunter lange warten müssen, so behaglich fühlen sie sich beim Barfußgehen.

Schlaf

Wer gut schlafen und sich eine erquickende Nachtruhe verschaffen will, der soll sein Bett horizontal machen und die Erhöhung, worauf der Kopf ruht, soll nicht mehr betragen als die Entfernung von der Schulter zum Kopf.
Das Ruhebett soll ferner nicht zu schmal noch auch zu kurz sein, mit einem Wort, man soll recht bequem darin liegen können. Die Bedeckung sei ebenfalls breit und lang, damit nicht bei Bewegung im Schlaf kalte Luft eindringt, wodurch recht leicht ein Rheumatismus sich einstellen kann.
Viele gibt es, die selbst zur Nachtzeit an den Leib fest anschließende Unterbeinkleider tragen und auf diese Weise den Blutlauf stören. Auch etwaige Krägen sowie die vorderen Enden der Ärmel sollen nicht geschlossen sein.

Über die Wohnung

Man wohne nicht in einem Haus, das an einem feuchten Platz steht; denn in einem solchen findet man sicher keine gesunde Wohnung. Ist der Grund feucht, werden auch die Mauern feucht. Feuchte Wände sind aber schädlich, weil sie die Luft nicht durchlassen. Wenn die Bewohner in einem solchen Haus nicht wissen, wie schädlich die Ausdünstung von solchen Mauern ist, dann sind sie zu bedauern, weil sie auch keine Mittel anwenden, dieses Übel, soweit es möglich ist, unschädlich zu machen.
Durch eine gute, geregelte Lüftung kann hier sehr viel geschehen. Man muß sorgen, daß die schlechte Luft stets ausströmen und eine gesunde eindringen kann. Wenn man feuchte Räume eines Hauses gar nicht lüftet, so werden nach und nach auch alle anderen Räume des Hauses mehr oder weniger schädlich für die Gesundheit.

Lüftung

Für eine gute Lüftung muß große Sorge getragen werden. Wenn die Leute das verständen und übten, in ihren Wohn- und insbesondere Schlafzimmern stets eine möglichst reine, frische, sauerstoffhaltige Luft zu haben, wieviel Unwohlsein und viele Krankheiten blieben ihnen erspart.
Eine feuchte, dunkle Wohnstube, in die wenig oder selten oder vielleicht gar kein ordentliches Licht und keine gute Luft dringen kann, ist mehr ein Kerker als ein Wohnraum, und die Bewohner eines solchen sind bedauernswerte Leute.
Noch schädlicher jedoch ist eine Schlafstube, der es daran mangelt. Müde und erschöpft legt sich der Mensch darin am Abend auf sein Bett nieder, und in langen Zügen atmet er die erforderlichen Stoffe ein. Wenn nun aber im Schlafzimmer feuchte Wände die Luft verderben und wenn es nicht fleißig zum Lüften geöffnet wird, dann bekommt ja der Mensch statt Stoffen zur Beförderung der Gesundheit nur solche, die dieselbe verderben.
Ich habe die Erfahrung gemacht: Wenn ich irgendwo übernachtete und der Zimmergeruch zeigte mir an, es wird nicht fleißig gelüftet, so hatte ich jedesmal am Morgen einen kleinen Katarrh und dazu noch einen eingenommenen, schweren Kopf.
Es kann deshalb nicht genug empfohlen werden, daß man ein Schlafzimmer wähle, in das die Sonnenstrahlen recht gut eindringen können und in welchem der freien Luft der Zugang nicht abgesperrt ist. Auch in unbewohnte Zimmer soll stets der freien Luft Zugang gestattet werden.

Heizung

Die Wohn- und Arbeitszimmer müssen im Winter natürlich geheizt werden, aber gar oft wird hierin das rechte Maß nicht eingehalten. Die Natur ist wie Wachs; man kann sie an fast Unglaubliches gewöhnen, in der einen wie in der anderen Richtung. Wenn die Wärme in diesen Zimmern zu stark ist, so verweichlicht sie die menschliche Natur, und deshalb können deren Bewohner die Kälte nicht mehr ertragen. Aber ein noch größeres Übel besteht darin, daß die Heizung Sauerstoff verzehrt.
Wie wohl tut es, wenn man aus einem heißen Zimmer in die frische, wenn auch kalte Luft hinauskommt! Das Gegenteil tritt aber ein, wenn man aus der frischen Luft in ein zu sehr geheiztes Zimmer kommt. Wer viel in freier Natur auch im Winter sich aufhält und in keinem zu sehr geheizten Zimmer wohnt und sich auch vernünftig kleidet, der wird nicht leicht einen Katarrh bekommen.

Es gibt noch eine ganz besondere Art der Heizung in den Schlafzimmern, die darin besteht, daß man den Ofen im Bett hat, nämlich Flaschen mit heißem Wasser gefüllt. Derjenige wird miserabel dran sein, der nicht mehr so viel Wärme hat, daß er sich nicht in sein Bett legen kann, ohne es vorher zu erwärmen! Gerade durch das Erwärmen des Bettes wird nicht nur verhindert, daß sich neue Naturwärme bildet, sondern die Füße werden noch mehr verweichlicht.

Beruf

Zu dem Wichtigsten im Leben des Menschen gehört ganz gewiß die Wahl des Berufes. Fällt diese gut aus, so wird er seine Aufgabe meistens gut lösen. Ist das aber nicht der

Fall, dann ist leider häufig das Leben eine Kette von Elend. Mit Recht kann die Welt als eine Werkstätte betrachtet werden, in der es unzählige verschiedene Beschäftigungen gibt und jede Beschäftigung auch ihre Liebhaber findet. Nicht Reichtümer, nicht Besitz, nicht Ehre machten glücklich, sondern allein die Zufriedenheit; diese wird nur dann erreicht, wenn man zu seinem wahren Berufe gekommen ist und die Pflichten desselben treu erfüllt.
Es herrscht vielfach die Meinung, man solle nur das allein gut lernen, was zum künftigen Beruf notwendig sei, das übrige aber beiseite lassen. Ich bin ganz anderer Ansicht; denn man erhält auf diese Weise nur einseitige, unerfahrene Leute, die in ihrem Beruf lange gar nicht oder nicht vollständig zurechtkommen.

Ich war bis zu meinem 21. Lebensjahr Weber und Arbeiter in der Landwirtschaft, aber es hat mich noch nie gereut, meine Jugendjahre mit diesen Beschäftigungen zugebracht zu haben. Es ist doch ein großer Unterschied, ob man von verschiedenen Berufstätigkeiten bloß gelesen und gehört oder diese selbst mitgemacht hat.

Solche Nebenschulen sind ein großer Vorteil für das eigene Berufsleben. Es kann jemand, wenn er von Jugend auf nur das für seinen späteren Beruf Notwendige erlernt hat, leicht ein einseitiger Mensch werden.

Erziehung

Wem ist nicht bekannt, daß ein guter Acker eine gute Frucht hervorbringt, daß aber von einem schlechten nicht viel zu erwarten ist? Gilt dies auch nicht in gleicher Weise für die Eltern? Wenn sie gesund und kräftig sind, ist in der Regel auch eine ähnliche Nachkommenschaft zu erwarten. Wenn aber die Eltern voller Gebrechen sind, wenn sie durch schlechte Wohnung, Kost, verkehrte Kleidung oder gar ungeregelte Lebensweise ihrem Körper schaden, so werden auch die Kinder nicht gesund und kräftig sein.

Die Eltern

Die erste Schule des Kindes ist das Elternhaus. Die Eltern sollen das Kind nicht nur in Worten unterrichten, sondern ihm auch durch ihr Beispiel recht eindringlich vor Augen stellen, wie man ein gutes Leben führt. Die Kinder sollen bald lernen, wie sie sich in den Mühseligkeiten des Lebens zu verhalten haben.
Man soll jedoch den Kindern nicht zuviel aufladen und sie nicht zu lange und zu streng zum Arbeiten anhalten; denn werden die Kinder überanstrengt, so werden sie verkümmern, anstatt sich gesund und kräftig zu entwickeln.

Lernt der Mensch an sich schon das Böse leichter als das Gute, wie rasch wird ihn dann erst eine unglückliche Erziehung dem Verderben entgegenführen! Eine schlechte Erzieherin oder Mutter kann nur allzu leicht durch Unterricht und Beispiel die Grundlage dazu schaffen.
Glücklich daher die Kinder, deren Eltern gute Erzieher sind, die in vernünftiger Weise ihre kleinen Lieblinge heranziehen und im steten Bewußtsein ihrer hohen, schweren Elternpflichten dieselben körperlich, geistig und sittlich so ausbilden, wie es Gott gefällt.

Abhärtung der Kinder

Auch das Kind muß den Wechsel der vier Jahreszeiten ertragen; es muß sich gewöhnen an Kälte und Wärme. Jeder Körper muß gegen Kälte und Wärme abgehärtet sein, auch der des Kindes. Doch wie soll man ein Kind abhärten? Es ist Sitte und auch der Reinlichkeit wegen notwendig, daß die Kinder warme Bäder bekommen. Ich habe nichts dagegen, aber wenn die Kinder täglich ein warmes Bad bekommen, so muß ich vernünftigerweise annehmen, daß sie dadurch verweichlicht werden. Würde ein Erwachsener täglich ein warmes Bad nehmen, wie matt und empfindlich würde er werden!

Ich bin nicht gegen das warme Bad, nur soll es nicht lange dauern und nicht zu warm sein. In drei Minuten kann das Kind leicht gereinigt werden. Darauf wasche man das Kind, sobald es aus dem warmen Wasser kommt, mit kaltem Wasser ab, was in ein paar Sekunden geschehen ist. Oder man mache die Sache noch wirksamer: Man halte neben dem warmen Bad ein Gefäß mit kaltem Wasser bereit und tauche das Kind nur eine, höchstens zwei Sekunden in dieses kalte Wasser. Dadurch ist nicht nur die überflüssige Wärme beseitigt, sondern die Kindesnatur auch gestärkt worden. Allerdings wird das Kind am Anfang schreien; es tut aber nichts, und in kurzer Zeit werden sie sich gar nichts mehr aus dem kalten Wasser machen. Am Anfang kann das kalte Wasser etwas gemildert werden, man soll aber nicht lange warten.
Mir hat ein Beamter geschrieben, er sei mir großen Dank schuldig für den guten Rat, die Kinder ins kalte Wasser zu tauchen, denn seit dieser Zeit seien seine Kinder gesund und kräftig.

Bewegung

Alles, was jung ist, ist munter und lebhaft. Auch den Kindern ist die Munterkeit angeboren; sie hüpfen und springen gern. Der Säugling verlangt schon Bewegung; er macht sich selbst Übungen, zappelt und strampelt mächtig. Diese Munterkeit ist auch der klare Beweis von Gesundheit. Also gestatte man den Kindern freie Bewegung, und ihre Spiele betrachte man als Übung für die Arbeit und als Vorbereitung für die künftige Beschäftigung. Sie werden auf diese Weise von Jugend auf an Übung ihrer Körperkräfte gewöhnt und sichern sich dadurch Ausdauer und Widerstandsfähigkeit.

Ein Fehler ist es, wenn man das Kind schon zum Sitzen, Stehen oder Gehen nötigt, bevor es die Kraft dazu hat. Man muß abwarten, bis es selbst die Fähigkeit dazu in sich verspürt; es fängt dann schon selbst an, das Sitzen zu probieren, und macht die ersten Stehversuche. Hier kann man es unterstützen, um ihm diese Übungen zu erleichtern.

Schule

Ungefähr mit dem sechsten Jahr beginnt für die Kinder die Schule. Hierfür ist das Kind jetzt fähig, weil es körperlich wie geistig genügend entwickelt ist. Ob aber diese Schulen für jeden gut und nützlich sind, ist eine andere Frage.
Die Kinder sind mit sechs Jahren eben noch Kinder. Die Entwicklung der Kinder ist sehr verschieden. Manches Kind ist mit fünf oder sechs Jahren mehr entwickelt als andere mit zehn Jahren. Es ist nicht einmal gut, wenn sich die Geisteskräfte zu früh und zu rasch entwickeln; denn gewöhnlich wird bei solchen der Körper krank und verkümmert früh.

Wenn man aber Kindern zuviel Arbeiten auflegt, so verkümmern sie, wie bereits gesagt wurde. Wird nicht durch eine Schule, in der zuviel gelehrt wird, wie der Körper so auch der Geist leiden? Wird einem Kind geistig oder körperlich zuviel aufgeladen, so wird ihm die Schule zur Last, und Gründlichkeit wird auch nicht zu erwarten sein. Dabei soll das Kind für seinen Unterricht begeistert sein und ihn mit Wißbegierde aufnehmen.
Es muß also beim Unterrichten vor allem ins Auge gefaßt werden, daß die Kinder gern lernen, daß es aber nicht zu lange Zeit dauern darf und man sie nicht zu lange mit ein und demselben Gegenstand beschäftigen muß, sonst wird der Geist überladen und abgestumpft. Es soll keine Überladung des Geistes das Wachstum hindern oder gar eine Verkümmerung der leiblichen Gesundheit herbeiführen.

Die heranwachsende Jugend

Es kommt jetzt die gefährlichste Zeit, es kommt das gefährlichste Alter, es kommen die sogenannten Flegeljahre. In diesen Jahren ist der junge Mensch gewöhnlich am allerdümmsten.

Junge Bäume, die man in den Garten setzt, brauchen viele Jahre hindurch eine feste Stütze. Eine solche Stütze müssen auch die Eltern für die Kinder sein. Geht den Bäumchen die Stütze verloren, dann werden sie bald durch die Stürme vernichtet. Geradeso geht es der Jugend, wenn nicht die schirmende und leitende Hand der Eltern sie vor dem Untergang bewahrt.
Das Notwendigste, was die Jugend lernen muß, ist ein einfacher Haushalt; zu diesem gehören vor allem Reinlichkeit, Einfachheit und Berücksichtigung des Nützlichen.

Die Kinder, die so aufgezogen sind, werden in jeder Lage ihres Lebens sich zu helfen wissen.

Wie glücklich sind doch Kinder, welche einen strengen Vater und eine recht strenge Mutter haben, die gute Wächter und Beschützer ihrer Kinder sind und durch Wort und Beispiel sie zum Guten anleiten.

Anhang

Schriften Sebastian Kneipps

»Meine Wasserkur«, Kempten 1888

»Mein Testament für Gesunde und Kranke«, Kempten 1903

»Codizill zu Meinem Testament für Gesunde und Kranke«, Kempten 1922

»So sollt ihr leben!«, Kempten 1906

»Mein Leben«, »Kneippblätter«, Bad Wörishofen 1891

Register

T

U

V

W

Z